基金项目：本书获得2022年国家社会科学基金西部项目和重庆市高等学校"十四五"市级旅游管理重点学科建设项目资助，为国家社会科学基金西部项目"民族地区农村相对贫困的发生机制与治理策略研究"（项目编号：22XJL001）的阶段性成果。

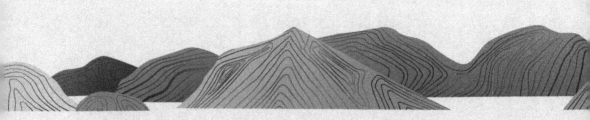

三峡库区农村巩固脱贫攻坚成果的联动机制研究

童洪志◎著

江西人民出版社
Jiangxi People's Publishing House
全国百佳出版社

图书在版编目（CIP）数据

三峡库区农村巩固脱贫攻坚成果的联动机制研究／
童洪志著. -- 南昌：江西人民出版社，2024.6
ISBN 978-7-210-14966-8

Ⅰ. ①三… Ⅱ. ①童… Ⅲ. ①三峡水利工程-扶贫-
研究-重庆 Ⅳ. ①F127.719

中国国家版本馆 CIP 数据核字（2023）第 231822 号

三峡库区农村巩固脱贫攻坚成果的联动机制研究　　童洪志　著
SANXIA KUQU NONGCUN GONGGU TUOPIN GONGJIAN CHENGGUO DE LIANDONG JIZHI YANJIU

责 任 编 辑：李鉴和
封 面 设 计：同异文化传媒

地　　　　址：江西省南昌市三经路 47 号附 1 号（邮编：330006）
网　　　　址：www.jxpph.com
电 子 信 箱：jxpph@tom.com
编辑部电话：0791-86892125
发行部电话：0791-86898815
承　印　厂：北京虎彩文化传播有限公司
经　　　销：各地新华书店
开　　　本：720 毫米×1000 毫米　1/16
印　　　张：18.5
字　　　数：280 千字
版　　　次：2024 年 6 月第 1 版
印　　　次：2024 年 6 月第 1 次印刷
书　　　号：ISBN 978-7-210-14966-8
定　　　价：48.00 元
赣版权登字-01-2024-535

前　言

　　国家级贫困县实现全部脱贫摘帽后,中共中央、国务院《关于实现巩固拓展脱贫攻坚成果同乡村振兴有效衔接的意见》(2020 年 12 月 16 日)明确指出,坚持以人民为中心的发展思想,坚持共同富裕方向,将巩固拓展脱贫攻坚成果放在突出位置,建立农村低收入人口和欠发达地区帮扶机制,从集中资源支持脱贫攻坚转向巩固拓展脱贫攻坚成果和全面推进乡村振兴,过渡期内给予更多后续帮扶支持,对脱贫县、脱贫村、脱贫人口扶上马送一程,确保脱贫群众不返贫。2023 年,中央一号文件《关于做好 2023 年全面推进乡村振兴重点工作的意见》再次强调,巩固拓展脱贫攻坚成果,把增加脱贫群众收入作为根本要求,拓宽农民增收致富渠道,防止规模性返贫,推动乡村产业高质量发展,全面推进乡村振兴。在当前实施乡村振兴战略背景下,重庆三峡库区,尤其是渝东北地区(其中城口、云阳、奉节、巫山和巫溪曾作为全国 14 个集中连片特困地区之一)是否实现可持续稳固脱贫已成为国家及重庆市委、市政府关注的重点,也一直是重庆经济社会发展和实施乡村振兴战略的重中之重。然而,重庆三峡库区由于受自然地理因素的制约和历史条件的影响,该地区以山地丘陵为主,居住高山农户居多,农村交通、信息网络化建设滞后,社会各行企业难以聚焦山区进行大规模价值创造活动,前期经济快速发展主要得益于国家对三峡工程、移民搬迁、基础设施、生态建设、库区水环境和地质灾害治理等项目的投资拉动,而靠此方式促进农村可持续发展和脱贫户巩固脱贫致富的局面难以持续。而且,该地区农村巩固脱贫成果面临着地理条件恶劣、人口素质低下、制度贫困突出、群众参与力度不够等现实困难,以及脱贫不稳定户、边缘易致贫户、因病因灾因意外事故等刚性支出较大或收入大幅缩减导致基本生活出现严重困难户等依然存在较大返贫风险。基于对这些问题的思考,本书立足新时代前沿,动员全社会力量参与乡村振兴工作,探索欠发达地区农村巩固脱贫联动帮扶机制,力图破解农村巩固拓展脱贫攻坚成果过程中是如何实现可持续稳固脱贫及不同帮扶主体在农村巩固脱贫过程中有何作用效果这一现实命题,具有重要的理论价值和划时代意义。

众所周知,脱贫攻坚任务完成后,一些脱贫摘帽的农村地区仍有面临返贫风险,后续推进乡村全面振兴重点任务之一仍需在巩固脱贫工作机制和模式上进行创新。鉴于此,本书谨以重庆三峡库区为主要研究畛域,其中以渝东北地区为重点区域,研究农村巩固脱贫机制问题,试图探索农村巩固拓展脱贫攻坚成果的新思路和新途径,旨在通过研究而弄清楚的主要问题是:该地区是如何成功实现全面可持续稳固脱贫?有哪些成功的案例和经验?有哪些成功的帮扶模式值得推广?影响农村主体收入增长有哪些关键要素?如何确定有助于农村巩固脱贫成果的农村主导产业?各帮扶主体在农村巩固拓展脱贫攻坚成果过程中发挥了何种作用、帮扶效果如何?未来农村巩固拓展脱贫攻坚成果同乡村振兴有效衔接等研究还存在哪些尚未解决的问题?等等。

本书的第1章是绪论,主要介绍了研究背景,提出了本书将要研究的主要问题、研究目的和价值,也简要分析了与本论题较为相关的研究现状和研究方法,在与同类研究进行分析比较的基础之上,提炼了本书的创新之处。作为本论题研究的理论基础部分,我们在第2章中,比较详细地论述了有关农村贫困成因及其治理理论的主要观点,特别是相对贫困、乡村振兴与巩固脱贫有关概念和理论内涵及机制设计理论、协同治理理论、整体性治理理论和中国特色反贫困理论的要点。第3章借鉴制度理论原理和方法工具,运用制度分析法,基于农村市场经济与制度环境分析框架,简要分析了农村市场网络结构特征作为开展农村巩固脱贫攻坚成果工作的理论拓展与补充部分。第4章除简要分析重庆三峡库区有利于农村巩固脱贫攻坚成果工作的优势资源条件和产业经济发展基础之外,着重分析了脱贫攻坚任务完成后农村巩固脱贫的工作经验和巩固脱贫成果的概况。为检视该地区农村巩固脱贫效果,我们采用问卷调查进一步分析了该地区农户及家庭生活环境、农村公共基础设施建设、农户对巩固脱贫工作的评价及农户对帮扶资源需求等现状和存在的问题,尤其是将脱贫攻坚任务完成前(以 2018 年为例)与后续巩固脱贫效果期间(以 2021 年为例)进行了比较,以凸显后期农村巩固脱贫工作进程的成绩。第 5 章在简要分析重庆三峡库区农村主体返贫风险因素基础上,主要运用 SWOT 分析方法,着重分析了农村主体贫困的主要表现特征及农村巩固脱贫成果面临的主要挑战和困境。

从第 6 章到第 8 章是本书的研究重点,旨在为农村巩固脱贫联动机制设计提供实证支持和依据,主要包括农村主体收入增长的影响因素、巩固脱贫的农村主导产业选择和多主体协同推进农村巩固脱贫的联动机制设计 3 个部分。具体而言:

第 6 章在前期研究基础上,深入认识农村主体(农户)收入贫困问题。本章主要采用计量方法建立多元线性回归模型,从农户主体个体特征、家庭特征、社会环境特征 3 个维度,重点分析影响农村主体收入增长的关键因素,探讨户主年龄、教育程度、户籍身份属性、帮扶政策认知、家庭人口、家庭劳动力、稳定收入来源、家庭健康人口状况、小规模种养殖产业、生活与生产经营性债务、生产组织变化以及教育、医疗、产业相关政策支持等因素对农村主体收入增长的作用关系,揭示其影响规律。

第 7 章主要借鉴产业经济学有关理论原理,采用 AHP 层次分析法讨论巩固脱贫助力乡村产业振兴的农村主导产业选择和培育问题。本章在简要分析农村现代农业主导产业选择指标体系构建原则和基本要求基础上,从产业发展潜力、产业关联带动能力、经济效益、社会效益、比较优势、产业规模、技术进步 7 个维度构建三峡库区农村现代农业主导产业选择指标体系,重点选择了需求收入弹性、产业产值增长率、区位熵、区域综合比较优势、产业增长作用水平度、人均产值系数、区域产值增长作用率、单位产值增长率 8 个指标构建农村现代农业主导产业选择指标模型,并解析指标含义。其中,尤其是新增了单位产值增长率指标以有效避免价格波动或产能过剩带来的不利影响。与此同时，以某一区域为例，导入数据对该区域农村现代农业主导产业选择指标值进行了测算，以此为依据确定该区域农村主导产业选择培育重点和方向。

第8章主要是对农村巩固脱贫联动帮扶机制进行设计并对其运行效果进行论证。本章主要借鉴机制设计理论、协同治理理论、整体性治理理论及中国特色反贫困理论等原理，进一步从宏观层面构建了多主体协同推进农村巩固脱贫的联动帮扶机制模型，包括联动帮扶机制构建的必要性、可行性、原则、思路和内涵，并从运作主体、运作方式、运作导向3个方面分析了联动机制的运作逻辑。与此同时，以产业帮扶、金融帮扶、教育帮扶、旅游帮扶、文化帮扶、科技帮扶、消费帮扶为实践案例对联动机制运作方式进行分解和应用分析。并在此基础上，从机制建设、经济发展、贫困程度、人文发展、公共服务、基础设施、生态环境以及针对农村巩固脱贫领域的金融帮扶、产业与科技帮扶、教育与文化帮扶、旅游与消费帮扶等11个维度（63个考察指标）设计了联动机制考评体系，结合多主体联动机制运作模式和考评体系设计要点，将其与传统粗放式扶贫进行了比较分析。

第9章对本论题的研究结论作了系统总结，根据研究结果提出了一些促进农村巩固脱贫效果提升的机制创新建议，最后指出研究局限并展开讨论。

通过以上对重庆三峡库区农村巩固脱贫现状和面临的挑战、困境的分析，以及对影响农村主体收入增长的主要因素和巩固脱贫的农村主导产业选择的系统分析，设计了多主体协同推进农村巩固脱贫的联动机制并进行论证，研究得到了一些新的发现，主要有如下七大基本结论，其中，第一、第三、第四、第五、第六个结论是本论题研究的新颖观点。

第一，与城市发达市场相比，在农村欠发达地区，其市场网络以更少的集中度、直线性和更多的结构洞为特征，农村社区群族内具有较高的本地化族群密集性，但在群族之间密集性较低，且含有更多的结构洞；农村市场网络关系通常表现为更直接和非正式化，互动频率也更频繁，且涉及网络成员间的互动领域具有多样性，并非仅限于商业或专业领域，在网络边界规模上也显得更小,而且农村市场网络成员具有更大的多样性,但开拓农村市场的商业企业普遍较少;农村市场中正式化网络关系具有更多不稳定性和不可预见性,但非正式化网络关系则具有更多的稳定性和弹性。

第二,渝东北地区作为重庆东北门户,在三峡库区有着重要的战略地位,当前农村巩固脱贫过程中不仅面临农户的个体特征方面(如思想观念落后、脱贫理念认知意识不强、受教育程度低、产业化经营能力缺乏、收入创造能力不足)、家庭特征方面(如子女求学、家庭用地、高山住房、身体状况)的因素障碍,还有客观环境因素(如基础设施建设滞后、农村特色产业总体发展水平较低、地区产业经济发展带动能力不足)和制度方面因素(如关系帮扶、监管不力、拥有的权利体系和机会体系弱势)的制约影响,其农村主体贫困主要表现为贫困维度多、贫困线更高、人口数量更多、续存期漫长等特点。农村巩固脱贫工作应动员全社会帮扶主体参与和帮扶资源向渝东北农村欠发达地区集聚。

第三,从农村家庭人均收入视角测算相对低收入群体的结果来看,基于重庆三峡库区的调查数据,分别以 2020 年重庆市和我国城乡居民人均可支配收入为基准,按照国内学界惯例算法(人均可支配收入的 1/3 或 40%)来确定防止规模性返贫帮扶线标准,大致为 848～1 028 元/月和 885～1 073元/月,则重庆三峡库区农村需要帮扶的对象群体比例分别占 24.1% 和28.4%;若按照国际惯例算法(人均可支配收入的 50% 或 60%)确定防止规模性返贫帮扶线标准,大致为 1 284～1 541 元/月和 1 341～1 610 元/月,则农村需要帮扶的对象群体比例分别高达 45.4% 和 48.5%。

第四,从影响农村主体家庭收入增长的因素来看,主要表现有个体特征因素、家庭特征因素和社会环境特征因素。个体特征因素方面,户主年龄、户主教育程度、户籍身份属性等变量是影响农村主体收入增长的关键因素;家庭特征因素方面,家庭人口数量、家庭劳动力数量、土地集中连片程度、是否具有稳定收入来源、是否有辍学子女、家庭健康人口状况、是否接入互联网、是否加入专业合作社、是否有小规模种养殖产业、生活性债务程度等变量是影响农村主体收入增长的关键因素;社会环境特征因素方面,主要表现为家庭子女学习学费减免政策支持程度对提高农户家庭收入水平具有显著性影响,而且不同变量或政策支持的影响程度不同,影响方向也不同。具体而言:户主年龄越大越不利于农户家庭收入增长,家庭户主接受文化教育程度越高越有助于提高其收入水平,而且从农村迁移城市转入城市居民身份也有助于提高其家庭收入水平。单从个体特征因素出发,其中农户对帮扶政策的理解越深入越透彻也有利于提高农村主体收入。从家庭特征因素看,家庭人口越多越不利于人均收入水平提高,而家庭中劳动力人口越多越有利于提高人均收入水平;家庭承包的土地集中连片化程度越高越有利于实现家庭收入增长;具有稳定收入来源的农户家庭也相应会提高收入,而且农户家庭发展小规模种养殖产业、加入专业合作社或通过互联网手段拓展销售渠道等有利于实现家庭人均收入增长,但家庭中生活性债务程度越大越不利于家庭收入增长,或者家庭中存在辍学子女、有残疾人口或亚健康人口等会阻碍家庭实现收入增长。从社会环境特征因素看,最具有显著性影响的因素是农户家庭看重子女求学获得的相关学费奖助减免政策的支持程度,但有关乡村公共交通、信贷支持、精准识别、农业生产技术和补贴、发展乡村旅游、教育培训等因素对农户家庭收入增长的影响并不显著。

第五,农村地区农业主导产业不同于城市工业主导产业,既要考虑农村地区农业发展特性,又要充分考虑指标适用性和数据可获得性。从产业发展增长潜力、区域比较优势、产业关联度、经济社会效益等方面确定农村现代农业主导产业选择指标,构建科学合理的农村主导产业选择与培育指标体系,科学合理规划农村主导产业选择重点和培育方向,有利于促进乡村产业振兴,从而巩固农村脱贫攻坚成果。设计的三峡库区农村现代农业主导产业选择评价指标体系,具有较好的应用性和推广价值,应用于重庆三峡库区渝东北其他区县,通过测算指标值的结果进行比较,可发现不同区县农村主导产业培育的重点和方向,并在资源有限条件下发挥各区县的农业产业优势和特色。从重庆三峡库区万州区农村现代农业主导产业选择和培育来看,巩固农户脱贫致富通过发展小规模种养殖产业,优先培育诸如茶叶、烟叶、奶业、林业、油料、水产养殖业等有利于长期稳定增收。对地方政府而言,鼓励并引导当地村民发展产业带动能力强、经济社会效益好、比较优势突出的农业产业作为农村主导产业进行优先培育,进行规模化生产经营和管理,并给予相应的产业政策支持,如产业项目补贴、拓展销售渠道、生产技术培训等,是从产业帮扶视角推动农村巩固脱贫攻坚成果的一种有效途径和策略。

第六,多主体协同推进农村巩固脱贫攻坚成果的四方联动帮扶机制,打破了以往"政、校、企"多方帮扶主体在帮扶工作中各自为政的格局和模式,把帮扶对象村或脱贫户作为主体一方融入农村巩固脱贫工作体系中,动员全社会组织和群众参与,构建"以政带资,以资带人,以校带人,以人带人,以企带农、以农带人、以人带村、以村带村"的多主体参与农村巩固脱贫的联动机制,实现了帮扶主体与帮扶客体的精准对接,是创新帮扶工作机制助力农村巩固拓展脱贫攻坚成果的新思路,也是创新"三农"工作思路、推进乡村振兴战略落实落地的一种有效方式。

第七,多主体协同推进农村巩固脱贫联动帮扶机制在重庆三峡库区渝东北地区产业帮扶、金融帮扶、教育帮扶、旅游帮扶、文化帮扶、科技帮扶、消费帮扶等领域实践应用,体现了多方帮扶主体在农村巩固脱贫工作机制中的互动机理,形成了多种各具特色的帮扶模式。如在产业帮扶方面,有"政府＋企业＋村＋农户""政府＋高校＋企业＋村(合作社或基地)＋农户"等联动模式;金融帮扶方面有"政府＋企业(金融机构)＋村(互助金)＋农户"联动模式;教育帮扶方面有"政府＋高校＋村＋农户"联动模式;旅游帮扶方面有"政府＋企业＋村(集体资产)＋农户"联动模式;文化帮扶方面有"政府＋高校＋社会组织＋企业＋村"联动模式;科技帮扶方面有"政府＋高校＋企业＋村＋农户"联动模式;消费帮扶方面有"政府＋高校＋企业＋村(合作社)"联动模式。总体来看,多主体协同推进农村巩固脱贫攻坚成果的联动帮扶机制运行模式打破了以往贫困村、贫困户被动接受帮扶的格局,发挥了代表政府、地方高校、企业、村(农户)不同主体的各自优势,实现了优势互补资源共享,可有效促进"政企村""政校村""校企村""村村户户"间形成多方共赢的格局。

综上，对比现有研究，本书最大的贡献在于：

①本书借鉴机制设计理论、协同治理理论、整体性治理理论及中国特色反贫困理论等原理，创造性地构建了代表政府、学校、企业、村四方主体行为于一体的多主体协同推进农村巩固脱贫攻坚成果的"四方联动"帮扶机制框架模型，明确了其机制构建原则、思路和内涵，并考虑纳入多方帮扶主体在内设计了联动机制考评体系。与已有同类研究扶贫脱贫机制和模式不同，多主体协同推进农村巩固脱贫的联动帮扶机制打破了以往"政校企"多方帮扶主体各自为政的局面，把帮扶对象村/脱贫户作为主体一方融入农村巩固脱贫帮扶工作体系中，动员全社会组织和群众参与，构建"以政带资、以资带人，以校带人、以人带人，以企带农、以农带人，以人带村、以村带村"的"政校企村"多主体协同帮扶联动机制，实现帮扶主体与帮扶客体的精准对接，既是创新帮扶工作机制助力农村巩固脱贫攻坚成果的新思路，也是创新"三农"工作思路、推进乡村振兴战略落实落地的一种有效方式。多主体协同推进农村巩固脱贫攻坚成果的联动帮扶机制均能通过实践中各种帮扶案例来检视其运作的可行性、有效性和灵活性，而且从理论上构建的多主体协同推进农村巩固脱贫联动帮扶机制模型也具有一定的推广应用和实践价值。

②本书借鉴产业经济学有关理论原理，运用 AHP 层次分析法，结合三峡库区农业实情，设计了重庆三峡库区农村现代农业主导产业选择指标体系和指标模型，通过具体区域案例，可精准测算综合指标值来确定农村主导产业选择重点和培育方向。其创新体现在两个方面：一是不同于已有研究（如 SSM 分析法、DEA 分析法）考虑测算指标较单一，本论题研究采用 AHP 分析法能解决多目标的复杂问题，可对农村主导产业不同评价指标按照分解、比较、判断、综合的思维方式进行决策，具有系统性、实用性、简洁性等特点，能够让决策者与决策分析者相互沟通，甚至可直接应用，增加决策的有效性；二是本论题研究设计的农村现代农业主导产业选择指标体系具有普适性、应用性和推广价值，可通过具体区域案例导入数据进行精准测算指标值，来确定某区域农村主导产业选择重点和培育方向，而且还可以通过不同区域间的比较来发现其农业产业优势，是地方政府部门制定农村产业发展规划

和农业政策的有效决策参考工具和方法。

　　本书的出版,期望为关注贫困治理问题的学者进一步深入研究提供理论参考,丰富反贫困理论及贫困治理理论体系,对推动我国乡村治理模式、构建农村可持续巩固脱贫长效机制的研究具有一定的理论参考价值,也可为当地政府设计农村产业帮扶政策提供决策依据和实证支持,推动"三农"工作思路创新,巩固拓展脱贫攻坚成果,实现农村主体可持续发展,降低规模性返贫风险。与此同时,本书探讨农村主导产业选择指标体系、多主体协同推进农村巩固脱贫的联动帮扶机制模式和案例也可为其他相邻省份探索农村可持续稳固脱贫新路径以及同行研究提供借鉴、参考和推广。

Preface

After all poverty – stricken counties at the national level have achieved poverty alleviation, the *Opinions of the Central Committee of the Communist Party of China and the State Council on Consolidating and Expanding the Achievements of Poverty Alleviation and Effectively Linking with Rural Revitalization* (December 16, 2020) clearly stated that we should adhere to the people – centered development idea, adhere to the direction of common prosperity, place the consolidation and expansion of the achievements of poverty alleviation in a prominent position, and establish a support mechanism for the low – income rural population and underdeveloped areas. From concentrating resources to supporting poverty alleviation efforts, we will shift to consolidating and expanding the achievements of poverty alleviation efforts and comprehensively promoting rural revitalization. During the transition period, we will provide more follow – up assistance and support, and provide assistance to poverty – stricken counties, villages and populations to ensure that the poverty – stricken population does not return to poverty. In 2023, the No. 1 central document *Opinions on Doing a Good Job in the Key Work of Comprehensively Promoting Rural Revitalization in 2023* emphasized once again that we should consolidate and expand the achievements of poverty alleviation, take increasing the income of the people who have been lifted out of poverty as the fundamental requirement, broaden the channels for farmers to increase their income and become rich, prevent large – scale poverty, promote high – quality development of rural industries, and comprehensively promote rural revitalization. Against the backdrop of the current implementation of the rural revitalization strategy, whether the Three Gorges Reservoir Area in Chongqing, especially the northeastern region of Chongqing (including Chengkou, Yunyang, Fengjie, Wushan and Wuxi, which were once one of the 14 concentrated and contiguous areas in China), can achieve sustainable and stable poverty alleviation has become a focus of attention for the country, Chongqing Municipal Party Committee and Government, and has always been a top priority for Chongqing's economic and social development and the implementation of the rural revitalization strategy. However, restricted by physical geography factors and influenced by historical conditions, the Three Gorges Reservoir Area in Chongqing is dominated by mountains and hills, with many farmers living in high mountains. Rural transportation and information networking construction lag behind. It is difficult for enterprises from all walks of life to focus on mountain areas for large – scale value – creation activities. The rapid economic development in the early stage mainly benefited from the state's efforts in the Three Gorges Project, migration, infrastructure, and ecological construction. The investment in projects such as water environment and geological disaster management in the reservoir area is driving, but it is difficult to sustain the situation of promoting sustainable rural development and consolidating poverty alleviation for impoverished households. Moreover, the consolidation of poverty alleviation achievements in rural areas in the region faces practical difficulties such as poor geographical conditions, low population quality, prominent institutional poverty, and insufficient public participation. There is also a significant risk of returning to poverty for households with unstable poverty alleviation, marginalized households who are prone to poverty, and households with high rigid expenditures or significant income reduction due to diseases, disasters, accidents, and other rigid expenses or serious basic living difficulties due to significant income reduction. Based on the consideration of these issues, this book is based on the forefront of the new era, mobilizing all social forces to participate in rural revitalization work, exploring the linkage assistance mechanism of rural consolidation and poverty alleviation in underdeveloped areas, and striving to unravel the practical proposition of how to achieve sustainable and stable poverty alleviation in the process of rural consolidation and expansion of poverty alleviation achievements, as well as the role and effectiveness of different assistance entities in the process of rural consolidation and poverty alleviation. It has important theoretical value and epoch – making significance.

As is well known, some rural areas that have been lifted out of poverty after the completion of the poverty alleviation task still face the risk of returning to poverty. One of the key tasks for promoting comprehensive rural revitalization in the future still needs to innovate in consolidating the mechanism and model of poverty alleviation work. In view of this, this book focuses on the Three Gorges Reservoir Area in Chongqing as the main research area, with the northeast region of Chongqing as the key area, to study the mechanism of rural consolidation and poverty alleviation, and attempt to explore new ideas and approaches for rural consolidation and expansion of poverty alleviation achievements. The main issue aimed at clarifying through research is: how the region has successfully achieved comprehensive, sustainable and stable poverty alleviation, and what are the successful cases and experiences, what are the successful assistance models worth promoting, what are the key factors that affect the income growth of rural entities, how to determine the rural leading industries that contribute to the consolidation and expansion of poverty alleviation achievements in rural areas, what role each assistance entity has played in the process of consolidating and expanding poverty alleviation achievements in rural areas, what are the assistance effects, and what are the unresolved issues in the future research on the effective connection between rural consolidation and poverty alleviation achievements and rural revitalization.

The first chapter of this book is an introduction, which mainly introduces the research background, proposes the main issues, research objectives and values to be studied in this book, and briefly analyzes the research status and methods related to this topic. Based on the analysis and comparison with similar studies, the innovation of this book is extracted. As the theoretical basis of this research topic, in Chapter 2, we discuss in detail the main viewpoints on the causes of rural poverty and its governance theory, especially the concepts and theoretical connotations related to relative poverty, rural revitalization and consolidation of poverty alleviation, as well as the key points of mechanism design theory, collaborative governance theory, holistic governance theory, and Chinese characteristic anti – poverty theory. Chapter 3 draws inspiration from the principles and methods of the institutional theory, uses the institutional analysis method, and based on the framework of rural market economy and institutional environment analysis, briefly analyzes the characteristics of rural market network structure as a theoretical extension and supplement to the work of consolidating poverty alleviation achievements in rural areas. Chapter 4, in addition to briefly analyzing the advantageous resource conditions and industrial economic development foundation that are conducive to the consolidation of poverty alleviation achievements in rural areas in the Three Gorges Reservoir Area of Chongqing, focuses on analyzing the work experience and overview of the consolidation of poverty alleviation achievements in rural areas after the completion of poverty alleviation tasks. To examine the effectiveness of rural poverty alleviation in the region, we conduct a questionnaire survey to further analyze the current situation and existing problems of rural households and their living environment, rural public infrastructure construction, farmers' evaluation of poverty alleviation work, and farmers' demand for assistance resources. Especially, we compared the poverty alleviation effect before the completion of the poverty alleviation task (taking 2018 as an example) with the subsequent poverty alleviation effect (taking 2021 as an example), to highlight the achievements of rural poverty alleviation in the later stage. Chapter 5, based on a brief analysis of the risk factors of rural poverty in the Three Gorges Reservoir Area of Chongqing, mainly uses the SWOT analysis method to analyze the main manifestations of rural poverty and the main challenges and difficulties faced by rural consolidation of poverty alleviation achievements.

The research focus of this book is from Chapter 6 to Chapter 8, aiming to provide empirical support and a basis for the design of a linkage mechanism for rural consolidation and poverty alleviation. It mainly includes three parts: the influencing factors of rural main agent income growth, the selection of rural leading industries for consolidation and poverty alleviation, and the design of a linkage mechanism for multi – agent collaborative promotion of rural consolidation and poverty alleviation. Specifically:

On the basis of previous research, Chapter 6 delves into the issue of income poverty among rural residents. This chapter mainly uses econometric methods to establish a multiple linear regression model, focusing on the key factors affecting the income growth of rural agents from the three dimensions of individual characteristics, family characteristics and social environment characteristics of farmers, and portraying the age of the head of household, education level, registered residence registration identity attribute, support policy cognition, family population, family labor, stable income sources, family health population status, small – scale farming and breeding industry. The relationship between factors such as life and production operational debt, changes in production organization, and policy support related to education, healthcare, and industry on the growth of rural main agent income is revealed, and its influencing laws are revealed.

Chapter 7 mainly draws on the theoretical principles of industrial economics and uses the Analytic Hierarchy Process (AHP) to discuss the selection and cultivation of rural leading industries for consolidating poverty alleviation and promoting rural industrial revitalization. Based on a brief analysis of the principles and basic requirements for constructing the indicator system for selecting leading industries in rural modern agriculture, this chapter constructs the indicator system for selecting leading industries in rural modern agriculture in the Three Gorges Reservoir Area from seven dimensions: industrial development potential, industrial linkage driving capacity, economic benefits, social benefits, comparative advantages, industrial scale, and technological progress. We focused on selecting 8 indicators: demand income elasticity, industrial output growth rate, location quotient, regional comprehensive comparative advantage, level of industrial growth effect, per capita output value coefficient, regional output value growth effect rate, and unit output value growth rate to construct a rural modern agricultural leading industry selection indicator model, and analyze the meaning of the indicators. Among them, especially the addition of unit output growth rate indicators to effectively avoid adverse effects caused by price fluctuations or overcapacity. At the same time, taking a certain region as an example, data was imported to calculate the selection index value of the rural modern agricultural leading industry in that region, and based on this, the focus and direction of selecting and cultivating the rural leading industry in that region were determined.

Chapter 8 mainly designs the linkage assistance mechanism for rural poverty alleviation and demonstrates its operational effectiveness. This chapter mainly draws on the principles of mechanism design theory, collaborative governance theory, holistic governance theory, and Chinese characteristic anti – poverty theory, and further constructs a linkage assistance mechanism model for multi – agent collaborative promotion of rural consolidation and poverty alleviation from a macro level. It includes the necessity, feasibility, principles, ideas, and connotations of the linkage mechanism construction, and analyzes the operational logic of the linkage mechanism from three aspects: operational agent, operational mode, and operational direction. At the same time, taking industrial assistance, financial assistance, education assistance, tourism assistance, cultural assistance, technology assistance, and consumption assistance as practical cases, the operation mode of the linkage mechanism is decomposed and applied for analysis. On this basis, a linkage mechanism evaluation system was designed from 11 dimensions (63 evaluation indicators), including mechanism construction, economic development, poverty level, cultural development, public services, infrastructure, ecological environment, as well as financial assistance, industry and technology assistance, education and cultural assistance, tourism and consumption assistance for rural poverty alleviation. The evaluation system was designed based on the operation mode and key design points of the multi – agent linkage assistance mechanism, we compare and analyze it with traditional extensive poverty alleviation.

Chapter 9 provides a systematic summary of the research findings on this topic, and proposes some innovative suggestions for promoting the effectiveness of rural poverty alleviation based on the research results. Finally, the research limitations are pointed out and discussed.

Through the above analysis of the current situation, challenges, and difficulties faced by rural consolidation and poverty alleviation in the Three Gorges Reservoir Area of Chongqing, as well as a systematic analysis of the main factors affecting the income growth of rural agents and the selection of rural leading industries for consolidation and poverty alleviation, a linkage mechanism for multi – agent collaborative promotion of rural consolidation and poverty alleviation has been designed and demonstrated. The research has yielded some new findings, mainly including the following seven basic conclusions: The first, third, fourth, fifth and sixth conclusions are the novel viewpoints of this research topic.

First, compared with developed markets, in underdeveloped rural areas, the market network is characterized by less concentration ratio, straightness and more structural holes. Rural community groups have a higher concentration of localized ethnic groups, but are less concentrated among ethnic groups and contain more structural holes. The network relationships in rural markets are usually more direct and informal, with more frequent interactions, and involve diverse fields of interaction among network members, not limited to commercial or professional fields. They also appear smaller in terms of network boundary scale, and rural market network members have greater diversity, but there are generally fewer commercial enterprises exploring rural markets. Formal network relationships in rural markets have more instability and unpredictability, while informal network relationships have more stability and resilience.

Secondly, as the gateway to Chongqing's northeast, the Chongqing Northeast region holds an important strategic position in the Three Gorges Reservoir Area. Currently, in the process of consolidating poverty alleviation in rural areas, it not only faces the individual characteristics of farmers (such as outdated ideological concepts, weak awareness of poverty alleviation concepts, low education level, lack of industrial management ability, and insufficient income creation ability) factors and obstacles related to family characteristics (such as children's education, family land, mountain housing, and physical condition), as well as objective environmental factors (such as lagging infrastructure construction, low overall development level of rural characteristic industries, insufficient driving capacity of regional industrial and economic development), and institutional factors (such as relationship assistance, weak supervision, and weak rights and opportunity systems). The main forms of poverty in rural areas are characterized by multiple dimensions of poverty, higher poverty lines, larger populations, and a long survival period. The consolidation and poverty alleviation work in rural areas should mobilize the participation of all social assistance agents and gather assistance resources to underdeveloped rural areas in Northeast Chongqing.

Thirdly, from the perspective of the per capita income of rural households, the results of measuring relatively low – income groups are based on survey data from the Three Gorges Reservoir Area in Chongqing. Using the per capita disposable income of urban and rural residents in Chongqing and China in 2020 as the benchmark, the standard for preventing large – scale poverty reduction is determined according to the customary algorithm in the domestic academic community (1/3 or 40% of per capita disposable income), which is approximately 848 ~ 1028 yuan per month and 885 ~ 1073 yuan per month, it can be inferred that the proportion of relatively low – income groups in need of assistance in the rural areas of the Three Gorges Reservoir Area in Chongqing is 24. 1% and 28. 4%, respectively. If the standard for preventing large – scale poverty return is determined according to international customary algorithms (50% or 60% of per capita disposable income), which are approximately 1284 ~ 1541 yuan per month and 1341 ~ 1610 yuan per month, the proportion of rural relatively low – income groups in need of assistance is as high as 45.4% and 48.5%, respectively.

Fourthly, from the perspective of factors that affect the income growth of rural households, the main manifestations include individual characteristics, family characteristics, and social environment characteristics. In terms of individual characteristics, the age of the head of household, the education level of the head of household, the identity attribute of registered residence and other variables are the key factors affecting the income growth of rural subjects; In terms of family characteristics, variables such as the number of family population, the number of family labor force, the degree of land concentration and connection, whether there is a stable source of income, whether there are dropout children, the healthy population status of the family, whether there is internet access, whether there is a professional cooperative, whether there is a small – scale breeding and breeding industry, and the degree of livelihood debt are key factors that affect the income growth of rural entities; In terms of social environmental characteristics, the main manifestation is that the degree of support provided by family children's tuition fee reduction policies has a significant impact on improving the income level of rural households, and different variables or policy support have different degrees of influence and directions of influence. Specifically, the older the head of household, the less conducive it is to the growth of household income. The higher the level of cultural and educational education received by the head of household, the higher their income level. Moreover, transferring from rural to urban areas to urban resident status can also help improve their household income level. Starting solely from individual characteristic factors, a deeper and more thorough understanding of assistance policies by farmers is also beneficial for improving the income of rural entities. From the perspective of family characteristics, the larger the household population is, the less conducive it is to improving the per capita income level, while the larger the labor force population in the household is, the more conducive it is to improving the per capita income level. The higher the degree of centralized and contiguous land contracted by households is, the more conducive it is to achieving household income growth. Rural households with stable sources of income will also increase their income accordingly, and developing small – scale breeding and breeding industries, joining professional cooperatives, or expanding sales channels through the Internet are beneficial for achieving per capita income growth. However, the larger the degree of household debt, the less conducive the family's income growth, or the presence of dropout children in the family. People with disabilities or sub – healthy populations can hinder household income growth. From the perspective of social environmental characteristics, the most significant influencing factor is the degree to which rural households value the support of tuition subsidy reduction policies for their children's education. However, factors such as rural public transportation, credit support, precise identification, agricultural production technology and subsidies, development of rural tourism, and education and training do not have a significant impact on the income growth of rural households.

Fifth, the agricultural leading industry in rural areas is different from the urban industrial leading industry. It is necessary to consider not only the characteristics of agricultural development in rural areas, but also the applicability of indicators and data availability. Determine the selection indicators for rural modern agricultural leading industries from the perspectives of industrial development growth potential, regional comparative advantages, industrial correlation, and economic and social benefits, construct a scientific and reasonable indicator system for selecting and cultivating rural leading industries, and scientifically and reasonably plan the selection focus and cultivation direction of rural leading industries, which is conducive to promoting the revitalization of rural industries and consolidating the achievements of poverty alleviation in rural areas. The designed evaluation index system for the selection of modern agricultural leading industries in the rural areas of the Three Gorges Reservoir Area has good applicability and promotion value. It has been applied to other districts and counties in the North-east of Chongqing in the Three Gorges Reservoir Area of Chongqing. By compa-ring the results of calculating the index values, the key points and directions for cultivating rural leading industries in different districts and counties can be found, and the agricultural industry advantages and characteristics of each district and county can be utilized under limited resource conditions. From the perspec-tive of the selection and cultivation of modern agricultural leading industries in the rural areas of Wanzhou District in the Three Gorges Reservoir Area of Chongqing, consolidating farmers' poverty alleviation and prosperity through the development of small – scale breeding and breeding industries, prioritizing the cultivation of industries such as tea, tobacco, dairy, forestry, oil crops, and aq-uaculture, is conducive to long – term stable income growth. For local govern-ments, encouraging and guiding local villagers to develop agricultural industries with strong industrial driving capabilities, good economic and social benefits, and outstanding comparative advantages as rural leading industries should be priori-tized for cultivation, large – scale production and management, and correspond-ing industrial policy support should be provided, such as subsidies for industrial projects, expansion of sales channels, and production technology training, It is an effective way and strategy to promote the consolidation of poverty alleviation a-chievements in rural areas from the perspective of industrial assistance.

Sixth, the four – party linkage assistance mechanism of promoting the con-solidation and poverty alleviation achievements in rural areas through multi – a-gent collaboration has broken the previous pattern and pattern of "government, school, and enterprise" multi – agent assistance entities acting independently in assistance work. The targeted villages or poverty – stricken households are inte-grated into the rural consolidation and poverty alleviation work system as the main body, mobilizing the participation of all social organizations and the masses, con-structing a linkage mechanism for multiple entities to participate in rural consolidation and poverty alleviation, which includes "government driven investment, investment driven people, schools driven people, people driven people, enterprises driven agriculture, agriculture driven people, people driven villages, and villages driven villages", achieving precise docking between assistance subjects and assistance objects. It is a new approach to innovate assistance work mechanisms to help rural consolidation and expansion of poverty alleviation achievements, and also innovative work ideas for "agriculture, rural areas, and farmers", an effective way to promote the implementation of rural revitalization strategy.

Seventh, the multi – agent collaborative promotion of rural consolidation and poverty alleviation linkage assistance mechanism has been applied in the fields of industrial assistance, financial assistance, education assistance, tourism assistance, cultural assistance, technology assistance, consumption assistance, etc. in the Chongqing Three Gorges Reservoir Area and Northeast Chongqing region, reflecting the interactive mechanism of multiple assistance entities in the rural consolidation and poverty alleviation work mechanism, and forming various distinctive assistance models. In terms of industrial assistance, there are linkage models such as "government + enterprises + villages + farmers" and "government + universities + enterprises + villages (cooperatives or bases) + farmers"; In terms of financial assistance, there is a linkage model of "government + enterprises (financial institutions) + villages (mutual aid funds) + farmers"; In terms of educational assistance, there is a linkage model of "government + universities + villages + farmers"; In terms of tourism assistance, there is a linkage model of "government + enterprises + villages (collective assets) + farmers"; In terms of cultural assistance, there is a linkage model of "government + universities + social organizations + enterprises + villages"; In terms of technology assistance, there is a linkage model of "government + universities + enterprises + villages + farmers"; In terms of consumer assistance, there is a linkage model of "government + universities + enterprises + villages (cooperatives) ". Overall, the linkage mechanism operation mode of multi – agent collaborative promotion of rural consolidation and poverty alleviation achievements has broken the previous pattern of impoverished villages and households passively receiving assistance. It has utilized the respective advantages of different entities representing the government, local universities, enterprises, and villages (farmers), realized complementary resource sharing, and effectively promoted the formation of a win – win situation among "government, enterprise and villages", "government, school and villages", "school, enterprise and villages", and "village and households".

To sum up, compared with existing research, the greatest contribution of this book is:

① This book draws inspiration from the principles of mechanism design theory, collaborative governance theory, holistic governance theory and Chinese characteristic anti – poverty theory, and creatively constructs a "four – party linkage" assistance mechanism framework model that represents the behavior of the government, schools, enterprises and villages as a whole to promote the consolidation of poverty alleviation achievements in rural areas. The principle, idea and connotation of its mechanism construction are clarified, and a linkage mechanism evaluation system was designed to include multiple assistance entities. Unlike similar research on poverty alleviation and alleviation mechanisms and models, the linkage assistance mechanism of multi – agent collaborative promotion of rural consolidation and poverty alleviation has broken the previous situation of "government, school and enterprise" multi – agent assistance entities acting independently, integrating the targeted villages/poverty – stricken households as the main agent into the rural consolidation and poverty alleviation work system, and mobilizing the participation of all social organizations and the masses. Build a multi – agent collaborative assistance and linkage mechanism of "government, school, enterprise and village", which includes "government driven investment, investment driven farmers, school driven people, people driven people, enterprises driven agriculture, agriculture driven farmers, farmers driven villages, and villages driven villages", to achieve precise docking between assistance subjects and assistance objects. This is not only a new idea for innovating the assistance work mechanism to help consolidate the achievements of poverty alleviation in rural areas, but also an innovative work approach for "agriculture, rural areas and farmers", an effective way to promote the implementation of rural revitalization strategy. The linkage assistance mechanism of multi − agent collaborative promotion of rural consolidation and poverty alleviation achievements can be examined through various assistance cases in practice to assess the feasibility, effectiveness, and flexibility of its operation. Moreover, the theoretically constructed linkage assistance mechanism model of multi − agent collaborative promotion of rural consolidation and poverty alleviation also has certain promotion, application and practical value.

② This book uses the relevant theories and principles of industrial economics for reference, uses the AHP (Analytic Hierarchy Process) analysis method, and combines the actual situation of the Three Gorges Reservoir Area agriculture to design the indicator system and indicator model for the selection of modern leading agricultural industries in Chongqing Three Gorges Reservoir Area. Through specific regional cases, the comprehensive indicator value can be accurately calculated to determine the selection focus and cultivation direction of rural leading industries. Its innovation is reflected in two aspects: first, unlike the existing research (such as the SSM analysis method and the DEA analysis method) , which considers that the measurement indicators are relatively simple, this topic research can solve the complex problems of multiple objectives by using the AHP analysis method, and can make decisions on different evaluation indicators of rural leading industries according to the decomposition, comparison, judgment and comprehensive thinking mode, which is systematic, practical, concise, etc. It can enable decision − makers and decision analysts to communicate with each other, or even directly apply, to increase the effectiveness of decision − making; Second, the indicator system for the selection of rural modern agricultural leading industries designed by this topic has universality, applicability and promotion value. The indicator value can be accurately measured by importing data from specific regional cases to determine the selection focus and cultivation direction of rural leading industries in a certain region, and the agricultural industry advantages can be found by comparing different regions. It is an effective decision – making reference tool and method for local government departments to formulate rural industrial development plans and agricultural policies.

The publication of this book aims to provide theoretical reference for scholars who are concerned about poverty governance issues to further deepen their research, enrich the anti – poverty theory and poverty governance theoretical system, and have certain theoretical reference value for promoting the rural governance model in China and building a long – term mechanism for sustainable consolidation and poverty alleviation in rural areas. It can also provide a decision – making basis and empirical support for local governments to design rural industrial assistance policies, promote innovation in the work concept of "agriculture, rural areas and farmers", consolidate and expand the achievements of poverty alleviation, achieve sustainable development of rural areas, and reduce the risk of large – scale poverty return. At the same time, this book explores the indicator system for selecting rural leading industries, the linkage assistance mechanism model and cases of multi – agent collaborative promotion of rural consolidation and poverty alleviation, which can also provide reference, and promotion for other neighboring provinces to explore new paths of sustainable and stable rural poverty alleviation, as well as for peer research.

目　录

第 *1* 章
绪 论

1.1 背景与问题提出

2020 年,国家级贫困县实现全部脱贫摘帽后,中共中央、国务院《关于实现巩固拓展脱贫攻坚成果同乡村振兴有效衔接的意见》(2020 年 12 月 16 日)明确指出,进一步巩固拓展脱贫攻坚成果,接续推动脱贫地区发展和乡村全面振兴,坚持以人民为中心的发展思想,坚持共同富裕方向,将巩固拓展脱贫攻坚成果放在突出位置,建立农村低收入人口和欠发达地区帮扶机制,从集中资源支持脱贫攻坚转向巩固拓展脱贫攻坚成果和全面推进乡村振兴,过渡期内给予更多后续帮扶支持,对脱贫县、脱贫村、脱贫人口扶上马送一程,确保脱贫群众不返贫。同时,支持脱贫地区乡村特色产业发展壮大,以脱贫县为单位规划发展乡村特色产业,实施特色种养业提升行动,促使脱贫地区经济活力和发展后劲明显增强,乡村产业质量效益和竞争力进一步提高,农村基础设施和基本公共服务水平进一步提升,生态环境持续改善。到 2035 年,脱贫地区经济实力显著增强,乡村振兴取得重大进展,农村低收入人口生活水平显著提高,城乡差距进一步缩小,在促进全体人民共同富裕上取得更为明显的实质性进展。2023 年,中央一号文件《关于做好 2023 年全面推进乡村振兴重点工作的意见》再次强调,巩固拓展脱贫攻坚成果,把增加脱贫群众收入作为根本要求,把促进脱贫县加快发展作为主攻方向,更加注重扶志扶智,聚焦产业就业,不断缩小收入差距、发展差距,深入开展多种形式的消费帮扶,增强脱贫地区和脱贫群众内生发展动力,推动乡村产业高质量发展,坚决守牢不发生规模性返贫底线。事实上,脱贫攻坚战取得了阶段性的胜利,但重庆三峡库区脱贫区县,尤其是渝东北城口、云阳、奉节、巫山和巫溪〔曾在《中国农村扶贫开发纲要(2011—2020年)》中划为14个集中连片特困地区中秦巴山区的其间缩影,也是重庆脱贫攻坚之重点〕,是否实现可持续稳固脱贫已成重庆市委、市政府关注的重点。更明显的是,重庆三峡库区由于受自然地理因素的制约和历史条件的影响,前期面临着脱贫能力弱、地理条件恶劣、人口素质低下、制度贫困突出、群众参与力度不够等现实困难,脱贫攻坚任务完成后,过渡期内仍面临着脱贫不稳定户、边缘易致贫户、因病因灾因意外事故等刚性支出较大或收入大幅缩减导致基本生活出现严重困难户等存在较大返贫风险。因此,在乡村振兴战略背景下,立足新时代前沿,动员全社会力量参与乡村治理,探索欠发达地区农村巩固脱贫联动帮扶机制,具有重要的理论价值和划时代意义。

尽管脱贫攻坚任务取得了阶段性胜利,但重庆三峡库区接续农村如何可持续巩固拓展脱贫攻坚成果,尤其是渝东北地区,一直是重庆经济社会发展和实施乡村振兴战略的重中之重。该地区以山地丘陵为主,住居高山农户家庭诸多,农村交通、信息网络化建设滞后,社会各行业企业难以聚焦于山区进行大规模价值创造活动,前期经济快速发展主要得益于国家对三峡工程、移民搬迁、基础设施、生态建设、库区水环境和地质灾害治理等项目的投资拉动①,而靠高投入拉动经济增长促进农村主体稳固脱贫致富的局面难以持续。因此,后续农村可持续巩固脱贫仍需在帮扶工作机制和模式上进行创新,这也是本书探索农村巩固脱贫联动帮扶机制问题的初衷。

近年来,诸多学者和帮扶工作者结合当地帮扶实践,分享了诸多乡村治理的成功帮扶案例和经验,农村巩固脱贫工作颇有成效。然而,现

---

① 童洪志. 渝东北贫困地区深度扶贫"四方联动"模式研究[J]. 中国农业资源与区划 2019,40(8):133-140.

实中巩固脱贫工作机制仍有待完善,尤其是前期深度贫困地区刚完成脱贫摘帽任务,在后续巩固脱贫工作实践中仍暴露出许多制度缺陷和实践困难,实现可持续稳固脱贫难度较大,农村脱贫不稳定户、边缘易致贫户等面临返贫风险依旧存在。因此,如何设计农村巩固脱贫联动帮扶机制,如何选择有效的产业治理路径来推动农户增收,以期更好地推动重庆三峡库区乡村振兴战略落地落实见成效等问题成为本论题关注的重点。于是,本书主要以重庆三峡库区(重点渝东北地区)为研究畛域,旨在通过研究而着重弄清楚的核心问题是:重庆三峡库区是如何成功实现全面可持续稳固脱贫?具备哪些巩固脱贫基础和优势,还面临哪些挑战和困境?该地区有哪些成功帮扶案例和帮扶经验?又有哪些经典的帮扶模式值得推广?在巩固脱贫过程中农村市场网络有何特征?该地区中影响农村主体收入增长有哪些关键因素?如何确定有利于农村巩固脱贫的现代农业主导产业?在探索多主体协同推进农村巩固脱贫的联动帮扶机制运行模式和实现路径中,各帮扶主体在巩固脱贫过程中发挥了何种作用、帮扶效果如何?又如何检视不同帮扶主体协同推进农村巩固脱贫的工作成绩?未来农村巩固拓展脱贫攻坚成果同乡村振兴有效衔接等研究还存在哪些尚未解决的问题?等等。

1.2 研究目的和价值

第一,研究目的。本书以重庆三峡库区为主要研究畛域,其中以渝东北地区为重点地区,研究农村巩固脱贫联动帮扶机制问题,旨在探索农村巩固脱贫的新思路和新途径,为城乡融合发展、缩小城乡发展差距和乡村治理等有关政策制定和实施提供理论依据,也对重庆创新"三农"工作思路、巩固脱贫攻坚成果及实施乡村振兴战略具有重要现实意义。具体而言,本论题研究将主要完成以下三大预期目标:一是通过对重庆三峡库区实地考察和调查,深入认识该地区农村巩固脱贫攻坚成果的现状,运用 SWOT 分析工具,详细分析该地区农村巩固脱贫的基础、优势和农村主体贫困逻辑、返贫风险因素,以及农村巩固脱贫工作面临的挑战和困境;二是借鉴产业经济学有关理论和方法工具,结合三峡库区农村巩固脱贫工作实践情况和农业实情,试图设计推进农村巩固脱贫的农村现代农业主导产业选择指标体系和指标模型,通过具体区域案例数据,精准测算指标值来确定农村主导产业选择重点和培育方向;三是借鉴机制设计理论、协同治理理论、整体性治理理论及中国特色反贫困理论等相关原理,试图设计多主体协同推进农村巩固脱贫的联动帮扶机制和模型,明确联动帮扶机制构建的原则、思路和内涵,并引入代表性帮扶经验案例分解联动帮扶机制运作方式和实践模式。最后,根据研究结果,提出有利于实现农村可持续稳固脱贫的机制创新建议。

通过研究,本书完成预定目标,达到预定目的,主要体现在 3 个方面:一是学术思想理论方面,构建多主体协同推进农村巩固脱贫联动帮扶机制运行的理论分析框架,服务巩固拓展脱贫攻坚成果同乡村振兴有效衔接的顶层设计;二是社会实践运用方面,构建多主体协同推进农村巩固脱贫的联动帮扶机制框架、运行实践模式和考评指标体系,为乡村振兴战略实施、农村巩固脱贫攻坚成果提供实践支持和经验借鉴;三是服务决策需求方面,通过设计三峡库区农村现代农业主导产业选择指标体系和指标模型,精准测算指标值,确定案例区域农村主导产业选择重点和培育方向,为政府相关农业发展政策的制定与完善提供决策依据和工具参考。

第二,研究价值。本书基于重庆三峡库区农村巩固脱贫工作实践情况和一定的调查数据,借鉴有关贫困治理理论原理,在帮扶机制设计方面提出了建立多主体协同推进农村巩固脱贫的四方联动帮扶机制,并引入代表性帮扶经验案例来解析联动帮扶机制运作方式和实践模式。与此同时,从产业经济学视角,构建了三峡库区农村现代农业主导产业选择指标体系和指标模型,并以渝东北地区某一区域为例测算指标值,明确了农村主导产业选择重点和培育方向,最后提出政策建议。总体而言,本论题按照遵循"扶持谁(帮扶客体)—谁来扶(帮扶主体)—怎么扶(载体:联动帮扶机制设计)—如何扶(机制创新建议或策略)"的逻辑主线,沿着提出问题(农村巩固脱贫机制问题)—分析问题(农村市场网络特征、农村主体收入增长制约因素和农村主导产业选择)—解决问题(帮扶机制设计及政策建议)的思路开展本论题研究工作,其研究价值主要体现在学术与应用 2 个层面。

学术价值方面:一是本论题对相关贫困治理理论的分析和有关绝对贫困与相对贫困文献的全面深入梳理,理论上为开展农村巩固脱贫机制问题的研究可提供一定的理论借鉴和参考;二是本论题在分析相关贫困理论原理基础上,结合渝东北地区乡村振兴工作和巩固脱贫工作实践,构建了多主体协同推进农村巩固脱贫联动帮扶机制运行的理论分析框架,论证构建的多主体协同联动帮扶机制在实践中运用可有效解决农村低收入群体面临的返贫问题,帮助农户致富,降低返贫风险。从这点上说,该方面的研究从乡村治理视角,可为乡村振兴战略实施路径、构建农村可持续稳固脱贫机制等提供理论基础,为贯彻党的二十大报告提出的"以人民为中心"的发展思想、全面推进乡村振兴、增进民生福祉、提高人民生活品质、实现全体人民共同富裕提供理论支撑;三是本论题多主体协同推进农村巩固脱贫的理念和联动帮扶机制运行框架构建的提出,并通过不同帮扶经验案例解构其实践模式且得到验证,为检视帮扶机制运行中多主体协同联动帮扶效果,设计了多主体协同联动帮扶机制考评指标体系框架以考核不同帮扶主体的帮扶业绩。从这点上说,该方面的研究可为新时代中国贫困治理体系的完善、中国特色反贫困理论发展与乡村建设理论的允实做出积极贡献,有助于从理论高度深刻领会习近平总书记关于扶贫工作重要论述的科学内涵、精神实质和实践要求;四是从本论题研究结果看,有利于促进同行学术交流,为关注乡村治理问题的学者进一步深入研究提供理论支撑基础,丰富贫困治理理论及反贫困理论体系,对推动我国农村巩固拓展脱贫攻坚成果及脱贫主体面临返贫风险问题和乡村治理模式的研究具有一定的理论参考价值;五是本论题结合重庆三峡库区农村巩固脱贫工作实践和农业实情,设计了农村现代农业主导产业选择指标体系和指标模型,通过研究区案例精准测算指标值,可确定案例区域农村主导产业选择重点和培育方向,通过分析得出了一些新意的结论可供参考。从这点上说,对未来的相关研究从理论上既可能具有一定的理论指导意义,也是地方政府制定农村农业发展规划和相关政策的有效参考工具。

应用价值方面：一是如何采取针对性帮扶措施有效巩固农村脱贫攻坚成果，从而实现巩固拓展脱贫攻坚成果同乡村振兴有效衔接，其前提是要先深入认清农村地区现有资源状况、基础设施建设条件以及面临的现实挑战和困境，以便制定针对性策略。从这点上说，本论题详细分析了重庆三峡库区农村巩固脱贫工作现有基本概况、巩固脱贫工作经验、返贫风险因素及面临的挑战和困境，并通过调查数据进一步分析了该地区农村家庭生活环境状况、农户对帮扶工作的评价和对帮扶资源的需求状况，以便于发现农村巩固脱贫工作实践中不足之处。这一方面的研究，在一定程度上可为地方政府全面深入了解和认清农村巩固脱贫过程中存在的具体问题和不足，针对农村/农户的需求有利于开展针对性帮扶工作。二是本论题从产业帮扶、金融帮扶、教育帮扶、旅游帮扶、文化帮扶、科技帮扶、消费帮扶等经验案例中解析了多主体协同推进农村巩固脱贫的联动帮扶机制运行实践模式，在该机制模式运行下，实现了农村主体收入增长和乡村产业振兴，缩小城乡发展差距。从这点上说，本论题以解决农村主体收入问题为主线开展研究，提炼形成多主体协同联动帮扶模式在一定程度上可促进农村主体（村/户）可持续发展与国家贫困治理工作方向有机衔接，可为深入贯彻落实党的十九大，十九届四中、五中全会及党的二十大会议的精神和要求，巩固脱贫攻坚成果、完善贫困治理体系、推进贫困治理现代化和提升贫困治理能力提供借鉴与经验支持。三是本论题根据研究结果和最终结论，提出了一些有助于农村可持续稳固脱贫效果提升的机制创新建议，这些措施在某种程度上具有可操作性，可为重庆三峡库区有关农村治理政策设计提供决策依据和参考，构建多主体协同推进农村巩固脱贫的联动帮扶机制和动态管理提供实践思路和方法，也有利于推动"三农"工作思路创新，实现农村主体可持续发展，巩固脱贫攻坚成果，降低返贫风险。而且，从乡村振兴视角看，也有助于落实"2023 年中央一号文件"精神中有关"增强脱贫地区和脱贫群众内生发展动力、推动乡村产业高质量发展、拓宽农民增收致富渠道"等要求，为贫困治理顶层设计建言献策。与此同时，本论题以重庆三峡库区(渝东北地区)为研究畛域,深入研究农村巩固脱贫联动机制问题,解构了多主体协同推进农村巩固脱贫的联动帮扶机制实现运行模式,对其他相邻省份巩固脱贫攻坚成果,探索农村治理新思路、新路径以及乡村治理实践模式等也可能具有一定的参考借鉴价值。

1.3 研究现状简述

本书拟开展研究的领域涉及相关内容诸多,如贫困界定、致贫原因、贫困测度、反贫困策略、扶贫机制、扶贫模式、脱贫机制、脱贫模式、扶贫政策及评价等,涉及的贫困理论有许多内容,而且这些内容之间本来就存在某种关联性。因此,在实际研究过程中,我们主要把侧重点放在贫困界定、测度、成因,以及与本论题主题高度相关的贫困理论内涵、贫困治理策略等方面。通过中英文献检索以及对诸多文献的阅读和分析,现分别从国外、国内两个层面对贫困理论及其内涵、贫困治理策略等相关研究进行简述。

1.3.1 国外相关研究

在贫困理论方面,国外相关研究已相当丰富。西方学者对贫困问题研究较早,形成了一系列贫困理论成果,包括贫困界定、贫困测度、贫困成因、贫困瞄准与识别、反贫困措施等方面。

一是贫困界定问题。西方国家贫困成因及贫困群体分布情况与我国不同,因而出现了对贫困不同视角的解释,表1-1列举了一些代表性观点。

表 1-1　贫困界定标准

代表学者或机构	贫困界定标准
Orshansky(1965)	用收入定义美国的贫困问题
Holman(1978)、Hallerod 和 Larsson(2007)	贫困应按照满足家庭基本需要的物品量或支出量来衡量
Rowntree(1902)	收入不足以满足最低生理必需品需要(不包含烟酒、娱乐、其他阅读刊物等)

续表

代表学者或机构	贫困界定标准
Ravallion(1991)	从交换价值论、使用价值贫乏论对贫困进行了权威解释
联合国开发署(UNDP,2000)	从能力的维度定义贫穷
Lindqvist(2002)	把贫困研究对象从家庭延伸到群体,阐明了什么是贫困状态
Fan 和 Zhang(2004)	贫困不仅仅是经济价值方面的影响,还包括教育与卫生方面

二是贫困测度问题。相关研究主要从"收入贫困""能力贫困""权利贫困""心理贫困""知识贫困"等不同理论视角提出了一系列测度贫困的指标,表 1-2 列举了一些代表性研究观点。

表 1-2　贫困测度代表性研究

代表学者或机构	测度贫困维度
Hagenaars(1987)	从收入和闲暇两个维度首次构建多维贫困指数
Townsend(1993)、Asian Development Bank(1999)	贫困测量不仅限于经济收入,还应从教育、医疗、获得信息和社会保障等多个维度进行贫困衡量
联合国开发署(UNDP,2000)	将贫困分为赤贫(缺少满足基本生活所需的收入)和综合贫困(缺少收入以满足食物、非食物需求),即识字率、营养状况、预期寿命、贫困母亲健康及可预防疾病等指标来度量能力贫困
Sen(1983)、Sen(2001) Alkire 和 Foster(2011)	基于"能力贫困"和"权利贫困"理论提出了一系列测度能力贫困的指标(如教育、健康、饮用水、住房、卫生设施、市场准入等)
联合国开发署(UNDP,2010)	界定绝对贫困人口的新指数——多维贫困指数(Multidimensional Poverty Index, MPI),涵盖了10个主要变量来测算贫困水平

三是**贫困形成原因**。这方面的研究主要阐释贫困是如何发生的。学者从不同角度进行了致贫原因解释,主要认为导致农民贫困既有自身原因,也有外部环境原因,涉及的各个方面因素诸多,表1-3列举了一些代表性学者研究的解释观点。

四是**贫困人口瞄准和识别**。不同学者结合不同国家(发达国家或发展中国家)贫困治理情况,对如何瞄准和识别贫困人口进行了积极探索研究。表1-4列举了一些主要代表性学者研究观点。

表1-3　贫困形成原因

代表学者	贫困原因解释观点
Malthus(1961)	贫困自身是贫困的原因
Marx(1975)	经济危机周期性频繁爆发和失业人员大量出现导致了贫困
Nurkse(1994)	"贫困恶性循环"理论——贫困是经济中存在若干个互相联系相互作用的"恶性循环系列"所致
Gorman 等(1971)、ORaGaiha(2000)	国家财富不合理分配(或分配不均等、不平等问题)和信贷保险政策不合理化导致了贫困
Bourguignon(2004)	国家资本匮乏和无力,甚至是政策及法律不协调导致了贫困
Cali 和 Menon(2013)	区域效应和经济关联不协调是关键致贫因素
Oppenheim(1993)、Byrne(2009)、Gunther 和 Maier(2014)	人类发展的权利、教育、体面生活标准等多方面被剥夺,或被社会排斥导致生活压垮、脆弱,容易陷入贫困
Myrdal(2015)	"循环积累因果关系"贫困理论——因收入低下而导致愈来愈贫穷

表1-4　贫困人口瞄准和识别相关研究代表性观点

代表学者	主要观点
McDonnell（1984）、Yeo（2003）、Barnes（2005）、Campolieti（2006）、Autor（2007）、Tomoki（2008）	以考察发达国家残疾贫困人口为对象,认为扶贫政策执行预期效果有限,瞄准出现误差
Karlan（2005）	精准瞄准应将"贫困排序"和"家庭情况验证调查"相结合来识别贫困人口
Montgomery 和 Weiss（2006）	亚洲和拉丁美洲贫困人口精准确认模型不完善
Alkire（2007）	提出了多维贫困识别模型
Nolan（2007）	贫困对象精准识别机制是解决贫困的关键手段
Copestake（2005）	中国信贷扶贫对贫困户瞄准无效,富裕穷人比绝对穷人获益更多
Fiszbein 等（2014）	认为瞄准效率影响扶贫效果

五是寻求反贫困措施。这一方面的研究,学者针对如何治理贫困问题,从不同视角提出了如何消除贫困的路径和方法,涉及诸多贫困治理策略,这些措施最终要达到的目的是从收入或贫困人口自我发展能力角度进行衡量,以防止贫困人口返贫。表1-5列举了一些代表性学者研究观点。

表1-5　反贫困措施相关研究代表性观点

代表学者	主要措施	目标效果
Esmail（2008）、Herani（2010）、Odhiambo（2011）、Imai 等（2012）、Ange 等（2014）	发展金融——通过鼓励和培养非正规部门发展微型金融来促进贫困人口发展	提高生产率和贫困人群收入水平

续表

代表学者	主要措施	目标效果
Burgess（2005）、Pande（2010）、Swamy（2010）	通过扩张农村金融机构来促进农村地区的储蓄和信贷增加	提高农村居民收入水平
Chantarat 和 Barrett（2012）	通过社会资本帮助穷人参与金融市场	提高贫困人群自我发展能力
Prahalad（2005）	通过价值链在当地嵌入方式实现低收入群体参与企业价值创造活动过程	提升低收入群体（金字塔底层群体，Bottom Of the Pyramid， BOP） 收入水平
Tsui（2002）、Deutsh（2005）、Bennett（2010）、Currie 等（2015）	从贫困文化视角改善农户"心理贫困"	提高贫困群体收入

　　由上分析,我们可以看到,随着经济社会的发展,对贫困问题的研究不断深入,包括贫困的概念也随之不断地深化,由最初绝对贫困视角下的收入贫困,逐渐发展到相对贫困视角下的能力贫困和权利贫困。实际上,在贫困治理领域,相对贫困问题也日益成为学界关注的焦点,对此,从本论题研究对象来看,我们有必要对这方面的研究作一简述。通过文献梳理,相关主题研究主要包括相对贫困理论、测度和治理策略 3 个方面。

　　第一,有关相对贫困内涵和理论的研究。20 世纪 60 年代以后,有研究较早地把相对剥夺（Relative Deprivation）运用于贫困分析中,提出了相对贫困概念①,为该理论奠定了基础。随后,国外学者主要依据贫困理论的发展历程,逐步提出并深化相对贫困概念。在研究相对贫困时,最先

---

①　Runciman W G. *Relative Deprivation and Social Justice* [M]. London：Routldge & Paul, 1966.

从收入着手,以相对收入为切入点,分析个体之间的收入剥夺状态。如:
Townsend 提出相对贫困理论,对贫困进行了新的阐释,同时在测量方法
上,还提出了相对收入和剥夺的标准方法①。事实上,Townsend 的相对贫
困理论是一个主观标准,强调的是社会成员之间生活水平的比较,但这
一理论丰富了贫困的内涵,并拓宽西方学者的研究视野。在此之后,Sen
首次使用权利方法来看待贫困与饥荒的产生,是较早意识到从多维角度
认识贫困和发展问题,提出了能力贫困的概念②,并引入了基尼系数得出
了一个更精准的衡量贫困的指数测量方法。

在能力贫困理论基础上,有学者把对贫困的研究转移到脆弱性、无
话语权和社会排斥等多维角度,进一步拓宽了贫困的概念,扩展到权利
贫困。如:贫困人口的无助和孤立、个体与社会整体间的断裂、穷人缺乏
权利和发言权,以及贫困不仅是物质的匮乏,还包括低水平的教育和健
康、面临风险时的脆弱性、不能表达自身的需求和影响力等。

事实上,关于相对贫困内涵界定的解释始于 20 世纪 50 年代,先后
形成了多种代表性理论流派,主要有六大派:一是相对论。该观点认为,
相对贫困表现为社会成员由于资源贫乏不能参加各种社会交往,其生活
质量和收入水平低于全国平均数③,是一个社会道德范畴,归属社会公平
主题,需要研究收入分配问题。二是主观论。该观点认为,贫困既是一
种客观状态,也是一种主观感受,最了解贫困状态的是贫困人口自己。
因此,该理论提出采用田野调查法,收集社会贫困成员对生活状态的理
解和感受作为确定相对贫困内涵的根本依据④⑤。三是能力论。该观点
认为,贫困的实质不是收入低下,而是包括免于饥饿、疾病、接受教育的

① Townsend P. *The Concept of Poverty*[M]. London:Heinemann,1970.

② Sen A. Malnutrition of rural children and the sex bias [J]. *Economic & Political Weekly*,
1983,18(19/21):855 – 864.

③ Townsend P. *The international analysis of poverty*[M]. New York:Harvester Press,1993.

④ Plug E,Krause P,Praag,et al. The measurement of poverty:Examplified by the German case
[J]. *Income Inequality & Poverty in Eastern & Western Europe*,1997,5(1):69 – 89.

⑤ Kapteyn A J,Kooreman P,Willemse R. Some methodological issues in the implementation of
subjective poverty definitions[J]. *Other publications Tisem*,1986,5(31):48 – 79.

能力等构成的个体能力的缺乏①。四是排斥剥夺论。该观点认为，贫困是由于社会成员被歧视而失去了平等的发展机会，或被排斥到主流社会之外的"边缘化"过程②。它与社会的公平观有关，往往表现在能力、经济、政治、社会、文化、信息等方面的缺失和不足。五是制度论。该观点认为，贫困是经济、社会或政治制度等一系列制度供给不足或制度安排消极所导致的结果③。六是多维论。该观点认为，鉴于生活内容具有多方面性，贫困不仅仅是收入低下和基本公共服务的缺乏，也表现为主观感受的失落和精神性贫困，是多因素综合的结果④。

第二，有关贫困测量和模型的研究。贫困的测量无论是从理论还是实践都是备受关注的重要问题，测量方法随着对贫困概念认识的深化不断变化。早期研究，学者多以单一指标来考察，如：美国经济学家 Orshansky 用收入定义美国的贫困问题⑤；英国经济学家 Holman 认为贫困应按照满足家庭基本需要的物品量或支出量来衡量⑥；也有从交换价值论、使用价值贫乏论对贫困进行了权威解释⑦。除此之外，测度是否贫困还考察家庭人口最基本生存活动的要求、能力以及家庭经济、教育与卫生方面等因素⑧。

在阿玛蒂亚·森提出多维贫困理论之后，多维贫困的测量就成为贫困研究的另一个焦点问题。因而，贫困的测量不仅限于经济收入，还应从教育、医疗、获得信息和社会保障等多个维度进行贫困衡量。随着研究的深入和拓展，一些学者、机构和政府部门开始从"收入贫困""能力贫

① Sen A. *Poverty and Famines*：*An Essay on Entitlement and Deprivation*［M］. Oxford：Clarendon Press，1981.

② Niemietz B K. *Constructing a new measure of poverty for the UK*［M］. London：King's College London，2014.

③ 马克思. 资本论(第2卷)［M］. 北京：人民出版社，2004：149 - 162.

④ Alkire S，Foster J. Understandings and misunderstandings of multidimensional poverty measurement［J］. *The Journal of Economic Inequality*，2011，9(2)：289 - 314.

⑤ Orshansky M. The roster of poverty［J］. *Monthly Labor Review*，1965，88(8)：951 - 956.

⑥ Holman R. *Poverty explanation of social deprivation*［M］. London：Martin Robertson，1978.

⑦ Ravallion M，Huppi M. Measuring changes in poverty：A methodological case study of Indonesia during an adjustment period［J］. *The World Bank Economic Review*，1991，5(1)：57 - 82.

⑧ UNDP. Human development report［J］. *Womens International Network News*，2000，28(3)：205 - 206.

困""权利贫困""心理贫困""知识贫困"等不同概念视角,提出了一系列
多维贫困指数及其计算方法,如:从收入和闲暇两个维度首次构建多维
贫困指数[1]、联合国开发计划署(UNDP)分别于 1996 年和 1997 年构造了
能力贫困指标和人类贫困指数等。

随着贫困问题研究的不断细化、深化和广化,从多维角度把握贫困
的本质,创建科学且易于操作的多维贫困测度方法日渐成为贫困研究的
主流,也成为当前学界和政界关注的焦点,如:采用多维贫困测度中的
"计数法"[2]和 Watts 多维贫困指数分解法[3]来测算欧洲不同国家的多维
贫困状况、在人类贫困指数基础上进行补充提出的人文发展指数[4]等。
此外,联合国开发计划署发布了一个界定绝对贫困人口新指数——多维
贫困指数(Multidimensional Poverty Index, MPI),涵盖了 10 个主要变量
来测算贫困水平[5],反映了贫困个体或家庭在不同维度上的贫困程度。
在前期研究基础上,有学者提出了多维贫困测度的一般模型[6],不但可以
测算多维贫困指数,还可按照地区、维度等进行分解。

第三,有关相对贫困治理策略的研究。贫困问题日趋复杂,20 世纪
以来,学者结合具体国情或区域案例分析提出了诸多代表性治理主张和
策略。一是主张通过发展经济、增加投资、普惠金融、拉动消费等方式缓
解相对贫困,如:优化福利支出和社会投资结构、发展农村普惠金融[7]、

① Hagenaars A. A class of poverty indices [J]. *International Economic Review*,1987,28(3):583 – 607.

② Atkinson A B. Multidimensional deprivation:Contrasting social welfare and counting approaches [J]. *The Journal of Economic Inequality*,2003,1(1):51 – 65.

③ Chakravarty S R,Silber J. *Measuring Multidimensional Poverty:The Axiomatic Approach* [M]. New York:Palgrave Macmillan,2008.

④ Alkire S,Santos M E. Measuring acute poverty in the developing world:Robustness and scope of the multidimensional poverty index [J]. *World Development*,2014,59(1):251 – 274.

⑤ UNDP. *Human Development Report 2010—20th Anniversary Edition* [M]. New York:Palgrave Macmillan,2010.

⑥ Alkire S,Foster J. Counting and multidimensional poverty measurement [J]. *Journal of Public Economics*,2011,95(7):476 – 487.

⑦ Ange K,Shukla A J,Mbabazize P M,et al. Microfinance services as a key driver of financial inclusion in Rwanda:A case study of Umurenge Saccos in Rulindo district in Rwanda from 2009 – 2013 [J]. *International Journal of Advanced Research*,2014,2(11):730 – 739.

"三支柱"（经济增长＋投资＋社会保障）贫困治理、消费型贫困治理等策略。二是主张建立相对贫困主体生计能力发展的多重保障制度或体系，如"政府主导、社会参与、农民评判"制度①、医疗保险制度、社会保障制度②、第三次分配制度、城乡融合职业教育贫困治理体系、以提升个体可行能力的协同治理体系等。三是主张建立健全相对贫困治理的政策体系和机制③，如生产型社会政策④、能动性政治解决贫困和社会排斥⑤、资产社会政策等等。

　　国外既有的研究成果，为本论题研究提供了理论借鉴。但是，由于各国贫困群体的客观异质性、中国"大国小农"的国情及农村低收入人群所在地域分布特征，中国农村巩固拓展脱贫攻坚成果既不能直接照搬西方发达国家的处理经验，又不能全盘复制那些发展中国家采取的措施，还应结合中国国情在脱贫基础上巩固脱贫成果，形成中国特色贫困治理体系和治理之路。

1.3.2 国内相关研究

　　事实上，20 世纪 90 年代以来，随着我国反贫困实践的推进，新的社会贫困现象逐渐凸显。国内学者们发现，贫困的发生除自身原因外，还有种族主义、歧视、社会排斥、制度等多重原因。于是，学者依据贫困的概念，从不同角度进行了深入探讨。纵观国内学界研究，也取得了一系列成果。从贫困概念出发，通过文献梳理，主要集中讨论以下 6 个方面。

　　一是有关相对贫困的概念。我国学者主要以相对贫困的界定为研

---

　　① Rodgers H R，Weiher G，Organization P S. *Rural poverty*：*Special causes and policy reforms* [M]. London：Greenwood Press，1989.

　　② Gaynor N. Poverty amid plenty：Structural violence and local governance in western Congo [J]. *Journal of Contemporary African Studies*，2015，33（3）：391－410.

　　③ 事实上，有关相对贫困治理的政策体系和机制的研究，我国学者也提出了一些建设性意见和观点，如"贫困治理法""对称性互惠"协同治理合作机制等，更多了解可参阅：唐任伍，肖彦博，唐常. 后精准扶贫时代的贫困治理——制度安排和路径选择[J]. 北京师范大学学报（社会科学版），2020（1）：133－139；邱玉婷. 社会组织与政府协同治理相对贫困的行动策略——以 2020 年后巩固拓展脱贫攻坚成果为视角[J]. 广西社会科学，2021（4）：11－16.

　　④ Rees A M. *Marshall's social policy in the twentieth century*[M]. Paris：Hutchinson Press，1985.

　　⑤ Copeland P，Daly M. Varieties of Poverty Reduction：Inserting the poverty and social exclusion target into Europe 2020 [J]. *Journal of European Social Policy*，2015，22（3）：273－287.

究内容进行阐述,如:相对贫困主要解释为某一项能力、物质生活条件或资料、参与经济社会活动权利等方面被剥夺,或相比之下处于匮乏状态。也有学者指出,相对贫困是一个社会道德范畴,属于社会公平问题①。但引入社会资本概念之后,我国学者研究贫困问题有了新的理论视角。相关研究大致认同这样的观点,即相对贫困是基于个体或群体的社会比较和社会认知产生的,是一种社会比较的贫困,社会资本作为一种非市场化力量或一种网络性资源具有显著的减贫效应,会随市场化进程而减少贫困发生的概率②。

二是有关制度贫困的研究。随着对相对贫困概念的研究,学者从制度因素角度分析社会贫困现象和原因,认为贫困既是贫困人口自身方面主观条件造成,也是一系列社会制度安排消极因果关系相互作用所导致的结果③。对此,针对"制度性"贫困,有学者提出以社会公平的制度诉求来解决相对贫困问题④。

三是有关群体贫困或区域贫困的研究。一些学者突破传统的贫困研究方法,以特定群体或特定地区的特征为分析对象来探析贫困成因及对策,如:丧失就业机会者、老年人、边缘人、低教育水平者、有多个未成年子女的家庭、残疾人、贫困地区的群众等是相对贫困发生概率较高的群体。而且,有研究指出,工人群体逐步走向了"相对贫困"状态⑤。在研究区域对象方面,根据经济繁荣地区和贫困地区的相对贫困特征,对这两个地区进行比较后,得出不仅存在区域贫困,同样也存在阶层贫困的结论⑥。对此,有研究提出制定以提高收入流动性和减少贫困代际传

---

① 朱登兴,安树伟. 中国农村贫困问题与城镇贫困问题比较研究[J]. 当代财经,2001(9):20-23.

② 赵伦. 相对贫困从个体归因到社会剥夺[J]. 商业时代,2014(18):36-37.

③ 周仲高,柏萍. 社会贫困趋势与反贫困战略走向[J]. 湘潭大学学报(哲学社会科学版),2014,38(1):81-84.

④ 李正图. 中国特色社会主义反贫困制度和道路述论[J]. 四川大学学报(哲学社会科学版),2020(1):55-64.

⑤ 施杨. 经济体制转型中工人从贫困到相对贫困的生活变迁[J]. 求实,2012(7):36-39.

⑥ 曹小曙,任慧子,黄晓燕. 经济发达地区乡村贫困的地方特征及其影响因素分析——以广东省连州市为例[J]. 地域研究与开发,2014(1):34-40.

递为目标的对策和机制来达到反贫困效果①。

四是有关动态贫困的研究。这一方面的探索,学者开始关注到个体和家庭的脆弱性以及贫困的长期性、动态性等问题。相关研究主要从历史演进角度考察家庭贫困状态,关注家庭贫困状态的脆弱性与发展演变,分析个人或家庭在贫困位置上的流动状况及地位转变原因,认为相对贫困不仅具有动态性、不平等性、相对性和主观性特点,还具有代际传递性特点②。

五是有关权利贫困的研究。这方面的研究主要是从社会排斥、社会权利等角度来分析贫困问题,认为个人或群体排斥到主流社会之外,使之"边缘化"。随着经济的高速增长带来收入差距的扩大,相对贫困不仅涵盖收入不平等,还包括人类发展,即人的脆弱性等问题③。在城乡二元结构下,与城市居民相比,农民不仅在物质生活上相对贫困,而且在权利享有上也相对贫困。总体来看,权利贫困主要体现在经济权利、政治权利、社会权利、文化权利和信息权利等缺失和不足方面④。

六是有关多维贫困测度的研究。贫困不仅是收入层面,还涉及教育、健康、住房、公共物品、生活标准或质量、社会参与等多个维度⑤。在贫困测度方面,相关研究主要是基于相对贫困理论,由收入、教育、心理等单一指标的测量研究,逐步发展到以收入、健康和教育为基本体系的多维指标,从多维视角分析我国农村相对贫困现状。而且,基于多维视角研究的文献逐渐增多,这些研究主要借助国外成熟的多维贫困测量方法,结合中国扶贫实践对中国城乡居民、中国老年人、中国流动妇女、中

① 杨园争,方向明,陈志钢. 中国农村收入分配的动态考察:结构性收入的流动性测度与分解[J]. 清华大学学报(哲学社会科学版),2017(3):161-170.

② 徐晓红,焦杰. 农村居民贫困代际传递变动趋势研究[J]. 河北大学学报(哲学社会科学版),2019,44(5):124-132.

③ 虞崇胜,唐斌,余扬. 能力、权利、制度:精准脱贫战略的三维实现机制[J]. 理论探讨,2016(2):5-9.

④ 相丽玲,朱丽慧. 基于阿马蒂亚·森权利方法的信息贫困成因分析[J]. 情报科学,2016(8):47-51.

⑤ 王素霞,王小林. 中国多维贫困测量[J]. 中国农业大学学报(社会科学版),2013,30(2):129-136.

国儿童等多维贫困情况进行了测算分析①,并提出一些切实可行的策略②。

由上分析,从相对贫困理论内涵出发,学者们结合研究对象区域实情,也提出了一些颇有代表性的建议策略和意见观点,认同主张城乡区域协调发展,突破地域空间障碍,实现发展机会均等化,如城乡公共服务均等化③、城乡区域联动④以及主张由乡土空间向城乡空间和生存空间向发展空间转向的贫困治理策略⑤等。

事实上,党的十八大以后,2013年习近平总书记提出"精准扶贫"理念,在此背景下我国学者结合中国扶贫实践进行了深入探索。总体而言,这些研究主要集中在扶贫理论内涵、精准识别、扶贫管理体制机制⑥、问题与困境、模式与路径、政策分析与评估⑦等方面的研讨。在此之后,十九届四中全会为中国未来扶贫工作指明了方向,将再次带动学界对贫困问题的进一步探索和深入研究。

1.3.3 同类研究比较

通过梳理现有相关研究文献,发现有关发达国家贫困及其治理的研究起步较早,形成了系列研究成果,并逐渐开始加强关注发展中国家低收入群体,在全球贫困治理实践中发挥着指导性功能,在治理思路上具有一定的借鉴价值。相比之下,国内关于扶贫、脱贫、相对贫困的研究可谓汗牛充栋,其领域主要集中在贫困户增加收入、教育、医疗健康等方面。自2013年习近平总书记提出"精准扶贫"理念以来,有关精准扶贫

---

① 王小林. 贫困测量:理论与方法[M]. 北京:社会科学文献出版社,2016.

② 沈扬扬,李实. 如何确定相对贫困标准?——兼论"城乡统筹"相对贫困的可行方案[J]. 华南师范大学学报(社会科学版),2020(2):91-101.

③ 钟真,谢东东,查紫振."十四五"中国农业农村现代化的战略取向与关键政策[J]. 江海学刊,2021(2):113-119,254.

④ 杨铭. 全面建成小康社会后农村贫困治理重点转向与应对策略[J]. 人民论坛·学术前沿,2021(9):120-123.

⑤ 王国敏,王小川. 从空间偏向到空间整合:后小康时代我国贫困治理的空间转向[J]. 四川大学学报(哲学社会科学版),2020(6):153-160.

⑥ 张琦. 扶贫机制创新的理论与实践[M]. 长沙:湖南人民出版社,2018.

⑦ 缪小明,罗丽. 精准扶贫政策执行偏差研究——以政策执行过程为框架[J]. 山西大学学报(哲学社会科学版),2020,43(1):93-100.

和精准脱贫的研究则迅速得到了学界的重视,主要对其科学内涵、扶贫理论、存在问题与困境、体制机制、模式、路径、政策执行和实施效果等方面进行了探讨,其成果为该领域奠定了坚实的基础,在贫困治理方面具有积极的指导意义。自十九届四中全会首次提出"建立解决相对贫困的长效机制"后,有关相对贫困治理问题的研究亦得到了学界高度关注。随着乡村振兴战略的实施和加快推进落实,《关于实现巩固拓展脱贫攻坚成果同乡村振兴有效衔接的意见(2020)》明确指出,进一步巩固拓展脱贫攻坚成果,建立农村低收入人口和欠发达地区帮扶机制。党的二十大报告明确强调,要全面推进乡村振兴,坚持农业农村优先发展,坚持城乡融合发展,畅通城乡要素流动,扎实推动乡村产业、人才、文化、生态、组织振兴。但在乡村振兴过程中,如何构建欠发达地区农村巩固脱贫联动帮扶机制,实现农村可持续稳固脱贫,各方帮扶主体在农村巩固脱贫过程中的作用和效果的研究方面稍显薄弱,尚未形成系统的理论体系,如:在农村巩固脱贫过程中对关注农村市场网络特征的分析较少,如何选择有助于巩固脱贫的农村现代农业主导产业,又如何构建有效的农村巩固脱贫联动帮扶机制助力乡村产业振兴、人才振兴、文化振兴等等。具体而言,本论题研究可拓展的空间主要有以下 4 个方面:

第一,巩固脱贫过程中农村市场网络特征。消除绝对贫困后,后续巩固拓展脱贫攻坚成果和乡村治理是一个系统复杂工程,在当前各方帮扶主体推动下,观察农村主体脱贫状态的稳定性或其行为变化需要配合较为先进科学的研究方法予以实现。已有研究主要从理论到理论、经验到经验的分析,通过帮扶案例进行总结和提炼,致使定性研究居多、计量分析偏少,描述性分析居多、实证分析偏少。而且,农村巩固脱贫成果的手段主要集中在医疗、教育等方面,在乡村振兴背景下,如何从多维视角推动乡村产业振兴、文化振兴和人才振兴,从而带动农村主体充分就业,增强农村主体内生发展动力,实现可持续稳固脱贫、降低返贫风险是本论题需要解决的一个新的突破点。从这点上说,过渡期内要有效实现农村巩固脱贫攻坚成果的可持续性,还需要深入认识和了解农村市场网络特征,从而为构建多主体协同推进农村巩固脱贫联动帮扶机制,引导和动员社会各行业企业进驻乡村开展价值创造活动,让更多的农村主体分享产业价值链增值收益,带动更多的农村低收入人口实现增收致富,落实党的二十大报告提出全面推进乡村振兴有关论述的精神和要求,乃是本论题研究的初衷之一。

第二,巩固脱贫的农村现代农业主导产业选择。众所周知,"输血式"扶贫方式难以从根本上解决农村主体长期稳固脱贫问题,于是,党的十九大报告提出依靠发展特色产业脱贫,那么,如何选择和确定农村具有发展潜力、带动作用强、经济社会效益好的农村主导产业,从而让农村主体真正从发展特色产业中受益和致富,进而实现农村巩固拓展脱贫攻坚成果,这也是本论题研究需要解决的问题。

第三,农村主体收入增长影响因素与帮扶效果。从现有文献看,已有研究考虑到帮扶对象贫困户的收入、医疗、教育等方面,其中以农户主体收入指标为因变量来考察分析各方帮扶主体的作用影响机制较为丰富,或从研究农户主体决策行为影响因素方面来探讨政策刺激效果,但针对农村主体(主要指以农村家庭为单位的农户主体),从主体个体特征、家庭特征、社会环境特征(包括政策、制度因素)等方面探索影响农村主体收入可持续增长的因素研究尚不充分。在多方帮扶主体共同作用机制影响下,政府帮扶政策、农村产业发展、教育权利、医疗保障等因素如何影响农村主体收入可持续增长,尚需进一步验证。其次,针对农村主体,有哪些帮扶资源是各方帮扶主体亟需提供解决的?在乡村振兴战略背景下,目前重庆三峡库区农村巩固脱贫的进度和现状如何、农村主体生活环境条件及其发展现状如何?消除绝对贫困前后,农村治理效果出现了哪些变化,还有哪些不足之处?农村主体对帮扶工作持何种态度以及对帮扶资源又有哪些需求?这些均将在本论题中得到详细解答。

第四,多主体协同推进农村巩固脱贫联动帮扶机制设计。从现有研究扶贫脱贫模式中可看出,这些研究集中反映了不同帮扶主体对贫困户的帮扶带动脱贫,体现了政府与农户、企业与农户、企业与村、学校与村/户等双方主体互动,但未从宏观层面上形成一个集政府、学校、企业、村或农户等代表多方主体行为于一体的农村可持续稳固脱贫推广模式。

事实上,我们还看到,消除绝对贫困后,在政府主导下社会其他帮扶主体参与农村巩固脱贫攻坚成果的力度仍不够,并呈现出各自为政的局面。因此,农村巩固脱贫过程中需要探索多方帮扶主体建立一个有效的巩固脱贫联动帮扶机制,而且对这种联动帮扶机制运作方式和实施的效果进行考察和验证尚需进一步探究与补充,如:本论题构建的多主体协同推进农村巩固脱贫联动帮扶机制运行实践中是如何实现农村低收入群体增收致富,又如何实现乡村产业振兴和文化振兴? 运行实践中有哪些成功可推广的帮扶模式? 这些亦将在本论题中得到详细解答。

1.4 研究方法与创新

1.4.1 研究方法

本论题是涉及管理学、社会学、统计学、计量经济学、应用经济学、产业经济学等多学科交叉的综合性研究,借鉴机制设计、协同治理、整体性治理及中国特色反贫困治理理论和方法原理,采用规范分析和实证分析、定性分析与定量分析相结合,综合运用文献分析、制度分析、统计分析、比较分析、回归分析、AHP 层次分析等研究方法。具体而言,主要有五项:

一是文献研究法。首先,收集了国内外早期研究贫困问题的有关文献,在阅读和做笔记的基础上进行文献归类,以备研究时参考。其次,收集了大量学术文章和著作(尤其是 2013 年习近平总书记提出“精准扶贫”理念之后发表的),也在阅读和做笔记的基础上,把与本论题可能高度相关的内容进行归类,如贫困理论、扶贫脱贫机制、扶贫脱贫模式、扶贫脱贫政策、相对贫困治理理论等,再对各类文献进行详细分析和研究。最后,收集了有关乡村振兴、农村巩固脱贫等方面的数据,包括渝东北地区区/县/乡(镇)一些行政村年度巩固脱贫自查报告、代表性区/县的帮扶模式案例素材及对农村主体(农户)的调查数据等,以备写作时使用。

二是定量与定性相结合的研究方法。通过对农户随时抽样调查和对具体的环境政策措施量化手段,把政府、金融机构/企业、地方高校等代表各方帮扶主体在农村巩固脱贫工作实践中所采取的措施进行量化,并通过统计分析和实证分析刻画农户家庭生活环境特征、农村公共基础设施建设、农户对巩固脱贫工作的评价、农户对帮扶资源的需求等概况及趋势变化特征,再进行各种简单的制图,旨在形象地表述帮扶对象村/农户主体的相关指标演变特点。同时结合定性分析方法,对巩固脱贫过程中有关农村市场网络特征、多方帮扶主体在农村巩固脱贫联动帮扶机制中的作用、内涵及帮扶机制运行逻辑进行研究和分析。

三是比较研究法。在文献研究的基础上,分析了现有研究与本论题研究的不同之处,以及绝对贫困与相对贫困、传统"输血式"扶贫方式与多主体协同联动帮扶机制的不同之处及联系,并选择了 2018 年和 2021 年两个年度时间节点,比较分析了在消除绝对贫困前后的农村主体个体特征指标、农户家庭生活环境特征指标、农村公共基础设施建设指标等状况和趋势,同时结合渝东北地区农村巩固脱贫和乡村振兴工作实践,进行比较研究,并得出相应结论。

四是计量分析法。借鉴计量经济学的理论方法、原理和工具,围绕农户个体特征(选取户主年龄、户主性别、教育文化程度、户籍身份、帮扶政策认知等 5 个变量)、家庭特征(选取家庭人口、家庭劳动力数量、土地规模面积、土地连片化程度、是否有稳定收入来源、家庭是否有辍学子女、家中是否有残疾人口、户主家庭接通互联网络、家有亚健康人口、多个子女上高中或大学、是否加入专业合作社、是否为小规模种养殖户、是否居住农村、生活性债务程度、生产经营性债务程度等 15 个变量)、环境特征(选取乡村公路硬化、获取信贷支持、帮扶对象识别精准程度、生产经营技术支持程度、乡村旅游发展程度、农业生产补贴、参与教育培训程度、子女求学奖助减免、医疗减免支持程度等 9 个变量)3 个维度,建立多元线性回归模型,定量考察 3 个特征维度变量对农户主体收入增长的影响机制,揭示其影响的演变规律,深入认识影响农户主体收入增长的关键影响因素,为研究启示(政策建议)部分提供理论依据和实证支持。

五是 AHP 层次分析法。AHP 分析法是一种解决多目标的复杂问题的定性与定量相结合的决策分析方法,在指标选择与评价方法中,可对不同评价指标按照分解、比较、判断、综合的思维方式进行决策,具有系统性、实用性、简洁性等特点,能够让决策者与决策分析者相互沟通,甚至可直接应用,增加决策的有效性。在重庆三峡库区乡村振兴过程中,科学合理地选择并确定其农村培育发展农业主导产业,关系到三峡库区的经济发展和农业产业结构的合理性,这有助于带动农户充分就业,从而巩固农村脱贫攻坚成果,推动乡村产业振兴、提高农村帮扶效果。借鉴产业经济学基础理论,结合库区农业生产实践,选择反映产业发展增长潜力的需求收入弹性系数、单位产量(或面积)产值增长率(本论题研究的新增指标)、产业产值增长率 3 个指标,反映产业比较优势的区位熵和综合比较优势指数指标,反映产业关联性的区域产值增长作用率指标,反映经济效益的产业增长作用水平度和人均产值系数指标等共 8 个主要指标,设计农村现代农业主导产业选择指标体系并构建其指标模型,确定指标权重,通过采集研究案例区域近年数据对指标值进行测算分析,明确农村主导产业发展重点和培育方向,是当地政府有关决策部门设计地区农业经济发展规划及政策的有效参考工具。

1.4.2 创新描述

通过对本论题的深入研究,本书创新之处有两个方面:

一方面,本书系统构建了代表政府、学校、企业、村/户四方主体行为于一体的多主体协同推进农村巩固脱贫的"政校企村"四方联动帮扶机制模型,明确了该机制构建的原则、思路和内涵,并考虑纳入多方帮扶主体在内设计了联动帮扶机制考评体系,体现在机制设计方面强调农村巩固脱贫过程中多方帮扶主体的联动性,构建政府引导下多方帮扶主体协同推进农村巩固脱贫的联动帮扶机制模型框架,揭示了各帮扶主体在联动帮扶机制中的作用和运行规律。机制构建理论框架可为新时代中国贫困治理体系的完善、中国特色反贫困理论发展与乡村建设理论的充实做出积极贡献,有助于丰富贫困治理理论及反贫困理论体系。与已有同类研究扶贫模式不同,四方联动帮扶机制打破以往"政校企"多方帮扶主体在帮扶工作中各自为政的格局,把帮扶对象村/户作为主体一方融入农村巩固脱贫工作机制中,动员全社会组织和群众参与,构建"以政带资、以资带人,以校带人、以人带人,以企带农、以农带人,以人带村、以村带村"的农村巩固脱贫"政校企村"四方联动帮扶机制,体现了多方帮扶主体在巩固脱贫工作机制中的互动机理,实现了帮扶主体与帮扶客体的精准对接,是创新帮扶工作机制助力农村巩固脱贫攻坚成果的新思路,也是创新"三农"工作思路、实施乡村振兴战略的一种有效方式。

另一方面,科学合理选择并培育农村现代农业主导产业(发展规模化农业特色产业)是实现乡村产业兴旺、农村经济发展和带动农户可持续稳固脱贫致富的重要举措。通过发展农村现代农业主导产业带动农户增收,有助于农村巩固脱贫攻坚成果、提升农村帮扶效果。本书借鉴产业经济学有关理论原理,运用 AHP 层次分析法,结合三峡库区农业实情,设计了重庆三峡库区农村现代农业主导产业选择指标体系和指标模型,通过具体区域案例,测算综合指标值来确定农村主导产业选择重点和培育方向。其创新表现在 2 个方面:一是不同于已有研究(如 SSM 分析法、DEA 分析法)考虑测算指标较单一,本论题研究采用 AHP 分析法能解决多目标的复杂问题,可对农村主导产业选择的不同评价指标按照分解、比较、判断、综合的思维方式进行决策,具有系统性、实用性、简洁性等特点,能够让决策者与决策分析者相互沟通,甚至可直接应用,增强决策的有效性;二是本论题研究设计的农村主导产业选择指标体系具有普适性、应用性和推广价值,而且在现有研究基础上新增了测评指标(如单位产量产值增长率指标,引入该指标可以避免产业规模过度膨胀带来的产值虚高的假象),可通过具体区域案例导入数据进行精准测算综合指标值,来确定某区域农村主导产业选择重点和培育方向,而且还可以通过比较不同区域之间的综合指标值来发现区域农村产业发展优势,是地方政府部门制定农村产业发展规划和农业政策的有效参考决策工具和方法。

第 2 章
相关概念与理论基础

在第 1 章中，我们提出了本书拟着重分析和解决的一些问题，并对本论题相关领域的研究现状作了一番梳理。本章作为以下各章的分析基础和分析工具，将尽可能详细地阐述与本书相关的一些理论和观点。

我们知道，自精准扶贫理念提出以来，随后关于对扶贫脱贫问题的讨论诸多集中于公共网络媒体、政府或基层组织报告、报纸宣传报道等（包括国内外文献检索数据库）。从扶贫工作实践情况来看，扶贫开发模式有救济式扶贫、开发式扶贫、参与式扶贫等开发模式①，主要是以精准扶贫为思想指南，以贫困村为组织单位来改善和提高贫困人口的生活质量和收入为目标，帮助贫困人群脱贫，全力实施精准扶贫精准脱贫政策。本论题研究结合乡村振兴工作实践，为后续探索多主体协同推进农村巩固脱贫的四方联动帮扶机制和模式构建能提供理论指导的理论基础，除了涉及包容性增长减贫理论、"五大"发展理念（新发展理念）、参与式扶贫理念、合作型反贫困理论之外②，本章在解析绝对贫困和相对贫困、巩固脱贫与乡村振兴的概念及其关系基础上，重点介绍多维贫困理论和空间贫困理论对农村贫困形成机制的解读，以及其他一些能提供理论指导

---

① 刘慧颖. 我国农村扶贫开发中的问题及对策研究[D]. 大连：大连交通大学硕士学位论文，2012.

② 关于包容性增长减贫理论、"五大"发展理念、参与式扶贫理念、合作型反贫困理论等原理详细介绍和解释，可参见：童洪志. 多主体参与的深度贫困区精准脱贫联动机制研究[M]. 武汉：武汉大学出版社，2021.

的高度相关的理论,主要包括机制设计理论、协同治理理论、整体性治理理论和中国特色反贫困治理理论,借鉴这些理论为后续章节探讨农村巩固脱贫联动帮扶机制创新设计提供思路和理论依据。

2.1 相关概念解释

2.1.1 绝对贫困与相对贫困

(1)绝对贫困。绝对贫困又称为生存贫困,是指在一定的社会生产方式和生活方式下,个人和家庭依靠其劳动所得和其他合法收入不能维持其基本的生存需要(包括生理功能、食品、住房、衣饰及其他必需品),这样的个人或家庭就称之为贫困人口或贫困户[1][2]。根据《社会保障辞典》[3]的定义,绝对贫困也称"赤贫",意指缺乏维持生存所必需的基本的物质条件,如维持足够热量和最起码的营养的食物,用于掩体御寒的衣服和遮风避雨的住所。处于绝对贫困状态的人几乎就是那些一无所有、陷于饥寒交迫、濒临死亡绝境的人。由此定义出发,从生产方面看,劳动力缺乏再生产的物资条件,难以维持自身的简单再生产,生产者只能进行萎缩再生产;从消费方面看,人们无法得到满足衣、食、住等人类生活基本需要的最低条件,也即人们常说的"食不果腹,衣不遮体,住不避风寒"的状况。事实上,国家对贫困户的界定,有其严格的划分标准,即如何划定绝对贫困人口,个人或家庭缺乏起码的资源以维持最低的生活需求,甚至难以生存,在测量绝对贫困标准时,一般只考虑为了维持身体健康而绝对必须购买的物品,并且所购买的物品应当是最简单最经济的。由此看出,被称为绝对贫困者,有一个参考标准,即贫困线标准。根据学界的研究解释,一般参考收入标准,而且不同国家对此划定的标准也不同。根据世界银行(2010)对贫困线的界定,认为日收入 2 美元才是贫困线,主要用于小康社会;日收入为 1.9 美元的,称为绝对贫困线或极端贫

---

① Fuchs V R. Redefining poverty and redistributing income[J]. *The Public Interest*,1967,14(8):86-94.

② Rowntree B S. *Poverty*:*A study of town life*[M]. London:Macmillan,1902.

③ 张海鹰. 社会保障辞典[M]. 北京:经济管理出版社,1993.

困线,主要用于撒哈拉沙漠以南非洲等 20 余个世界上最贫穷的国家,而对发达国家而言,贫困线为每人每天平均收入低于 14.4 美元[①]。

20 世纪 80 年代初,我国开始接受由国家统计局设定的农村贫困线,把它作为识别农村贫困人口规模和农村贫困发生率的标准。该贫困线设定的方法符合国际规范。大致做法是:首先,确定一种营养标准,国家统计局将营养标准确定为每人每天 2 100 大卡。然后,根据 20% 的最低收入人群的消费结构来测定出满足这一营养标准所需要的各种食物量,再按照食物的价格计算出相应的货币价值。这一货币价值成为"食物贫困线"。最后是确定"非食物贫困线",简单的方法是既可以主观地确定食物贫困线在整体贫困线中的比例,也可以参照整个社会的恩格尔系数或低收入人群的恩格尔系数来确定这一比例。

1985 年,我国将人均年纯收入 200 元确定为贫困线。2009 年这一标准为 1 196 元,在此之前,贫困线标准为 785 元,按 2005 年汇率折算每天收入只有 0.26 美元,与世界银行确定的 1.9 美元标准差距悬殊。2011年 11 月 29 日,中央扶贫开发工作会议在北京召开,决定将农民人均纯收入 2 300 元(2010 年不变价)作为新的国家扶贫标准,这个标准比 2009年提高了 92% ,比 2010 年提高了 80% 。按照 29 日人民币市场汇价 1 美元兑 6.358 7 元人民币计算,中国新的国家扶贫标准大致相当于每日 1美元。按此标准,全国贫困人口数量和覆盖面也由 2010 年的 2 688 万人扩大至 1.28 亿人,占农村总人口的 13.4% ,占全国(除港澳台地区外)总人口的近 10% 。可以看出,随着国家经济社会的发展,人们对贫困的研究和认识的深入,界定贫困线也随之发生变化,呈现逐步上调的趋势。表2-1从收入角度给出了我国国家标准和重庆代表性年份中对贫困界定的划定标准与贫困发生率情况。

我国在绝对贫困阶段,除了先后使用了不同官方贫困线,还长期存在着最低生活保障标准,特别是城市地区更是以低保人口作为贫困发生

[①]　The World Bank. Statistics and indicators. Available at: http://web. worldbank. org /website/external/topics/extpoverty/0 ,contentMDK: 22569498 ~ page PK: 148956 ~ pi PK: 216618 ~ theSite PK: 336992 ,00. html ,2010.

状况的重要参考。即使是同一条贫困线,在不同区域有时也存在高低之分。事实上,我国的脱贫标准是一个综合性的标准。从收入上看,高于世界银行制定的极端贫困标准。除了从收入角度考虑贫困界定外,还有其他扶贫标准。2020 年 3 月 12 日,时任国务院扶贫开发领导小组办公室(2021 年 2 月 25 日改为国家乡村振兴局)主任刘永富提出,中国现在的扶贫标准是:一个收入、两个不愁、三个保障,是一个综合性的标准。其中,"一"是一个收入,按照国家当年的扶贫线划定的标准进行测算;"二"是不愁吃、不愁穿;"三"是"三保障",即义务教育、基本医疗和住房安全有保障。从解决我国绝对贫困情况来看,2020 年底,我国 832 个国家级贫困县全部脱贫摘帽,现行标准下的 9 899 万农村贫困人口全部脱贫,12.8 万个贫困村全部出列,区域性整体贫困得到解决,完成了消除绝对贫困的艰巨任务,创造了又一个彪炳史册的人间奇迹,这项历史性成绩已使中国提前 10 年实现联合国 2030 年可持续发展议程确定的减贫目标。

表2-1　我国国家标准与重庆扶贫标准线划定及贫困发生率情况

年份	国家标准 (元)	全国贫困 发生率(%)		重庆 标准	重庆贫困 发生率(%)
1978	100		30.7	—	—
1980	130		26.8	—	—
1985	200		14.8	—	—
1986	206		15.5	—	—
1990	300	1978 年标准	9.4	—	—
1995	530		7.1	—	—
2000	625		3.5	—	—
2001	872		3.2	—	—
2005	944		2.5	—	—

续表

年份	国家标准（元）	全国贫困 发生率(%)		重庆 标准	重庆贫困 发生率(%)
2007	1 067	1978 年标准	1.6	—	—
2008	1 196		1.0	—	3.1
2010	1 274	2010 年标准	17.2	—	15.1
2011	2 300		12.7	2 300	8.5
2012	2 536		10.2	3 300	6.8
2013	2 625		8.5	3 300	6.0
2014	2 800		7.2	3 300	5.3
2015	2 855		5.7	3 300	3.9
2016	3 026		4.5	3 300	2.0
2017	3 300		3.1	3 300	0.9
2018	3 700		1.7	3 500	0.6
2019	3 747		0.6	3 500	0.12
2020	4 000		全部脱贫	4 000	全部脱贫

注:根据《中国农村贫困检测报告(2020)》《中国统计年鉴(2021)》数据进行整理而得。

除此之外,不同的国家因国情不同其标准略有差异,为给本论题研究加深了解和参考其他国家的做法,列举一些,如:法国的贫困线就定在全国收入中位数的50%;美国贫困线标准是根据家庭人数和所在的州来决定,美国大陆相连接的48个州和首都华盛顿为一个标准,另外阿拉斯加和夏威夷分别有自己的标准。2008年相连48个州和DC的贫困线标准为14 000美元,2009年贫困线标准为14 570美元;越南2011—2015年农村贫困户标准为人均年收入480万越盾以下,折合成人民币就是1 511元;澳大利亚的最新贫困线采用墨尔本应用经济和社会科学院于

2009 年第一季度更新的标准:每周 736 澳元(包括住房成本)对应于一个有两个孩子的家庭(指 2 个成人,其中 1 人工作,抚养 2 个孩子),每周 767.79 澳元对应于 1 对夫妇 2 个孩子,但是户主不工作的家庭;南非 2001 年官方贫困线对一个 5 口之家的定义是每月 1 541 南非兰特(相当于 286 美元/月),折算成 2006 年价格,官方贫困线为每人每月 431 兰特;印度(1973—1974)贫困线热量依据是农村地区每人每天 2 435 大卡(平均货币支出 49.09 卢比/月),城市地区每人每天 2 095 大卡(平均货币支出 56.64 卢比/月)。2000 年,农村和城市的贫困线分别为 328 卢比和 454 卢比。有的国家采用两条划线标准方法,如巴西有两条贫困线:贫困线和极端贫困线。这两条贫困线是根据近 5 年的消费支出数据确定的,食品线根据食品价格指数调整,贫困线根据一般通货膨胀指数进行调整。极端贫困线是当前最低工资的 1/4。由于最低工资每年都变化,因此极端贫困线也就随之频繁变化。贫困线是按照最低工资的 1/2 来确定的①。

(2)相对贫困。一般而言,相对贫困(户)主要指个人或家庭所拥有的资源,虽然可以满足基本的生活需要,但是不足以使其达到一个社会的平均生活水平,通常只能维持远远低于平均生活水平的状况。针对相对贫困的界定,不同学者的解读大同小异。根据《社会保障辞典》②的解释,是指相对社会平均生活水平的差距而言的贫困。一个人、一个家庭或一个群体的生活水平比其所在的社区的中等生活水平要低,并且经常缺乏某些必需的生活资料或服务,这样的状况便可称之为相对贫困。在《社会学辞典》③中,相对贫困是指在特定的社会生产方式和生活方式下,依靠个人或家庭的劳动力所得或其他合法收入虽能维持其食物保障,但无法满足在当地条件下被认为是最基本的其他生活需求的状态。如此看来,衡量相对贫困标准是家庭收入和人均支出与给出一个参照标

---

① 有关国际其他国家相对贫困线确定可参阅:程蹊,陈全功. 较高标准贫困线的确定:世界银行和美英澳的实践及启示[J]. 贵州社会科学,2019(6):141-148.

② 张海鹰. 社会保障辞典[M]. 北京:经济管理出版社,1993.

③ 邓伟志. 社会学辞典[M]. 上海:上海辞书出版社,2009.

准进行比较来界定,是一个相对的概念。若一个家庭的收入低于必需的开支数时就属于贫困范围,具体贫困程度如何需要与当地同类指标进行比较来确定,学界主要采用收入指标。世界银行在《1981 年世界发展报告》中指出:"当某些人、某些家庭或某些群体没有足够的资源去获取他们那个社会公认的、一般都能享受到的饮食、生活条件、舒适和参加某些活动的机会,就是处于贫困状态"。这是一种相对贫困的描述。事实上,通常是把人口的一定比例确定生活在相对的贫困之中。比如,有些国家把低于平均收入 40% 的人口归于相对贫困组别。世界银行的看法是收入只要等于(或少于)平均收入的 1/3 的社会成员便可以视为相对贫困。联合国开发计划署(2010)认为,贫困不只是人们通常所认为的收入不足问题,它实质上是人类发展所必需的最基本的机会和选择权利被排斥,恰恰是这种机会和选择权利才把人们引向一种长期健康和创造性的生活,使人们享受体面生活、自由、自觉和他人的尊重①。根据此解释,相对贫困不只考虑收入问题,还应考虑健康、权利等问题,是一个从多维视角界定的相对贫困概念。

事实上,如何确定相对贫困群体(本书指相对低收入群体),遵循的是一个参照标准,这个标准即参照基准线,一般采用的是收入指标,以参考一定的收入的水平范围,不同国家不同,如:国际贫困标准(International Poverty Line Standard)参照的实际上是一种收入比例法。经济合作与发展组织在 1976 年组织了对其成员国的一次大规模调查后提出了一个贫困标准,即以一个国家或地区社会中位收入或平均收入的 50% 作为这个国家或地区的贫困线,这就是被广泛运用的国际贫困标准。实际上,这是一个衡量贫困概念的基准线。根据学界的研究成果,一般认为以低于社会平均收入的一定比例作为相对贫困衡量标准②③,如以中位数收入

① UNDP. *Human Development Report* 2010—*20th Anniversary Edition*[M]. New York:Palgrave Macmillan,2010.

② 陆汉文,杨永伟. 从脱贫攻坚到相对贫困治理:变化与创新[J]. 新疆师范大学学报(哲学社会科学版),2020(5):1−9.

③ 王小林,冯贺霞. 2020 年后中国多维相对贫困标准:国际经验与政策取向[J]. 中国农村经济,2020(3):2−21.

的 40% 作为贫困线①②,把收入分为五等组以最低收入组为相对贫困范畴③,也有学者把这个比例标准设定为中位数收入的 30%④。从国际看,各个国际组织对贫困的界定标准也不一致,2010 年联合国开发计划署发布包括健康、教育、生活水平在内的多维贫困指数,从多个维度识别贫困问题。欧盟和大部分 OECD 国家分别将中位数收入的 60% 和 50% 作为贫困线⑤⑥,世界银行(2015)分别将每人每天 1.9 美元(时价约合人民币 7.3 元)、3.2 美元(时价约合人民币 12.2 元)、5.5 美元(时价约合人民币 21 元)生活费作为极端贫困线、中等偏低贫困线和中等偏高贫困线。实际上,低收入群体的界定,并不是简单地划定一个收入水平线,而是要配套出台相应的减贫政策措施,需要财政资金作支撑⑦。换言之,划定低收入标准时需要综合考虑实际经济发展水平和政府财政承受能力,这在学界已达成共识。

党的十九届五中全会首次提出,实现巩固拓展脱贫攻坚成果同乡村振兴有效衔接。其中,"拓展"脱贫攻坚成果的首要含义是帮扶对象的拓展,意味着贫困边缘户、低收入户等相对贫困人口将成为长期减贫的重点关注群体。因此,如何合理设定相对贫困线(本书视为设定防返贫帮扶线标准),精准识别这部分群体,成为当务之急。综上分析,结合学者观点、国际上的看法和经验,可以看出国际上没有统一的相对贫困标准,但收入依然是重要衡量指标。因为贫困是世界各国经济社会发展中长

① 邢成举,李小云. 相对贫困与新时代贫困治理机制的构建[J]. 改革,2019(12):16 - 25.

② 叶兴庆,殷浩栋. 从消除绝对贫困到缓解相对贫困:中国减贫历程与 2020 年后的减贫战略[J]. 改革,2019(12):5 - 15.

③ 吕方. 迈向 2020 后减贫治理:建立解决相对贫困问题长效机制[J]. 新视野,2020 (2):33 - 40.

④ 黄征学,潘彪,滕飞. 建立低收入群体长效增收机制的着力点、路径与建议[J]. 经济纵横,2021(2):38 - 45.

⑤ 高强,孔祥智. 论相对贫困的内涵、特点难点及应对之策[J]. 新疆师范大学学报(哲学社会科学版),2020,41(3):120 - 128.

⑥ 张琦,沈扬扬. 不同相对贫困标准的国际比较及对中国的启示[J]. 南京农业大学学报(社会科学版),2020(4):91 - 99.

⑦ 黄征学,潘彪,滕飞. 把握好减贫治理的"变"与"不变"[N]. 经济日报,2020 - 11 - 03 (11).

期普遍存在的社会问题,各个国家所处的发展阶段不同,对贫困群体的识别标准也不尽相同。纵观历史,20世纪50年代,发达国家基本解决了威胁温饱问题的绝对贫困以后,收入不平等带来的贫富差距扩大问题日益凸显,英国等欧洲国家开始改革贫困的识别方法,以中位数收入的一定比例作为贫困线。2001年欧盟通过了贫困线的官方定义,即人均可支配收入中位数的60%。与此相似,部分OECD(经合组织)国家采用社会中位数收入的50%作为贫困线。这些国家选择中位数收入作为基准,主要是避免过高收入造成的均值"被增长"效应。目前美国仍采用绝对贫困的概念,其贫困界定的标准仍以家庭平均食品消费支出乘以3得出满足基本生活所对应的收入水平,然后通过物价指数来调整确定,从设定结果来看,美国现行官方贫困线大致相当于中位数收入的40%。

贫困作为一种社会现象,在实践中表现形式多样,具体情况千差万别,很难完全用统一的尺度去度量。同时使用多个不同水平收入作为衡量标准,在国内外都有先例。对于我国相对贫困线的划定,学界提出了城乡居民人均收入中位数的20%~60%、人均收入均值的1/3或40%、五等份收入中最低收入组、城乡"低保"标准的1.5~2倍等不同方案,这些方案看似存在很大的分歧,主要是因为使用的基础数据不同,其实际对应的收入水平大致在相同区间。我国人口基数大,按照上述方法计算,贫困(相对低收入)人口超过2亿人,占全国总人口的15%以上①,与发达国家相比,这一贫困发生率并不算高。贫困与居民收入分配结构有关,与绝对贫困相比,相对贫困发生率普遍偏高。对此,不应按照既有解决绝对贫困的思路确定防返贫帮扶线的标准,应允许低收入群体的规模和贫困发生率在长期内都处于一定水平之上。除此之外,还应充分借鉴国际经验,结合国内实际,完善防止返贫帮扶线的划定标准,夯实高质量减贫的基础,确保不出现规模性返贫。

2.1.2 巩固脱贫与乡村振兴

(1)有关乡村振兴战略的认识。乡村振兴战略是习近平总书记2017

---

① 黄征学,潘彪,滕飞. 建立低收入群体长效增收机制的着力点、路径与建议[J]. 经济纵横,2021(2):38–45.

年 10 月 18 日在党的十九大报告中提出的战略。党的十九大报告指出，农业农村农民问题是关系国计民生的根本性问题，必须始终把解决好"三农"问题作为全党工作的重中之重，实施乡村振兴战略。2018 年 2 月 4 日，国务院公布了 2018 年中央一号文件，即《中共中央　国务院关于实施乡村振兴战略的意见》。2018 年 3 月 5 日，时任国务院总理李克强在《政府工作报告》中提出，大力实施乡村振兴战略。2018 年 5 月 31 日，中共中央政治局召开会议，审议《国家乡村振兴战略规划（2018—2022 年）》。2018 年 9 月，中共中央、国务院印发了《乡村振兴战略规划（2018—2022 年）》，并发出通知，要求各地区各部门结合实际认真贯彻落实。

乡村是具有自然、社会、经济特征的地域综合体，兼具生产、生活、生态、文化等多重功能，与城镇互促互进、共生共存，共同构成人类活动的主要空间。乡村兴则国家兴，乡村衰则国家衰。我国人民日益增长的美好生活需要和不平衡不充分的发展之间的矛盾在乡村最为突出，而且，我国仍处于并将长期处于社会主义初级阶段的特征很大程度上也表现在乡村。全面建成小康社会和全面建设社会主义现代化强国，最艰巨最繁重的任务在农村，最广泛最深厚的基础在农村，最大的潜力和后劲也在农村。实施乡村振兴战略，是解决新时代我国社会主要矛盾、实现"两个一百年"奋斗目标和中华民族伟大复兴中国梦的必然要求。可以看出，实施乡村振兴战略是建设现代化经济体系的重要基础，是建设美丽中国的关键举措，是传承中华优秀传统文化的有效途径，是健全现代社会治理格局的固本之策，是实现全体人民共同富裕的必然选择。

消除贫困、改善民生、逐步实现共同富裕，是中国特色社会主义的本质要求。2017 年 12 月 29 日，中央农村工作会议首次提出走中国特色社会主义乡村振兴道路，让农业成为有奔头的产业，让农民成为有吸引力的职业，让农村成为安居乐业的美丽家园。2018 年 9 月 21 日，中共中央政治局就实施乡村振兴战略进行第八次集体学习。中共中央总书记习近平在主持学习时强调，乡村振兴战略是党的十九大提出的一项重大战略，是关系全面建设社会主义现代化国家的全局性、历史性任务，是新时代"三农"工作总抓手。2018 年 12 月 19 日至 21 日的中央经济工作会议指出,打好脱贫攻坚战,要一鼓作气,重点解决好实现"两不愁三保障"面临的突出问题,加大深度贫困地区和特殊贫困群体脱贫攻坚力度,减少和防止贫困人口返贫,研究解决那些收入水平略高于建档立卡贫困户的群体缺乏政策支持等新问题。

按照党的十九大提出的决胜全面建成小康社会、分两个阶段实现第二个百年奋斗目标的战略安排,中央农村工作会议明确了实施乡村振兴战略的目标任务:一是到 2020 年,乡村振兴取得重要进展,制度框架和政策体系基本形成;二是到 2035 年,乡村振兴取得决定性进展,农业农村现代化基本实现;三是到 2050 年,乡村全面振兴,农业强、农村美、农民富的全面实现。在实现路径方面,会议提出了七条"之路",即重塑城乡关系,走城乡融合发展之路;巩固和完善农村基本经营制度,走共同富裕之路;深化农业供给侧结构性改革,走质量兴农之路;坚持人与自然和谐共生,走乡村绿色发展之路;传承发展提升农耕文明,走乡村文化兴盛之路;创新乡村治理体系,走乡村善治之路;打好精准脱贫攻坚战,走中国特色减贫之路。在实施乡村振兴的目的方面,即要坚持农业农村优先发展,按照产业兴旺、生态宜居、乡风文明、治理有效、生活富裕的总要求,建立健全城乡融合发展体制机制和政策体系,统筹推进农村经济建设、政治建设、文化建设、社会建设、生态文明建设,加快推进乡村治理体系和治理能力现代化,加快推进农业农村现代化,走中国特色社会主义乡村振兴道路。

2020 年 12 月 16 日,中共中央、国务院《关于实现巩固拓展脱贫攻坚成果同乡村振兴有效衔接的意见》明确指出,打赢脱贫攻坚战、全面建成小康社会后,要进一步巩固拓展脱贫攻坚成果,接续推动脱贫地区发展和乡村全面振兴,要坚定不移贯彻新发展理念,坚持稳中求进工作总基调,坚持以人民为中心的发展思想,坚持共同富裕方向,将巩固拓展脱贫攻坚成果放在突出位置,建立农村低收入人口和欠发达地区帮扶机制,健全乡村振兴领导体制和工作体系,加快推进脱贫地区乡村产业、人才、文化、生态、组织等全面振兴,为全面建设社会主义现代化国家开好局、起好步奠定坚实基础。与此同时,国家设立5年过渡期,提出了巩固拓展脱贫攻坚成果同乡村振兴有效衔接的目标任务,即到2025年,脱贫攻坚成果巩固拓展,乡村振兴全面推进,脱贫地区经济活力和发展后劲明显增强,乡村产业质量效益和竞争力进一步提高,农村基础设施和基本公共服务水平进一步提升,生态环境持续改善,美丽宜居乡村建设扎实推进,乡风文明建设取得显著进展,农村基层组织建设不断加强,农村低收入人口分类帮扶长效机制逐步完善,脱贫地区农民收入增速高于全国农民平均水平;到2035年,脱贫地区经济实力显著增强,乡村振兴取得重大进展,农村低收入人口生活水平显著提高,城乡差距进一步缩小,在促进全体人民共同富裕上取得更为明显的实质性进展。

2023年1月2日,中共中央、国务院《关于做好2023年全面推进乡村振兴重点工作的意见》再次明确强调,巩固拓展脱贫攻坚成果,坚决守住不发生规模性返贫底线,增强脱贫地区和脱贫群众内生发展动力,把增加脱贫群众收入作为根本要求,把促进脱贫县加快发展作为主攻方向,更加注重扶志扶智,聚焦产业就业,不断缩小收入差距、发展差距。

由上分析,我国实施乡村振兴战略,其中重点任务之一是脱贫攻坚任务完成后,过渡期内必须持续巩固拓展脱贫攻坚成果,探索中国特色社会主义乡村振兴之路,实现共同富裕。事实上,乡村振兴战略的提出与精准扶贫脱贫、巩固脱贫一脉相承,下文将继续分析两者之间的逻辑关系。

(2)精准扶贫与乡村振兴内在逻辑。全面实施精准扶贫方略和乡村振兴战略都是新时代党中央、国务院补齐全面建成小康社会短板、决胜全面建成小康社会的重要战略部署,是化解发展不平衡不充分突出问题的重要途径。准确把握精准扶贫与乡村振兴的内在逻辑关系,是深化精准扶贫方略、稳步推进乡村振兴的基础和关键。具体来讲,两者内在逻辑关系有三点:

第一,精准扶贫与乡村振兴在目标上高度重合。精准扶贫是"十二五""十三五"期间打赢脱贫攻坚战的基本方略,旨在稳定实现农村贫困人口不愁吃、不愁穿,义务教育、基本医疗和住房安全有保障,贫困地区农民人均可支配收入增长高于全国平均水平,基本公共服务主要领域或指标接近全国平均水平,现行标准下农村贫困人口实现脱贫、贫困县全部摘帽,解决区域性整体贫困。乡村振兴战略着眼于从根本上解决"三农"问题,促进城乡社会平衡发展和乡村充分发展。通过农业和乡村优先发展,实现产业兴旺、生态宜居、乡风文明、治理有效、生活富裕的乡村振兴之势。从这点上说,乡村振兴和精准扶贫具有一致性的目标,都致力于实现农民"居者有其屋"、生活富裕、乡村产业发展、社区治理有效。显然,精准扶贫的直接成效,将为欠发达地区特别是深山区农村振兴奠定基础。乡村振兴战略实施,将为农村低收入群众稳定脱贫进而致富创造环境、增强造血功能。

第二,乡村振兴的发展需要。精准扶贫的多维贫困治理契合乡村振兴的发展需要。乡村振兴涵盖经济、文化、社会、生态等多方面的发展。精准扶贫具有多维贫困治理特点,"五个一批"脱贫路径包含收入增加、人力资本提升、生态保护、基本权利保障等多个维度。多维贫困治理的特性使精准扶贫有效推动农村低收入人口全面发展和乡村整体发展,因而与乡村振兴的发展需要相契合。比如,精准扶贫中的特色产业脱贫,采取扶持建立一批贫困人口参与度高的特色农业基地、加强贫困地区农民合作社和龙头企业培育、强化龙头企业与贫困户的利益连接机制、支持贫困地区发展农产品加工业、加快农村一二三产业融合发展等举措。而乡村振兴战略将着力建构现代农业产业体系、生产体系、经营体系,培育新型农业经营主体,健全农业社会化服务体系,实现小农户和现代农业发展的有机融合等方面作为重要内容。再如,精准扶贫中的资产收益扶贫,要求支持农民合作社和其他经营主体通过土地托管、牲畜托管和吸收农民土地经营权入股等方式带动贫困农户增收,贫困地区水电、矿产等资源开发,赋予土地被占用的村集体股权,让贫困人口分享资源开发收益。而乡村振兴战略也要求完善"三权"分置制度,保障农民财产权益,壮大集体经济。另外,精准扶贫中的生态保护脱贫要求各类生态保护工程在项目安排上进一步向贫困地区倾斜,加大贫困地区生态修复力度,创新生态补偿资金使用方式,有劳动能力的部分贫困人口转为护林员等生态保护人员。乡村振兴战略中也提出要保护好生态环境,将建成生态环境优美、宜居的乡村社区。

第三,理论思维和实践经验。精准扶贫实践及成效为乡村振兴战略实施提供了理论思维和实践经验。首先,党的十八大以来,精准扶贫精准脱贫方略的全面实施,脱贫攻坚战的决定性进展,形成了多方面的实践成果和理论成果,这些理论方法、治理体系安排,为乡村振兴战略的有效实施提供了重要借鉴。其次,精准扶贫的成功实践为乡村振兴提供了精准思维、系统思维、辩证思维等思维方法。中国乡村形态的多元性与丰富性,决定了乡村振兴战略的实施同样需要坚持以人民为中心的发展理念,坚持精准施策的基本方略,坚持以农村社区和农村人口的实际需求为基本政策导向。农村地区之间、社区之间,资源禀赋各异,发展环境每每不同,整齐划一的政策供给无疑将面对巨大的风险。增强国家乡村振兴政策体系对于各个乡村社区差异化的需求回应能力,同样是乡村振兴战略实施的基本问题。最后,精准扶贫引发的"三变"改革、"减贫大数据"系统的运用、"四到县"的改革、扁平化的政府管理、督查考核评估体系完善、驻村帮扶方式的探索、新兴产业帮扶体系构建以及推进新型金融帮扶、教育帮扶、消费帮扶、资本市场帮扶、保险帮扶、电商帮扶、产业帮扶、旅游帮扶、医疗帮扶、基层组织建设等体制机制模式创新,无疑都为乡村振兴提供了理论与实践方法参考。

(3)巩固脱贫与乡村振兴内在联系。脱贫攻坚任务完成后,随之中共中央、国务院发布《关于实现巩固拓展脱贫攻坚成果同乡村振兴有效衔接的意见》,这不仅是对当前农村工作的重要把握,更是为农村巩固脱贫工作成果找准路子,减少社会发展过程中的贫富差距而不断努力。具体来讲,巩固脱贫与乡村振兴侧重点稍有不同,但也存在一定的内在逻辑关系,主要有4点:

第一,脱贫攻坚解决的是温饱问题,攻坚任务完成后解决的是过渡期内巩固拓展脱贫攻坚成果的问题。脱贫攻坚的实施,关键在于彻底解决贫困人口生活问题。无论是贫困户"一超六有"(一超:贫困户年人均纯收入超过国家、省市确定的扶贫标准;六有:义务教育、基本医疗、住房安全、安全饮水、广播电视、生活用电等有保障），还是贫困村"一低五有"（一低：贫困发生率低于3%；五有：有集体经济收入、硬化公路、卫生室、文化室、通信网络），都集中凸显出脱贫攻坚的工作核心：解决社会发展过程中深度贫困人口的生产生活，消除绝对贫困现象。在一定程度上，脱贫攻坚，解决的是温饱和人的基本需求问题。在脱贫攻坚任务完成（消除绝对贫困）后，中央提出了五年的过渡期，其目的就是要巩固拓展脱贫攻坚的成果，使农村脱贫人口不至于出现规模性的返贫，农村其他群众不至于出现致贫，或出现新的贫困人口。从这点上说，过渡期的主要任务重点就是巩固脱贫攻坚的成果，同时还要进一步拓展脱贫攻坚的成果，以便为乡村振兴打下坚实的基础。

第二，乡村振兴工作，解决的是发展道路问题。"脱贫致富"是广大农民的愿望，脱贫攻坚解决"脱贫"问题，乡村振兴解决"致富"问题。乡村振兴工作，重点是解决广大农村地区发展道路的问题，如何利用现有资源，探索出适宜当地农村发展的渠道，形成独具特色的乡村振兴发展道路，实现群众的致富梦想。探索出农村发展的关键法宝，是乡村振兴工作要解决的核心问题。

第三，巩固脱贫工作，是为乡村振兴打牢基础。从马斯洛需求层次理论而言，人在满足了最基本的生活需求后，会谋求发展的需求，精神文明的需求。巩固脱贫工作，就是要坚决守护不发生规模性返贫的底线，同时还要拓展巩固脱贫攻坚的成果，实现农村低收入人口可持续发展和稳固脱贫，增强农村低收入群体内生发展动力，为下一步实施乡村振兴工作，进一步打牢基础，积累农村经验，为探索农村发展道路提供可借鉴方略。

第四，乡村振兴工作，是巩固脱贫攻坚成果的良方。从乡村振兴重点解决的几个问题上讲，"产业兴旺、生态宜居、乡风文明、治理有效、生活富裕"，全方位地阐述和解决了农村群众在解决温饱问题后的各项需求，从物质文明到精神文明，从自然环境到社会环境，都是乡村振兴工作要突出解决的问题，更是巩固脱贫攻坚成果的重要举措。

2.2 贫困理论阐释

2.2.1 多维贫困理论

一般而言,在经济或精神上的贫乏窘困,称之为贫困,是一种社会物质生活和精神生活贫乏的现象,亦是一种社会物质生活和精神生活的综合现象。而多维贫困是从不同角度不同层面综合各个贫困因素指标,意指人的贫困不仅仅指收入贫困,还应该包括诸如可接入公共基础设施所提供的服务(如自来水、道路、卫生、信息设施等)、获得的社会福利及保障等指标,以及对这些福利的主观感受的贫困状态[1]。

纵观现有研究对相对贫困理论解释的文献,Runciman 较早地把相对剥夺(Relative Deprivation)运用于贫困分析中,提出了相对贫困概念[2],为该理论奠定了基础。随后,学界主要依据贫困理论的发展历程,最先从收入着手,逐步深化相对贫困概念,如:Townsend 对相对贫困进行了新的阐释,提出了相对收入标准和剥夺标准测量方法[3]。在此基础上,相对贫困理论得到拓展,阿玛蒂亚·森首次使用权利方法来看待贫困与饥荒的产生,从多维角度认识贫困和发展问题,提出了能力贫困的理论[4]。随着研究的深入,一些学者把贫困研究拓展到脆弱性、无话语权和社会排斥等权利贫困,拓宽了贫困研究的多维角度。

但是,长期以来,由于受限数据收集以及人类对贫困概念本身的认识限制,人们习惯于用收入、消费或其他货币尺度来测度贫困。事实上,贫困是一种复杂而综合的社会现象。换言之,贫困是人们想逃避的一种生存状态,贫困意味着饥饿、缺医少药、失业、无上学机会以及权利和自由的丧失。可见,贫困意味着福利的丢失。如此看来,贫困更应该是一

---

① 更多关于多维贫困的理论解释可参阅:丁建军. 多维贫困的理论基础、测度方法及实践进展[J]. 西部论坛,2014,24(1):61-70.

② Runciman W G. *Relative Deprivation and Social Justice*[M]. London:Routldge & Paul,1966.

③ Townsend P. *The Concept of Poverty*[M]. London:Heinemann,1970.

④ Sen A. *Poverty and Famines:An Essay on Entitlement and Deprivation*[M]. Oxford:Clarendon Press,1981.

个多维的概念,除收入外,还应包括诸多非货币的维度,如教育、健康、住房以及公共物品的获得等。我们通常看到,一些有较高的收入者并不一定可以获得良好的教育、医疗或其他公共物品。从这点上讲,如果仅从收入维度测量贫困,可能导致那些教育、健康或其他相关维度处于贫困(或短缺)状态的人口得不到及时救助,而且,从长期和动态的角度看,收入贫困具有可逆性,而非收入贫困通常表现出不可逆的特征。例如,一个身患某种疾病的少年,如果不能得到及时的医疗救助,可能终生丧失劳动能力;同样,一个处于辍学边缘的儿童,如果没有得到及时的教育救助,也会失去在未来创造收入的能力,从而陷入长期贫困之中。因此,采用多维度的方法测度贫困,不仅可以加宽和加深人们对贫困的认识,还可以为贫困人口提供瞄准率更高、效果更好的分类救助措施。这些对贫困问题的认识已体现在多维贫困理论中。

虽然,福利经济学家 Cannan(1914)、Pigou(1920)等早已认识到贫困和福利问题远非以货币表示的经济指标能够轻松描述并解决,但较早明确提出从多维角度来认识贫困与发展问题的学者则是阿玛蒂亚·森,其"可行能力"理论被公认为是多维贫困的理论基础,包括"可行能力"和贫困测度的公理性条件两个方面。对此,本书也做个简要介绍以加深对贫困理论的解释和认识。

第一,"可行能力"理论。在回答"什么样的平等"这一道德哲学问题时,阿玛蒂亚·森认为广受关注的有三种平等观(功利主义的平等、完全效用的平等、罗尔斯主义的平等)都存在严重的局限性,无法通过将三者相结合的方式构造一个完备的理论。进而,他首创了"可行能力"概念,提出了"基本可行能力平等"的构想。其中,可行能力是指人们能够做自己想做的事情、过上自己想过的生活的能力。

将"可行能力"理念引入贫困分析中,阿玛蒂亚·森提出了"能力贫困"的概念①。他认为贫困对应的是功能性福利的缺失,而功能性福利缺失的背后则是实现功能性福利的可行能力的缺失,即个人的福利是以能

---

① Sen A. Malnutrition of rural children and the sex bias [J]. *Economic & Political Weekly*, 1983,18(19/21):855-864.

力为保障的,而贫困的原因则是能力的匮乏。与此同时,他还指出,基本可行能力是由一系列功能构成,如免受饥饿、疾病的功能,满足营养需求、接受教育、参与社区社会活动的功能等。一方面,这些功能的丧失是贫困产生的原因;另一方面,它们本身就是贫困的表现。因而,基本可行能力包括的功能不仅具有消除贫困的工具价值,而且它本身就代表了一种人类福利。如果将生活看作是一系列相互关联的功能性活动,那么对福利的概括评价则必须表现为对这些组成要素的评价形式。作为一个社会人,理应具备包括获得足够的营养、基本的医疗条件、基本的住房保障、一定的接受教育机会等基本功能,如果个人或家庭缺少这些功能或者其中的某一项,那就意味着表现处于贫困状态。

可行能力贫困理论是对发展贫困理论的发展和超越。发展贫困理论以人力资本理论为基础,虽然也强调收入、消费之外的因素,如健康、教育等,但它仅把这些因素视为提高收入和消费的工具或手段。因而,发展贫困理论关注的仍然是个人或家庭是否存在经济上的贫困,对其他因素的考虑只是因为这些因素可能会影响个人(或家庭)现在或未来的经济状况。而可行能力贫困理论认为,健康、教育等这些非货币因素不仅具有消除收入贫困的工具性价值,而且它们本身代表了某种发展的目的,还具有内在的价值。如此看来,不同于发展贫困理论,可行能力贫困的内涵已经超越了经济方面的贫困,它把缺乏健康、教育等因素本身视为一种贫困状态。

阿玛蒂亚·森从"可行能力"的视角定义贫困,催生了多维贫困理论。收入匮乏视为一系列功能性活动中的一种,在市场不完善或不存在的现实情境下,无法作为工具性变量完全反映个体或家庭的被剥夺程度。因此,要正确衡量个体或家庭的贫困程度,就必须从多个功能性维度来考虑个体或家庭被剥夺的状况,构建多维贫困测度指数。于是,作为该理论的拓展补充部分,也对其进行简要介绍。

第二,贫困测度的公理性条件。贫困指数应与一系列伦理上说得通的准则相一致。因而,只有满足一系列公理性条件的贫困指数才具有良好的性质。相对于单一维度贫困指数(如收入)而言,多维贫困测度的公理性条件更为苛刻。Chakravarty 等概括了多维贫困测度的 12 条公理①：

Axiom. 1——聚焦性公理(Focus)。此意认为：某一维度上的改善并不影响另一维度的剥夺，即对于某一个贫困主体而言，不同维度之间不可替代。如某人超过贫困线的收入增加不能改变其在教育维度方面的缺失，则他/她在教育维度方面仍然是贫困的。

Axiom. 2——标准化定理(Normalization)。此意认为：某一维度贫困指数具有基数特征，即当社会中所有的人都不贫困时，则该维度贫困指数为 0。

Axiom. 3——单调性公理(Monotonicity)。此意认为：若某贫困主体的某一指标状况得以改善，则该类贫困指数不会增加。

Axiom. 4——复制不变性公理(Principle of Population)。此意认为：将维度矩阵复制多次不会改变贫困程度，这一公理有助于进行跨时和跨地区的贫困比较。

Axiom. 5——对称性定理(Symmetry)。此意认为：除了贫困考察的维度以外，其他诸如姓名、性别、身高、体重等特征，都不会对贫困的测度产生影响。

Axiom. 6——连续性公理(Continuity)。此意认为：连续性确保了某一维度上的值包括临界值的微小变化不会导致贫困指数的剧烈变动，因而，贫困指数不会对临界值和基本需求的观测误差过分敏感。

Axiom. 7——子类可分解性公理(Subgroup Decomposability)。此意认为：如果将总人口按照种族、地理以及其他分类依据划分为几个子类，则总贫困指数可以分解为由人口比重加权的各个子类的贫困指数的加权之和。这一性质有助于政策制定者更准确地把握各子类群体的贫困状况，并制定针对性强的帮扶策略。

Axiom. 8——基本需求非下降性公理(Non - decreasingness in Subsistence Levels of Attributes)。此意认为：基本需求提高不会降低贫困程度，如两个相同的社区中，生存水平更高或基本需求更高的社区，其贫困

① Chakravarty S R, Silber J. *Measuring Multidimensional Poverty：The Axiomatic Approach*[M]. New York：Palgrave Macmillan,2008.

程度不会更低。

Axiom. 9——非贫困增长性公理(Non - poverty Growth)。此意认为：如果一个富人加入某社区不会导致该社区贫困的增长。和聚焦性公理一起，非贫困增长性公理确保了贫困指数是人口规模的非增函数。

Axiom. 10——转移性公理(Transfers Principle)。此意认为：如果农村 A1 社区的贫困维度矩阵 A 在通过一系列等价转换后，能变成与农村 B1 社区中的贫困维度矩阵 B 相同的矩阵，则 B1 社区的贫困程度不会高于 A1 社区的贫困程度。

Axiom. 11——规模不变性公理(Scale Invariance)。此意认为：各维度上的值和临界值成比例变化不会改变贫困指数，也就是说，贫困可以看作是各维度上关于临界值的相应比例的缺失。

Axiom. 12——贫困维度间关联性增强转换下非下降性公理(Non - decreasing Poverty Under Correlation Increasing Switch)。此意认为：当两个贫困维度之间是替代关系时，实行维度间关联性增强转换，不会降低贫困程度。举例说明，如 X、Y 两人在第 2 个维度都缺失的情形下，假定 X 在维度 1 上相对富有($X_{11} > Y_{21}$)，Y 则在维度 2 上相对富有($X_{21} < Y_{22}$)，若进行维度间关联性增强转换，即将 X、Y 在维度 2 上的相对状态进行转换，从而增强两个维度上的相关性(即 X 在维度 1、2 上都相对富有)，若维度 1、2 之间是替代关系，即维度 1 上的量可以补偿维度 2 的缺失，则这种贫困维度间关联增强性转换不会降低贫困程度。类似地，如果维度之间是互补关系，则维度间关联增强性转换也不会增加贫困。

由多维贫困理论观点可知，贫困主体，尤其是农村贫困主体不仅仅是收入贫困问题，由于农村地理环境、自然环境、人口素质、基础设施条件等并非具有先天优势，与城市相比，我国农村贫困主体主要集中在农村地区或偏远山区。农村贫困主体除了收入贫困外，还表现为权利贫困、制度贫困、文化贫困、心理贫困、教育贫困、信息贫困、医疗贫困、区域贫困等多个维度特征。本书主要集中以解决农村主体收入贫困问题为主线，通过后续章节建立多主体协同推进农村巩固脱贫的联动帮扶机制及其实现，也体现了解决农村文化贫困、教育贫困、制度贫困、权利贫困等多维相关贫困问题。

2.2.2 空间贫困理论

1974 年诺贝尔经济学奖获得者冈纳·缪尔达尔(Karl Gunnar Myrdal)提出了欠发达地区的经济发展与地理位置有关的早期空间经济学(Spatial Economics)和地理上的二元经济学说(Geographical Dual Economy),并将贫困与空间地理位置条件因素联系起来,强调自然地理条件因素对贫困形成的影响力,从而导致了"空间贫困陷阱"(Spatial Poverty Traps, SPT)[①]。受此影响,更多关注贫困问题的学者们将自然地理条件因素纳入贫困成因分析体系中,从而形成了学界普遍接受的"空间贫困"理论[②]。该理论强调区域经济发展的扩散效应和回波效应,通过发挥发达地区优先发展的辐射效应带动贫困地区经济发展,从而消除发达与落后地区并存的二元经济结构及贫困地区的落后面貌。该理论的贡献就在于,让更多关注贫困问题的学者理解贫困成因与空间地理位置条件之间的紧密关系,并以此建立贫困地图,从空间地理条件因素视角去分析贫困成因,从而提供可视化的治贫策略[③]。由此,"空间贫困"理论可概括为四个方面:一是因地理位置条件因素带来的贫困;二是因生态环境因素造成的贫困;三是因经济基础带来的贫困;四是因政治因素造成的贫困。

事实上,空间贫困理论是基于地理学视角去研究贫困问题,侧重从地理资本、区域自然环境、资源禀赋、空间变迁等方面进行解释,因为地理学具有空间格局研究优势,在贫困领域旨在研究贫困地区的形成、空间分布、地理特征及其与环境的关系,同时将贫困地理概念引入,有利于对贫困的内涵、形成的空间要素、空间分异演变规律及其发生机制进行统一解释。该理论认为贫困的产生、持续和聚集,与自然资源、人文地理

---

① 缪尔达尔(Karl Gunnar Myrdal). 亚洲的戏剧——南亚国家贫困问题研究[M]. 方福前,译. 北京:商务印书馆,2015.

② Sheppard E. Economic theory and underdeveloped regions [J]. *Regional Studies*,2017,51(6):972-973.

③ 陈全功,程蹊. 空间贫困理论视野下的民族地区扶贫问题[J]. 中南民族大学学报(人文社会科学版),2011,31(1):58-63.

和生态环境等合成的"地理资本"匮乏密切相关①,从而在特定地理区域形成"空间贫困陷阱",甚至是"孤岛效应"②。根据该理论观点,我们可以看到,我国欠发达地区农村贫困存在的区域空间分布具有较稳定的历史延续性,如《中国农村扶贫开发纲要(2011—2020 年)》划分的 14 个集中连片特困地区大都分布在中西部边、偏、山、荒、寒的地区,其中包括重庆三峡库区(渝东北)集中连片特困地区(云阳、奉节、城口、巫山、巫溪)。这种因"空间特征"(地理位置、公共基础服务设施建设等)在区域层面上的非易变性,成为"空间贫困陷阱"存在的关键原因,它需要全社会帮扶力量积聚进行破解。近年来,随着国家和重庆乡村振兴战略的深入推进,对于这种空间致贫的因素进行了精准施策,使得这一现象有所改善,尤其是 2020 年该地区全部脱贫摘帽,消除了绝对贫困,农村公共基础服务设施、交通设施、通信设施、环境设施等条件均得到了较大幅度的改善和优化。因此,按照此理论原理,针对重庆三峡库区(重点渝东北地区)农村地区(包括 2020 年已全部脱贫摘帽的集中连片特困地区)脱贫攻坚任务完成后,接续巩固拓展脱贫攻坚成果,创新农村帮扶工作机制符合其表现特征及其巩固脱贫具备的现实基础和实践要求。

2.3 巩固脱贫理论基础

2.3.1 机制设计理论

机制设计理论(Mechanism Design Theory)可追溯到 20 世纪 30 年代费里德里希·哈耶克(Friedrich August von Hayek)与奥斯卡·兰格(Lange Oskar)间关于社会主义的著名论战,但起源于美国经济学家诺贝尔经济学奖获得者里奥尼德·赫尔维茨(Leonid Hurwicz)1960 年和 1972年的开创性工作,随后由埃瑞克·马斯金(Eric S. Maskin)、罗格·迈尔森(Roger B. Myerson)研究发展成为西方经济学的主流理论之一。它所

---

① Ravallion M, Huppi M. Measuring changes in poverty: A methodological case study of Indonesia during an adjustment period [J]. *The World Bank Economic Review*, 1991, 5(1): 57 – 82.

② 刘彦随,李进涛. 中国县域农村贫困化分异机制的地理探测与优化决策[J]. 地理学报,2017,72(1): 161 – 173.

讨论的一般问题是,对于任意给定的一个经济或社会目标,在自由选择、自愿交换、信息不完全等分散化决策条件下,能否设计以及怎样设计出一个经济机制,使经济活动参与者的个人利益和设计者既定的目标一致。从研究路径和方法来看,与传统经济学在研究方法上把市场机制作为已知,研究它能导致什么样的配置有所不同,机制设计理论把社会目标作为已知,试图寻找实现既定社会目标的经济机制,即通过设计博弈的具体形式,在满足参与者各自条件约束的情况下,使参与者在自利行为下选择的策略的相互作用能够让配置结果与预期目标相一致。可见,机制设计理论假定人们能够按照博弈论所刻画的方式行为,并按照社会选择理论的要求设定相应的社会目标,即通过博弈设计均衡机制,使经济活动参与者的个人利益和设计者既定的目标相一致。其理论核心是如何进行“有效率”的经济规制,在市场机制不能充分实现效率最大化目标时,政府仍能通过选择其他机制来达到既定的社会目标。当前,机制设计理论被广泛应用于法律法规制定、最优税制设计、行政管理、民主选举、社会制度设计等现实问题之中的方方面面。

机制设计通常会涉及信息效率和激励相容两个方面的问题。由此,机制设计理论可从信息效率、激励相容、资源配置、机制协调等方面为三峡库区农村巩固脱贫联动帮扶机制设计提供全新的研究视角和理论启示。首先,在新常态下,针对三峡库区农村巩固脱贫的严峻态势,帮扶工作不论是在农村低收入人群(包括脱贫不稳定户、边缘易致贫户等)的识别,抑或帮扶政策的制定实施上,都需要实现帮扶资源配置的最优化工作原理,严防“大水漫灌”,需要确立新的指导思想、发展理念和帮扶机制;其次,机制协调是创新农村巩固脱贫帮扶工作机制的重要内容。相关帮扶政策涉及金融支持、社会救助、教育培训、产业发展等多个领域的公共政策过程,迫切需要改革现有的帮扶机制,来遏制公共决策可能产生的弊端,形成全社会参与的反贫困体系;最后,激励相容是农村巩固脱贫帮扶机制创新的动力。机制设计理论强调在制度的设计者不了解所有个人信息的情况下,机制必须能够给每个参与者一定激励,不仅有利于完善制度体系的运作规则,还能够充分激发农村主休改变现状的积极性和创造性,这些都为后续构建多主体协同推进农村巩固脱贫的四方联动帮扶机制提供了思路和指导。

2.3.2 协同治理理论

协同治理理论(Collaborative Governance Theory)的思想最早由联邦德国物理学家赫尔曼·哈肯提出[①],但迄今为止国内外学界尚未对其概念给出明确界定[②]。其最初的思想是来自赫尔曼·哈肯对激光理论的研究,认为复杂系统既有独立的运动,又有相互影响的整体运动。当系统内独立的运动占据主导地位时,系统则呈现无规则无序状态;当各子系统相互协调、相互影响,整体运动占据主导地位时,系统则呈现有规律有序运动状态,此现象被称为"协同效应(Synergistic Effect)"。据此思想,实际上协同治理就是在社会分工基础上,通过社会组织的共同工作,实现社会系统的有序和持续发展。它作为现代社会新的运行机制和管理模式,在各种社会要素的协调整合中为社会发展提供了新的动力,也是政治、经济和社会发展的必然逻辑,是一个顺应时代要求而产生的新政府治理理论。它要求在公共生活过程中,各子系统构成开放的整体系统,从而实现多元主体的共同治理。换言之,该理论可解释为:在公共生活过程中,政府、组织、企业和其他子系统构成一个开放的整体系统,借助子系统之间的非线性合作和社会公共事务的共同治理,最终实现最大化维护和增进公共利益的目的。其定义不局限于政府和非政府部门之间,还包括政府与政府之间的合作和政府不同机构之间的合作[③]。作为一门新兴理论,尽管学界解释大同小异,但对其理论范式特征和内涵的理解有一个共识,即表现为治理主体多元化、子系统协同性、过程自组织

---

① 该理论解释详见:赫尔曼·哈肯(Hermann Haken). 协同学——大自然构成的奥秘[M]. 凌复华,译. 上海:上海译文出版社,2005.

② 徐嫣,宋世明. 协同治理理论在中国的具体适用研究[J]. 天津社会科学,2016(2):74 -78.

③ Emerson K,Nabatchi T,Balogh S. An integrative framework for collaborative governance[J]. *Journal of Public Administration Research & Theory*,2012,22(1):1-29.

性、共同目标实现 4 个方面①②。事实上,自协同治理理论提出后,该理论应用从自然科学领域逐渐到人文社科领域,尤其是公共管理学、社会学、经济学等领域,也有应用集中在文化教育、生态环境、公共服务、公共医疗、区域合作、公共危机、社会救助等问题治理方面③,并随着对该理论理解和应用的深入不断整合了多中心治理、网络治理和整体性治理等多个治理理论的有益思想和观点,突破了单一治理理论观点的片面性和滞后性,逐步形成了多理论整合的治理新思想。

我国农村巩固拓展脱贫攻坚成果具有复杂性(需要全社会组织参与)、实践性(针对易返贫性群体识别)和动态性(脱贫人口如何可持续发展和稳固脱贫)等多维属性特征,这由此决定了农村巩固脱贫问题难以依靠单一治理理论来阐述。借鉴该理论原理,对后章节探讨农村巩固脱贫联动帮扶机制的构建思想主要表现有以下 4 个方面:

第一,农村巩固脱贫联动帮扶机制要求帮扶主体多元化。该理论认为,社会系统是一个开放而复杂的共同体,经济转型和社会变迁加速了公共事务决策模式的改变,以往以政府为核心的单中心治理模式难以持续,出现了多个决策中心主体,主要表现为企业、社区、非政府组织(NGO)乃至个人等逐渐分享政府的决策专有权和职责④。因此,在遵循平等协商理念基础上,农村帮扶主体需要通过对话与合作来平衡多方利益的冲突,以此来实现各方主体既定的目标,进而形成多元主体协同帮扶的格局。事实上,人们应对社会风险中跨组织或部门边界的公共事务活动通过多元主体协作是一个有效的互动机制和方式。

第二,农村巩固脱贫联动帮扶机制要求共享目标和利益。该理论追求的是实现多方共同目标,允许不同主体有自己的利益诉求,承认彼此

① 李汉卿. 协同治理理论探析[J]. 理论月刊,2014(1):138 – 142.
② 黄巨臣. 农村教育"技术治理"精细化:表现、局限及其应对——基于协同治理理论的视角[J]. 湖南师范大学教育科学学报,2018,17(4):93 – 99.
③ 关于协同治理理论更多的应用领域研究分析,可参见:孙萍,闫亭豫. 我国协同治理理论研究述评[J]. 理论月刊,2013(3):107 – 112.
④ Rosemary O,Gerard C,Bingham L B. Introduction to the symposium on collaborative public management [J]. *Public Administration Review*,2006,66(1):6 – 9

之间存在的利益分歧和冲突。但为了合作实现集体目标和公共利益,则以长期合作取代短期竞争或无序对抗的状态。因此,在农村巩固脱贫工作中,需要各方帮扶主体达到实现共同利益目标而能接受有效补偿个体(或组织)的损失,此时各帮扶主体既得利益能整合到共同利益链中,使得各方帮扶主体凝聚一起朝着共同的目标迈进。

第三,农村巩固脱贫联动帮扶机制强调帮扶方式科学民主化。该理论认为权力可分享可监督。因此,农村巩固脱贫过程中有关冲突问题的解决不宜采用以往传统的行政强制性权威命令模式,而是需要分享各帮扶主体的权力,在平等互利基础上充分展现各帮扶主体相应的参与权、决策权和发言权,进而监督基层政府的行政权力,构建相互监督相互制约的关系机制①,推动农村巩固脱贫的帮扶方式更具科学性和民主性。

第四,农村巩固脱贫联动帮扶机制强调帮扶过程的协同性。该理论强调治理各要素或子系统在一定条件下各主体互动的过程②。因此,农村巩固脱贫过程中,各帮扶主体以其自身实际行动根据帮扶工作的实际情况和农村主体的需求,通过各帮扶主体之间的优化组合与协同适应,构建功能完备、责任明确、目标一致、利益共享、结构有序的运行机制或模式,实现各方帮扶主体利益最大化,最终提升农村帮扶工作效能和效率。

总之,本论题研究借鉴该理论原理,构建多主体协同推进农村巩固脱贫的联动帮扶机制,按照"主体(政府、学校、企业等不同帮扶主体多元化)—目标(合作利益共享)—方式(机制运行方式)—过程(引入代表性帮扶案例解析)"的分析思路,解读该机制运行逻辑和实践模式,将在第8章作详细介绍和分析。

2.3.3 整体性治理理论

整体性治理(Holistic Governance)概念思想最早由安德鲁·邓西尔

---

① 张贤明,田玉麒. 论协同治理的内涵、价值及发展趋向[J]. 湖北社会科学,2016(1):30-37.

② Perry T. Special Issue: Collaborative Public Management || Collaboration Processes: Inside the Black Box[J]. *Public Administration Review*,2006,66(1):20-32.

(Andrew Dunsire)提出①,并被佩里・希克斯(Perri Six)等重新作了进一步论证和阐述(包括"整体性政府"概念),形成了系统化理论体系②,在该领域奠定了理论基础,随后被诸多学者进行了拓展和丰富③④。该理论早期引入我国被台湾学者彭锦鹏用来分析行政管理体制和新公共管理领域有关问题⑤,并对传统官僚制、新公共管理和整体性治理 3 种公共行政典范做了比较,随后成为学界讨论热点话题之一。整体性治理理论(Holistic Governance Theory)最早研究问题的起源是因为政府在治理社会问题过程中各相关利益部门存在条块分割、各自为政、目标冲突、反应迟钝、效能低下等弊端而做出的一种理论上的回应和矫正⑥,旨在有效解决治理碎片化和跨部门合作的问题⑦。在新时代背景下,该理论的核心理念是协调与整合,以充分运用信息技术为治理手段,以服务公民需要为主导理念,按照"整合—协同—融入"的思路,强调政府各职能部门之间、政府组织与非政府组织(NGO)之间协同与整合机制的综合运用,协同信息系统、治理层级、公私部门并整合其功能与责任机制,将各方利益主体和议题纳入整体性考虑,使公共服务主体协同合作,从而排除不同服务主体之间相互削弱与腐蚀的情境,为公众提供无缝隙公共服务,进而实现共同目标的过程⑧⑨。实际上,构建"整体性治理"运作机制主要强调协同信任和责任监督两个机制,这种整体性治理范式为治理路径优

① Andrew D. Holistic governance[J]. *Public Policy and Administration*,1990,5(1):79 - 99.

② Perri S,Leat D,Seltzer K,et al. *Towards holistic governance:The new reform agenda*[M]. Basingstoke,UK:Palgrave Macmillan Press,2002.

③ Pollitt C. Joined - up government:A survey[J]. *Political Studies Review*,2003,1(1):34 - 49.

④ 胡象明,唐波勇. 整体性治理:公共管理的新范式[J]. 华中师范大学学报(人文社会科学版),2010,49(1):11 - 15.

⑤ 彭锦鹏. 全观型治理:理论与制度化策略[J]. 政治科学论丛,2005(23):61 - 99.

⑥ Tom L. Delivering joined - up government in the UK:Dimensions,issues and problems[J]. *Public Administration*,2002,80(4):615 - 642.

⑦ 张立荣,陈勇. 整体性治理视角下区域地方政府合作困境分析与出路探索[J]. 宁夏社会科学,2021(1):137 - 145.

⑧ 韩瑞波. 整体性治理在国家治理中的适用性分析——一个文献综述[J]. 吉首大学学报(社会科学版),2016,37(6):67 - 73.

⑨ 谢微,张锐昕. 整体性治理的理论基础及其实现策略[J]. 上海行政学院学报,2017,18(6):31 - 37.

化、治理绩效评估、治理风险规避提供了一种整体性思维、整体性框架和整体性工具,在治理体系中要求治理主体协同化、治理机制制度化和治理方式多元化①。

根据 Perri 等观点②,该理论有 3 个假设:一是政府治理以社会问题为导向,并非以有效管理过程为导向,如此才能有效解决民众最关心的问题;二是政府不完全依赖其功能解决问题(尽管以功能建立),而是依据公众现实需求来解决合作问题;三是有必要整合政府不同层级的各职能部门运作来解决公众最担忧的问题。可见,该理论目标就是如何整合政府各职能部门的职责功能,以期更有效地提高解决问题的能力和效率,而不是各部门或机构之间的责任推卸和推脱。

在信息时代背景下,整体性治理理论则是以政府内部机构和部门的整体性运作为出发点,该理论价值主要表现为以公众为中心,以整体性为取向,以综合组织为载体,改进了"管理主义"的价值倾向,克服了碎片化管理的困境,修正了过度分权带来的弊端,提供一套全新的治理方式与治理工具。其核心特征体现在 4 个方面:一是治理目标是需要获得公共利益、信任和责任;二是强调政府各职能部门之间、不同层级的职能部门以及与非政府组织(NGO, Non - Governmental Organizations)之间的协同合作;三是体现了信息时代的最新现实背景;四是注重社会资源的整合、组织机构的协作与整体运作。

由上可知,若把该理论内涵对接后章节多主体协同推进农村巩固脱贫的联动帮扶机制构建思路,则可对其概念作进一步解读和对照,如表2-2所示。

---

① 崔会敏. 整体性治理:超越新公共管理的治理理论[J]. 辽宁行政学院学报,2011,13(7):20-22.

② Perri S,Leat D,Seltzer K,et al. *Towards holistic governance:The new reform agenda*[M]. Basingstoke,UK:Palgrave Macmillan Press,2002.

表 2-2　**整体性治理理论内涵与农村巩固脱贫联动帮扶机制构建思路对接**

整体性治理理论内涵	多主体协同推进农村巩固脱贫联动帮扶机制构建思路
以公民需求为治理导向	以农村主体最关心和担忧的民生问题为需求导向
以信息技术为治理手段	充分利用互联网技术、信息技术、智能终端、云技术,包括开发 APP 终端小程序动态监测农村主体可持续发展情况
以协调、整合、责任为治理机制	构建功能完备、责任明确、目标一致、利益共享、结构有序的运行机制或模式
对治理层级、功能、公私部门关系及信息系统等碎片化问题进行有机协调与整合	动员全社会组织和群众参与农村帮扶工作,整合社会资源向农村集聚、政府各职能部门帮扶主体与非政府组织(NGO)部门帮扶主体协同作战
从分散走向集中	从帮扶主体各自为政到协同推进农村巩固拓展脱贫攻坚成果
从部分走向整体	从政府单中心治理到全社会组织参与农村巩固脱贫帮扶工作
从破碎走向整合	从各帮扶主体利益冲突、分歧、对抗到实现共同利益目标融入共同利益链中,各方帮扶主体朝着共同的目标迈进
为公民提供无缝隙且非分离的整体型服务的政府治理图式	探索多主体协同推进农村巩固脱贫的联动帮扶机制运行模式,推动农村主体自我能力发展和乡村全面振兴

　　事实上,整体性治理是一种新的治理机制,该理论为国家公共管理改革提供了新思路,是公共服务改革和政府治理的新趋向,其整体性治理改革范式不仅能运用于我国乡村振兴工作领域,也被运用于其他诸多

国家①,其整合和协调的理念也可被运用到诸多领域,如公共与卫生服务②、行政体制改革、网络治理③、生态环境治理及其管理体制改革④、人事制度改革、城市管理体系、土地违法治理、养老保险制度⑤、公共危机治理⑥、冲突管理、文化教育、思想政治教育⑦、灾害风险治理、数字文化与数字治理⑧、食品安全管理、国家预算、社会组织治理、社区管理⑨等方面。

　　借鉴该理论原理,在乡村振兴工作过程中,为构建多主体协同推进农村巩固脱贫的联动帮扶机制亦提供了思想逻辑。事实上,正如表2-2对照观点的解释,实践中整体性治理与巩固脱贫攻坚成果两者不谋而合,不管是从党和政府出台的相关政策内容,还是基层政府和社会各组织帮扶工作的需要,农村帮扶过程都充分体现了整体性治理思想、关键要素和行动逻辑,主要体现有4个方面:一是政策目标层面,从绝对贫困("两不愁三保障")治理确保2020年实现全面脱贫目标(完成目标:已消除绝对贫困),转移到新的阶段任务——过渡期内巩固拓展脱贫攻坚成果,确保农村不出现规模性返贫,实现乡村全面振兴的目标。二是组织协同层面,从以往传统的以政府单中心治理为核心的治理任务到现阶段的全社会组织参与乡村振兴工作,整合全社会资源、人力、信息和技术

---

　　① 整体性治理的改革范式在英国、美国、澳大利亚、新西兰、加拿大、荷兰、日本等国都有运用,详情内容可参见:Dunleavy P,Margetts H,Tinkler B J. New public management is dead:Long live digital – era governance[J]. *Journal of Public Administration Research and Theory*,2006,16(3):467 – 494.

　　② 胡佳. 整体性治理:地方公共服务改革的新趋向[J]. 国家行政学院学报,2009(3):106 – 109.

　　③ 刘波,王力立,姚引良. 整体性治理与网络治理的比较研究[J]. 经济社会体制比较,2011(5):134 – 140.

　　④ 吕建华,高娜. 整体性治理对我国海洋环境管理体制改革的启示[J]. 中国行政管理,2012(5):19 – 22.

　　⑤ 韩小凤. 整体性治理视角下中国养老保障制度研究[J]. 山东社会科学,2014(9):82 – 86.

　　⑥ 赵晨光. 我国跨域公共危机治理的政策碎片化问题研究——基于整体性治理的视角[J]. 吉首大学学报(社会科学版),2016,37(S2):38 – 41.

　　⑦ 李娜,顾永东. 整体性治理视阈下高校思想政治教育管理模式构建[J]. 江苏高教,2018(11):93 – 96.

　　⑧ 邓念国. 整体智治:城市基层数字治理的理论逻辑与运行机制——基于杭州市S镇的考察[J]. 理论与改革,2021(4):58 – 69,155 – 156.

　　⑨ 韩兆柱,杨洋. 整体性治理理论研究及应用[J]. 教学与研究,2013(6):80 – 86.

形成合力,协调全社会组织甚至个人协同作战,共同致力于实现农村巩固脱贫攻坚成果的目标。三是机构完善方面,从最初的各地扶贫办成立(归属问题:隶属关系不清归属不同部门管理、职责分散)到各地扶贫办地位和职责强化(独立性和职责权限逐步放大),再到扶贫办正式作为政府职能组成部门(具有独立决策权、执行权、监督权和调查权),最后到各地乡村振兴局(如重庆市乡村振兴局)。这一机构的完善、地位和权限的提升正是适应新阶段巩固拓展脱贫攻坚成果同乡村振兴有效衔接的迫切需要和现实要求。四是资金整合方面,从早期涉农资金使用拥挤、重复、分散等局面(专项转移支付和基建投资)到整合专项帮扶资金、涉农资金和社会帮扶资金,性质与用途一致的涉农资金纳入同一资金池,统一管理、实施、拨付使用和考核验收①,确保农村主体可持续稳固脱贫不返贫,推动全社会资源整合和各组织或部门之间协同作战。

2.3.4 中国特色反贫困理论

中国特色反贫困理论是对中国特色减贫道路的规律性认识和理论结晶,也是马克思主义反贫困理论中国化最新成果②③,更是对新时代中国贫困治理的战略思考④。2021 年 2 月 25 日,习近平总书记在全国脱贫攻坚总结表彰大会上发表重要讲话,首次提出"中国特色反贫困理论"这一重要论断,揭秘了中国脱贫攻坚战的制胜法宝。该理论立足我国国情,把握减贫规律,出台一系列超常规政策举措,构建了一整套行之有效的政策体系、工作体系、制度体系,走出了一条中国特色减贫道路,形成了中国特色反贫困理论⑤。实际上,精准扶贫战略思想就是中国特色反

---

① 丁建彪. 整体性治理视角下中国农村扶贫脱贫实践过程研究[J]. 政治学研究,2020(3):113-128.
② 吴国宝. 改革开放 40 年中国农村扶贫开发的成就及经验[J]. 南京农业大学学报(社会科学版),2018,18(6):17-30,157-158.
③ 黄承伟. 中国减贫理论新发展对马克思主义反贫困理论的原创性贡献及其历史世界意义[J]. 西安交通大学学报(社会科学版),2020,40(1):1-7.
④ 郑继承. 中国特色反贫困理论释析与新时代减贫战略展望[J]. 经济问题探索,2021(1):40-51.
⑤ 习近平. 在全国脱贫攻坚总结表彰大会上的讲话[M]. 北京:人民出版社,2021.

贫困理论的最新成果①②。

该理论形成逻辑的实践基础主要是:2013 年精准扶贫理念提出(实事求是、因地制宜、分类指导、精准扶贫)——→2015 年"六个精准"(扶持对象、项目安排、资金使用、措施到户、因村派人、脱贫成效)和"五个一批"(发展生产、易地搬迁、生态补偿、发展教育、社会保障兜底)——→2017年党的十九大决战决胜脱贫攻坚——→2018 年"六个坚持"("坚持党的领导""坚持精准方略""坚持加大投入""坚持社会动员""坚持从严要求""坚持群众主体")——→2021 年"七个坚持"("坚持党的领导""坚持以人民为中心的发展思想""坚持发挥我国社会主义制度能够集中力量办大事的政治优势""坚持精准扶贫方略""坚持调动广大贫困群众积极性、主动性、创造性""坚持弘扬和衷共济、团结互助美德""坚持求真务实、较真碰硬")—经验概括、总结和认识—提升为中国特色反贫困理论③。其理论指导可以概括为 7 个主要方面内容:

(1)坚持党的领导,为巩固脱贫提供坚强政治和组织保证。实践中主要表现为坚持党中央对巩固脱贫工作的集中统一领导,把巩固脱贫攻坚成果纳入"五位一体"总体布局④、"四个全面"战略布局⑤,统筹谋划,强力推进,强化中央统筹、省/直辖市负总责、市/区/县抓落实的帮扶工作机制,构建五级书记抓帮扶、全党动员促帮扶的局面。

(2)坚持以人民为中心的发展思想,坚定不移走共同富裕道路。实践中主要表现为始终坚定人民立场,强调消除贫困、改善民生、实现共同

---

① 夏海军,范明英. 精准扶贫战略思想是中国特色反贫困理论最新成果[J]. 江淮论坛,2018(5):49 – 56.

② 万建武. 走新时代共同富裕道路的成功实践与创新发展——习近平扶贫论述的重大意义[J]. 马克思主义与现实,2020(3):1 – 7,195.

③ 李正图. 中国特色反贫困理论的形成逻辑[J]. 人民论坛,2021(18):54 – 56.

④ "五位一体"总体布局是指经济建设、政治建设、文化建设、社会建设和生态文明建设五位一体,全面推进。

⑤ "四个全面"战略布局是以习近平同志为核心的党中央治国理政战略思想的重要内容,闪耀着马克思主义与中国实际相结合的思想光辉,饱含着马克思主义的立场观点方法。2014年 12 月习近平同志在江苏调研时则将"三个全面"上升到了"四个全面",即要"协调推进全面建成小康社会、全面深化改革、全面推进依法治国、全面从严治党",推动改革开放和社会主义现代化建设迈上新台阶,新增了"全面从严治党"。

富裕,把群众满意度作为衡量巩固脱贫效果的重要尺度,集中力量解决脱贫群众主体内生动力需求,统筹整合使用财政涉农资金,强化帮扶资金监管,确保把钱用到刀刃上,为巩固脱贫攻坚成果提供强大资金保障①②。

(3)坚持发挥我国社会主义制度能够集中力量办大事的政治优势,形成巩固脱贫的共同意志、共同行动。实践中主要表现为广泛动员全党全国各族人民以及社会各方面力量共同向贫困宣战,举国同心,合力攻坚,"党政军民学"劲往一处使,"东西南北中"拧成一股绳,强化东西部帮扶协作,推动省市县各层面结对帮扶,促进人才、资金、技术向欠发达农村地区流动,各行各业发挥专业优势,开展产业帮扶、医疗帮扶、科技帮扶、教育帮扶、文化帮扶、旅游帮扶、消费帮扶③④,建立专项帮扶、行业帮扶、社会帮扶互为补充的帮扶机制,形成跨地区、跨部门、跨单位、全社会共同参与的社会帮扶体系。

(4)坚持精准扶贫方略,用发展的办法消除致贫根源。实践中主要表现为坚持对帮扶对象实行精细化管理、对帮扶资源实行精确化配置、对帮扶对象实行精准化扶持,动态监测脱贫主体发展状况,确保帮扶资源真正用在帮扶对象上、真正用在脱贫地区,因村因户因人施策、因返贫原因施策、因致贫类型施策,对症下药、精准滴灌、靶向治疗,真正发挥拔穷根的作用,实现脱贫群众不出现规模性返贫。坚持把发展作为解决致贫根源的根本途径,坚持把增加脱贫群众收入作为根本要求,改善发展条件,增强脱贫群众自我发展能力,实现由"输血式"扶贫向"造血式"帮扶转变,让发展成为消除致贫根源最有效的办法、创造幸福生活最稳定的途径。

(5)坚持调动广大脱贫群众积极性、主动性、创造性,激发脱贫内生

---

① 燕连福,谢克. 中国特色反贫困理论的创新性贡献及对推进乡村振兴战略的指导意义[J]. 思想理论教育导刊,2021(7):39-44.

② 汤建军,姚选民,刘解龙. 中国特色反贫困理论的主要依据、科学体系和重大意义[J]. 人民论坛·学术前沿,2021(13):123-127.

③ 陈劲,尹西明,赵闯. 反贫困创新的理论基础、路径模型与中国经验[J]. 天津社会科学,2018(4):106-113.

④ 王昉,王晓博. 新中国70年反贫困思想的演进路径与逻辑架构——基于政策文件的文本对比研究[J]. 经济学家,2020(2):44-53.

动力。实践中主要表现为强调把人民群众对美好生活的向往转化成可持续稳固脱贫的强大动能，实行帮扶和扶志扶智相结合，既富口袋也富脑袋，引导脱贫群众依靠勤劳双手和顽强意志摆脱致贫根源、改变命运，引导脱贫群众树立"宁愿苦干、不愿苦熬"的观念，鼓足"只要有信心，黄土变成金"的干劲，增强"弱鸟先飞、滴水穿石"的韧性，让他们心热起来、行动起来①。

（6）坚持弘扬和衷共济、团结互助美德，营造全社会扶危济困的浓厚氛围。实践中主要表现为推动全社会践行社会主义核心价值观，传承中华民族守望相助、和衷共济、扶危济困的传统美德，引导社会各界关爱边缘易致贫群众、关心减贫事业、投身帮扶行动，完善社会动员机制、搭建社会参与平台、创新社会帮扶方式，形成人人愿为、人人可为、人人能为的社会帮扶格局。

（7）坚持求真务实、较真碰硬，做到真帮扶、实帮扶、帮扶不返贫。实践中主要表现为要拿出抓铁有痕、踏石留印的劲头，把农村巩固拓展脱贫工作一抓到底，突出实的导向、严的规矩，不搞花拳绣腿，不搞繁文缛节，不做表面文章，坚决反对大而化之、撒胡椒面，坚决反对搞不符合实际的"面子工程"，坚决反对形式主义、官僚主义，把一切工作都落实到为脱贫群众解决实际问题上，开展帮扶领域腐败和作风问题专项治理，建立全方位监督体系和帮扶机制，真正让帮扶成效经得起历史和人民检验，实现脱贫群众帮扶不返贫。

总之，中国特色反贫困理论是对新时代反贫困提出一系列新思想、新论断、新举措的提炼、总结和升华，逐渐形成的中国特色反贫困理论及其科学体系并在实践中不断深化和发展，也是习近平新时代中国特色社会主义经济思想的重要组成部分，不仅有力地指导了我国的反贫困实践，也为探索农村巩固脱贫联动帮扶机制和路径指明了思路和方向，更为世界范围内的反贫困事业和人类命运共同体建设提供了理论借鉴，贡献了中国智慧，提供了中国方案。

---

① 习近平. 在全国脱贫攻坚总结表彰大会上的讲话[M]. 北京：人民出版社，2021.

第 **3** 章
巩固脱贫过程中农村市场网络特征

有关金字塔底层(Base Of the Pyramid, BOP)概念和理论认为,通过价值链嵌入的方式让低收入人群参与企业价值创造活动能帮助消除贫困[①]。金字塔底层群体主要指发展中国家低收入人群,这类人群数量不仅比金字塔顶层/端(Top Of the Pyramid, TOP,意指高收入人群)人群数量大,而且主要集中在农村地区和一些偏远的山区,正在经历比金字塔顶端人群更高的人口和收入增长[②]。从这点上说,农村市场(亦称之金字塔底层市场)存在巨大的消费潜能,通过把低收入人群融入整个市场乃至全球经济中,企业不仅能以低价来提供产品和服务,还能为低收入人群提供创业就业机会,从而有助于开展农村帮扶工作。因此,深入认识农村市场网络特征,有利于提升巩固脱贫效果。

针对农村市场,对企业而言,要成功开发农村市场需要创新,尤其是跨国企业。有研究表明农村市场中成功的跨国企业在社会嵌入以及与非传统组织、当地合作伙伴等网络构建上拥有独特的能力[③],也有研究表明进入农村市场的企业和社会网络在重要性方面与 TOP 不同,且这些异

① Prahalad C K, Hammond A. Serving the world's poor, profitably [J]. *Harvard Business Review*, 2002, 80(9): 48 – 57.

② UNCTAD. The least developed countries report 2013 [R]. New York and Geneva: United Nations, 2013.

③ London T, Hart S L. Reinventing strategies for emerging markets: Beyond the transnational model [J]. *Journal of International Business Studies*, 2004, 35(5): 350 – 370.

同对企业进入农村市场有着重要的影响①。但从现有贫困治理有关文献上看,对农村市场具体网络构建的原因和动态,以及如何不同于金字塔顶层的市场网络构建尚未充分分析。对此,有必要充分认识农村市场网络结构特征,从而更有效地推动农村帮扶工作。于是,本章从农村市场网络构建有关文献的主要观点出发,通过应用国际企业案例和战略管理中的主要分析框架(即市场竞争环境与制度环境分析框架),从网络结构特征、网络边界、网络关系特征、合作伙伴多样性、网络动态性 5 个维度探究农村市场网络与 TOP 市场的差异性特征以及这些差异的原因。充分认识这些差异特征对中国企业乃至跨国企业进入农村市场开展价值创造活动带动村民致富、助力乡村振兴具有重要启示和意义,进而为企业开拓农村市场确定关键战略因素提供理论指导,同时也为当地政府巩固拓展农村脱贫攻坚成果提供理论认识基础。

3.1 农村市场经济与制度环境分析框架

有学者认为农村市场和金字塔顶端市场两者存在着明显差异②,也有研究认为金字塔底层市场商业模式由于其具体特征而不同③,在其特征方面还有学者做了强有力的案例分析④,但未系统探索何种农村市场环境特征导致具体的农村市场商业模式。对此,本章借鉴金字塔底层商业模式构建思路,根据现有研究对金字塔底层和金字塔顶端市场环境的共同理论基础来建立农村市场环境分析框架(图 3-1 所示),利用制度理论来探索农村市场与金字塔顶端市场在竞争环境和制度环境中的不同之处,从而为农村巩固脱贫工作提供理论指导和实践认识基础。

3.1.1 农村市场竞争环境

金字塔底层和金字塔顶端市场一般通过居民用户收入和地理位置

---

① SeelosS C,Mair J. Profitable business models and market creation in the context of deep poverty: A strategic view [J]. *Academy of Management Perspectives*,2007,21(4): 49 – 63.

② Harrigan K R. Joint ventures and competitive strategy [J]. *Strategic Management Journal*, 2010,9(2): 141 – 158.

③ 郝秀清,张利平,陈晓鹏,等. 低收入群体导向的商业模式创新研究[J]. 管理学报, 2013,10(1): 62 – 69.

④ 邢小强,仝允桓,陈晓鹏. 金字塔底层市场的商业模式:一个多案例研究[J]. 管理世界,2011(10): 108 – 124.

来区分。就其居民用户收入而言,诸多学者把极端低水平收入(通常为每天大概两美元)作为金字塔底层居民家庭户的主要特征①②。尽管收入标准划分不同,但有一个明显特征是金字塔底层居民收入无规律,甚至从短期来看,因为生活在金字塔底层或农村市场的人群通常不能预测其收入。有关研究中明确第三个特征就是金字塔底层或农村低收入人口可能是地理上分散(如欠发达地区边缘山村、深山区),或者是生活在人口稠密地区(如大都市的贫民窟地区)③。在这两种情况下,农村市场往往相对被隔离,通常会导致强烈的地方文化,且较少与国家或国际消费习惯相接触④。

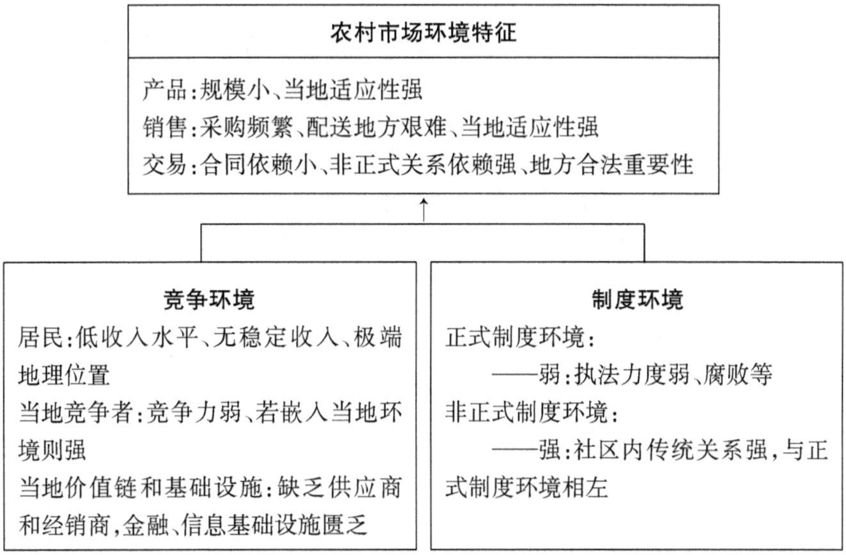

图 3-1　农村市场竞争环境与制度环境分析框架

```
┌─────────────────────────────────────────┐
│            农村市场环境特征               │
├─────────────────────────────────────────┤
│ 产品:规模小、当地适应性强                 │
│ 销售:采购频繁、配送地方艰难、当地适应性强 │
│ 交易:合同依赖小、非正式关系依赖强、地方合法重要性 │
└─────────────────────────────────────────┘
      ↑
┌──────────────────────┐  ┌──────────────────────┐
│       竞争环境        │  │       制度环境        │
├──────────────────────┤  ├──────────────────────┤
│ 居民:低收入水平、无稳定│  │ 正式制度环境:         │
│ 收入、极端地理位置     │  │ ——弱:执法力度弱、腐败等│
│ 当地竞争者:竞争力弱、若│  │ 非正式制度环境:       │
│ 嵌入当地环境则强       │  │ ——强:社区内传统关系强,与正│
│ 当地价值链和基础设施:缺│  │ 式制度环境相左        │
│ 乏供应商和经销商,金融、│  │                      │
│ 信息基础设施匮乏       │  │                      │
└──────────────────────┘  └──────────────────────┘
```

图 3-1　农村市场竞争环境与制度环境分析框架

①　Karnani A. Fortune at the bottom of the pyramid: How the private sector can help alleviate poverty [J]. *California Management Review*,2013,49(4):90-111.

②　Whitney P,Kelkar A. Designing for the base of the pyramid [J]. *Design Management Review*,2010,15(4):41-47.

③　Johnson S. SC Johnson builds business at the base of the pyramid [J]. *Global Business & Organizational Excellence*,2010,26(6):6-17.

④　Arnould E J,Mohr J J. Dynamic transformations for base-of-the-pyramid market clusters [J]. *Journal of the Academy of Marketing Science*,2005,33(3):254-274.

除上述特征之外,在竞争环境中农村市场和金字塔顶端市场也有明显不同。一些当地企业在农村市场通常起着重要的作用。然而,这些企业多属非正式,数量不多,规模小,且在高价位点上提供低质量产品,若嵌入到非正式环境并与当地组织或机构(如当地乡镇或村委会)联合,则非常强大。因此,进入当地农村市场的企业无须与非消费类产品的企业展开竞争,但不得不面临被嵌入到农村市场中非正式机构的当地参与者。另一方面,农村市场竞争环境还以价值链上的缺口为特征①,包括经济基础设施建设(如电力或供水)、支持活动(如金融支持或分销渠道)以及信息基础设施建设等方面差距。

3.1.2 农村市场制度环境

农村脆弱的制度环境难以提供必要的支持来提升经济活动,在农村市场可能会产生特别严重的问题,如:农村市场中通常法律法规执行很弱导致非正式的争议解决难以保护当地消费者②,逃税、漏税、腐败及裙带关系等很普遍③,产权难以获得或得不到强制执行(可能依赖传统的社会规范)等等,在这种环境下当地企业不得不调整其结构和战略来弥补制度上的缺陷。

农村市场环境中正式制度会依赖于非正式制度,但正式制度是制度环境唯一的一个组成部分。具体而言,正式制度主要参考现有合法有效且可执行的规范、法令或条例,包括法律上可执行的有效私人协议(契约),或者是遵守这些标准和协议。而非正式制度主要参考无法律有效性的规范(如当地习俗、惯例)或并不遵守正式规范的活动规则。农村社区中强烈的传统关系(如亲属、宗教或种族)会取代更多的被正式化的制度,甚至当非正式制度与正式制度产生抵触时。于是,农村市场中交易常被这种关系和关系网络来支配进行,而不是通过正规协议。如此看

---

① Anderson J,Markides C. Strategic innovation at the base of the pyramid [J]. *MIT Sloan Management Review*,2010,49(1):83 –88.

② Ricart J E,Enright M J,Ghemawat P,et al. New frontiers in international strategy [J]. *Journal of International Business Studies*,2004,35(3):175 –200.

③ News L. Global Corruption Barometer – 2013 [R]. Berlin:Transparency International,2013.

来,要在农村市场中建立信任并成为其网络中一名成员既有必要性也有挑战性,因为农村社区内部关系强度存在根深蒂固的分裂、不信任以及农村社区之间的潜在冲突①。农村社区和外部之间的联系通常由中介来运作,如当地非政府组织或农村社区有影响力的成员。因此,进入农村市场的当地企业可能在竞争环境上很脆弱,但在制度环境上很强,因为它们已经嵌入到当地非正式网络中。

3.2 农村市场网络特征分析

一个网络意指一群三个或者更多的以方便完成一个共同目标的联系组织②。围绕 Uzzi 提出的网络理论维度③,针对农村市场和金字塔顶端市场网络间的差异,本节主要从 5 个维度进行归类,即网络结构特征(包括集中度、线性度、密度、结构洞 4 个方面)、网络边界(包括范围、关系领域、规模 3 个方面)、网络关系特征、合作伙伴多样性及伴随时间推移的网络动态性特征,充分认识这些特征,有利于企业开拓农村市场,分享价值链增值收益,助力农村巩固拓展脱贫攻坚成果和乡村振兴。

3.2.1 网络结构特征

第一,集中度。一个网络整体结构的一些特征会影响网络作用方式及其成员企业的盈利能力。通过聚集不同参与者,在价值创造过程中网络成员越集中,那么从网络中获得的好处也越多④。尽管存在跨网络差异,但农村市场中网络往往是围绕少数几个领先参与者而组织起来⑤。

农村市场环境对农村网络结构特征具有强烈的影响。非市场环境

---

①　Wheeler D,Thomson J,Prada M,et al. Creating sustainable local enterprise networks [J]. *MIT Sloan Management Review*,2005,47(1):33 - 40.

②　Provan K G,Fish A,Sydow J. Inter - organizational networks at the network level:Empirical literature on whole networks [J]. *Journal of Management*,2007,33(6):479 - 516.

③　Uzzi B. Social structure and competition in inter - firm networks:The paradox of embeddedness [J]. *Administrative Science Quarterly*,1997,42(1):35 - 67.

④　Soh P H. The role of networking alliances in information acquisition and its implications for new product performance [J]. *Journal of Business Venturing*,2003,18(6):727 - 744.

⑤　Mcguire J,Dow S. The persistence and implications of Japanese keiretsu organization [J]. *Journal of International Business Studies*,2003,34(4):374 - 388.

的重要性和价值链缺口影响农村网络集中度,因为当地非政府组织、当地社区,甚至基层村组织等都可能成为网络的关键成员。这些非市场参与者都有其各自独特的网络来反映其核心业务活动,因为非市场参与者通常更加深入且非正式地嵌入当地社区①。一个非政府组织网络可能包括当地社区成员和捐赠者,而一个政府官员网络可能包含当地决策者和其政党成员。当非市场参与者成为农村市场网络成员时,会把各自独特的关系贡献于新网络,结果会导致在一个网络中成员不会联系非常庞大的网络,因为各自贡献的关系之间存在重叠。这种情况下与金字塔顶端市场环境情况相似②,农村市场网络将至少有几个中心,而不是一个或少数几个中心。以一家国际企业为例进行说明:如尼日利亚电信市场的一家手机企业(Celtel Nigeria),当该企业扩展到农村市场时,不得不与当地村长或当地社区领袖协商,这样不仅能得到网络建塔的批准,而且还能把当地企业家发展成为经销商,以此为企业员工确保安全通道③,从而导致农村市场网络至少有两个主要中心,即 Celtel 企业和当地村长。可见,农村市场网络比金字塔顶端市场网络更少集中化。

第二,线性度。与在波特价值链中一样,线性度是对一个连续生产过程的反映。金字塔顶端市场网络在某种意义上说是比较相对线性,即在价值创造过程中很少通过非市场参与者直接干预,很大程度上交易为商业性,主要涉及为供应商的网络关系。而涉及网络关系的非市场维度,如社会资本和信任,在该市场网络中一般为交易提供便利④,但是在交易治理过程中,若存在有效的正式制度(如一个健全的法律系统),则

① Reed A M, Reed D. Partnerships for development: Four models of business involvement [J]. *Journal of Business Ethics*, 2009, 90(1): 3 - 37.

② Sako M. Supplier development at Honda, Nissan and Toyota: Comparative case studies of organizational capability enhancement [J]. *Industrial & Corporate Change*, 2011, 13(2): 281 - 308.

③ Anderson J, Kupp M. Celtel Nigeria: Towards serving the rural poor [R]. Tilburg: TiasNimbas Case Study, 2009.

④ Tsai W. Social capital, strategic relatedness and the formation of intra - organizational linkages [J]. *Strategic Management Journal*, 2000, 21(9): 925 - 939.

会降低社会资本和信任的整体重要性及利用价值①。

　　以价值链差异为特征的农村市场环境进一步加强了网络倾向更少集中度和线性度，因为农村市场网络通常需要内化部分生产过程，而这些过程不会在金字塔顶端市场进行，由于缺乏企业能够提供专业化投入或基础设施，或承担一定的支持活动。以非洲一家 Honey Care 企业为例，该企业从肯尼亚、坦桑尼亚、乌干达等贫困地区农户处采购蜂蜜并在国际销售，这家企业不但没停止作为一个农业产品买卖者的传统角色，而且还出售蜂箱给农户，直接提供贷款允许农户购买蜂箱，并对农户进行培训指导如何使用蜂箱②。如此看来，价值链缺口会使农村市场网络内化活动，如融资或分销，这些在金字塔顶端市场或发达市场网络中通常为外包，但农村市场中需要企业把一个必要活动或互补产品内化融入农村市场网络，通常做法就是通过找一个合作伙伴来填补价值链缺口或整合业务活动进入其经营运作中来实现，从而使业务活动在农村市场上有更大的纵横融合度，如：MTN 通信企业在乌干达贫困地区，为弥补配电基础设施的匮乏，不得不进入合伙企业在其无线电话机内安装太阳能发电装置，从而达到整合一个业务活动的目的，而这个活动（电力供应）在金字塔顶端市场或发达地区城市市场环境里通常来源于国家电力公用事业或电力企业③。

　　第三，密度。密度相对于网络规模来说，可通过冗余关系④数来测量。发达市场网络往往具有相对高的关系密度⑤，因为交易成本低、广泛的信息流以及在参与者中存在填补价值链缺口空隙的专业化中介组织

　　① Nooteboom B. Social capital, institutions and trust [J]. *Review of Social Economy*, 2007, 65(1): 29 - 53.

　　② Branzei O, Valente M. Honey Care Africa: A tripartite model for sustainable beekeeping [R]. Richard Ivey School of Business Case Studies, 2007.

　　③ Business A. Sun powered pay phones [J]. *African Business*, 2001, 26(3): 29 - 32.

　　④ 关于对冗余关系的理解，采用一个例子来进行解释说明：一般而言，人物关系是具有传递性的，假如 A 认识 B，B 认识 C，则 A 也认识 C。那么，针对冗余关系的定义，即是说即使没有这条人物关系，原来的人物之间的所有关系也照样成立。比如：刚提到了 A 认识 B，B 也认识 C。那么，在此之后再讲 A 认识 C 就是一个冗余的关系。

　　⑤ Williams T. Cooperation by design: Structure and cooperation in inter - organizational networks [J]. *Journal of Business Research*, 2005, 58(2): 223 - 231.

或机构等,这些均有利于促进建立密集网络。而农村市场环境对网络密度的影响没有那么直接,因为农村市场环境具有信息基础设施落后、价值链缺口、市场中介机构缺乏以及地理位置相对隔绝等特点,这些很可能会在两个相反方面影响农村市场网络密度。从当地层面看,农村市场具有的特性会导致非常高的关系密度,如:在乡村或欠发达地区农村,人人都彼此认识并互相来往。这种关系密度在当地会因为农村市场非正式制度的重要性而强化,且非正式关系会弥补因很难加强正式公平交易的关系。农村市场隔绝会限制本地以外的关系密度,但有些国家都市贫民区相比农村地区较少与外面世界隔绝,都市贫民区在主流社会通常也缺乏社会关系,甚至在发达国家也一样。因此,高密度的发达市场或金字塔顶端市场网络,与当地社区网络比发达市场网络具有更高密度的以群集形式的农村市场网络之间就形成了对照,因为进入农村市场的企业商业活动会被信息链加强,但在社区群簇之间密度更低,在网络结构中就反映了农村市场环境的整体相对隔绝特征。

事实上,农村社区群簇外的较低关系密度能为企业进入农村市场提供一个竞争优势。比如跨国企业拥有各自的全球关系网络,并通过这种关系能把农村市场网络连接到全球网络,然后全球性地销售当地农产品。可见,一个跨国企业能成为被隔绝的当地农村市场网络与外部世界之间的连接平台。当地关系密度能成为企业进入农村市场利用的主要工具之一,若能建立起充足的当地合法性并成为部分当地网络,那么通过此就能克服薄弱的制度环境,如:埃及塞克姆公司与当地农户建立起了个人长期关系,并购买谷物、药草、水果和蔬菜,然后全球销售。尽管这些关系会涉及建立基于信任的关系或企业为农村社区提供的教育等,但在一个制度上薄弱的农村市场环境中就允许塞克姆公司作为一个可靠的买家去建立当地合法性[①]。通过成为农村社区的当地网络一部分,塞克姆公司通常以低于市场水平价格,并确保高质量的粮食供应。

第四,结构洞。网络结构也表现为具有结构洞的数量和位置为特

---

① Elkington C J, Hartigan P. *The power of unreasonable people* [M]. Boston, MA: Harvard Business School Press, 2008.

征。结构洞是网络中的关系,并对网络中两个其他不能连接的部分进行
搭桥。网络内两个非连接部分间的信息流必须经过结构洞①,因此,搭桥
于结构洞的企业从网络中要比其他的企业会获得更多的收益,但是金字
塔顶端市场或发达市场网络往往是围绕少数几个结构洞而建立起来。
金字塔顶端市场网络因其具有高度发达的市场中介和强烈的创业力量,
很可能比农村市场网络具有更少的结构洞,因为有研究发现在金字塔顶
端市场网络中存在结构洞的广泛证据②。不同的是,农村市场网络通常
面临缺乏专业化的中介机构和农业创业活动障碍,这些将会比金字塔顶
端市场或发达市场网络显示更多的结构洞特征。犹如价值链缺口一样,
结构洞可以促使企业整合通常外包的业务活动,如:前面提到的 Honey
Care 企业提供给企业采购蜂蜜的农户贷款,目的是农户能够购买高于传
统蜂箱五倍价格的高品质蜂箱。Honey Care 企业最初自身提供贷款内
化融资功能,后逐渐演变为来自捐助机构或非政府组织的贷款,从而填
补存在贷款提供者和农户之间的结构洞。

3.2.2 市场网络边界

第一,网络范围。网络范围意指参考在一个网络内实施活动的范
围。比单个企业网络范围更广,但金字塔顶端市场网络往往相对狭隘,
因为网络间的强烈竞争会导致网络专业化,而且仅把重要的参与者整合
融进网络中来追求效率③。狭隘的网络范围也可通过普遍存在的互补产
品来促成,在网络内允许企业可以集中核心活动。因为具有比金字塔顶
端市场网络更多的有限竞争和普遍的价值链缺口,致使农村市场网络范
围很可能比金字塔顶端市场网络更宽广。农村市场中,网络专业化对跨
国企业并非具有吸引力。事实上,为确保获得互补品对农村消费者很有
价值,跨国企业将不得不拓宽其网络范围来适应存在当地价值链中的特

---

① 张利平,高旭东,仝允桓. 社会嵌入与企业面向 BOP 的商业模式创新:一个多案例研究[J]. 科学学研究,2011,29(11):1744-1752.

② Burt R S. The contingent value of social capital [J]. *Administrative Science Quarterly*,1997,42(2):339-365.

③ Rothaermel F T,Deeds D L. Exploration and exploitation alliances in biotechnology:A system of new product development [J]. *Strategic Management Journal*,2010,25(3):201-221.

殊结构洞,从而会导致企业要管理更复杂的网络。农村市场网络通常包括诸如消费信贷的活动,这些在金字塔顶端市场网络中通常被排斥在外,因为金字塔顶端市场或发达市场中消费者能轻而易举地从专业金融机构企业中获得①,但当地农村市场环境特征的不同最终会决定跨国企业需要整合融入网络的是什么具体的业务活动,如:西班牙的一家配电企业(Codensa)在哥伦比亚贫民区为消费者开发了一个高度成功的信贷计划②,当时这些消费者中大多数人是被排除在信贷市场之外的,但在Codensa企业客户关系管理中的支付记录会显示他们的信誉。这个计划对企业来说既带来了利益又带来更大的合法性。

第二,网络关系领域。关系领域主要参考维度的数量(如社会、政治、经济、环境等),包括参与者之间的关系,涉及网络中二元关系内实施活动的范围。金字塔顶端市场或发达市场网络多集中商业交易,往往具有较少的关系领域。高水平的制度发展使企业经营运行并能够有限地关注大多行业中的非市场领域,包括政治领域。尽管金字塔顶端市场或发达市场网络中一些企业确实参与了非市场和政治网络,但其主要活动还是出于商业互动的需要。事实上,多数企业并不参与政治活动,或仅仅间接地通过行业/企业协会的形式来参与③。

由于非正式制度的重要性,社会和政治因素意味着农村市场网络成员不能淡化与其他成员互动作用的政治和社会性维度。非政府组织和当地社区不仅是农村市场网络的重要成员,而且也可能要求进入农村市场的企业拓展它们的活动领域,包括社会或环境维度以换取帮助企业建立当地联系,如:杜邦旗下的一家子公司在基贝拉(肯尼亚内罗毕的一个主要贫民窟)开展农村市场业务活动时,花费了大量的时间和当地非政

---

① Hammond A L, Kramer W J, Katz R S, et al. The next 4 billion: Market size and business strategy at the base of the pyramid [J]. *Innovations Technology Governance Globalization*, 2007, 2(1): 147 – 158.

② Millan J, Caballero C, Millan N. *CODENSA 10 Anos* [M]. Bogota: Fedesarrollo Press, 2007.

③ Hansen W L, Mitchell N J. Disaggregating and explaining corporate political activity: Domestic and foreign corporations in national politics [J]. *American Political Science Review*, 2000, 94(4): 891 – 903.

府组织以及农村社区成员进行讨论以了解居民消费者期望。同样,为了在印度海德拉巴帕瓦塔吉里曼德尔(Parvathagiri Mandal)的两个相邻村建立网络,杜邦旗下的另一家子公司索莱(Solae)在开展农村市场业务活动之前,就派送了 3 名雇员参与当地村民的活动。这些活动包括收割水稻、经营小摊和村公用电话以及在当地儿童保健机构为孩子备餐等①。事实上,非正式制度通常会导致农村市场网络的分裂,如种族、宗教、亲属关系或地理位置等,这些都可能在每个社区群体内创建高水平的社会资本,从而便于农村社区群体内交易,甚至是跨社区群体交易。

第三,网络规模。与网络范围和关系领域不同,网络规模针对实施活动,参考的主要是网络成员的数量。对金字塔顶端市场或城市发达市场而言,跨国企业网络通常比较复杂且具有全球性规模,包括从事跨国企业产品的全球生产和分销的大量成员,但根据网络的目标,金字塔顶端市场或城市发达市场网络在规模上可能小,也可能大。相比而言,农村市场网络通常比城市发达市场网络更小。由于农村(尤其是偏远山区)相对隔绝,农村市场网络基本上为当地社区,因为对于非正式制度的增强,市场交易需要嵌入一个社区内。尽管农村市场网络包含诸如当地社区和非政府组织等非市场参与者,但这些网络成员主体的本地特性将限制与全球发达市场网络有关的网络成员的总数量,如:在基贝拉的 SC Johnson 和在帕瓦塔吉里曼德尔地区的 Solae 两家企业开拓农村市场时,发现定位于被嵌入农村社区合作伙伴并不容易,因为网络规模很小,且经营运行在一个狭隘的农村社区地理范围内。

3.2.3 网络关系特征

一个网络内直接还是间接关系的比例就是一个重要的关系特征。间接关系在金字塔顶端市场或城市发达市场网络中往往占据主导地位。对价值链条中每个网络成员来说,除了最近的供应商和顾客,因为其线性结构特征都间接地链接链条上的成员。建立了发达市场网络的企业通常努力尝试尽量减小直接关系数量以便于降低过多的成本(如从同一

---

① Muhia N,Simanis E,Hart S. The base of the pyramid protocol:Toward next generation BOP strategy [J]. *Innovations Technology Governance Globalization*,2008,3(1):57-84.

源头多次通过不同渠道接收相同信息的成本)和复杂性①。关系正式化主要参考网络成员间相互作用的灵活性和变异性程度。在金字塔顶端市场或城市发达市场网络中,各种各样的制度机制有利于参与者之间的正式互动,网络内的关系往往通过基于合同或者股权分配等联盟协议形式而变得正式化。非正式网络往往也存在且很重要,但金字塔顶端市场或城市发达市场中网络成员通常强烈依靠正式化的网络。发达市场中网络关系不一定需要频繁实施,而且该市场中网络相对稳定性使市场网络关系的频率具有规律性。换句话说,在大多数金字塔顶端市场或城市发达市场网络中关系实现往往遵从相对低频率的规则模式。

与城市发达市场网络相比,农村市场环境特征也会导致农村市场网络显示出重要的特点。在农村社区市场,关系主要是直接的。非正式交易和不良的信息流,尤其是与外面世界的联系,会迫使参与者通过高度个性化和少有的正式化互动来彼此直接交易。换言之,农村市场网络成员通常会依靠非正式而不是正式化的网络来组织交易。因此,农村市场网络互动频率较高,如:西班牙一家企业 Iberdrola 的地方电力分配子公司依靠农村社区代理来到达萨尔瓦多的贫民窟居民。社区代理人是来自贫民窟社区的青年人,他们提供有关电力使用、定价、结算以及企业活动的信息来节省能源,以至更好地管理能源消费,如企业资助的冰箱替换计划(此计划类似于国内农村"家电下乡"活动),所有这些都会帮助当地居民避免因未支付费用而断电,以及那些需要依靠不安全、质量差的非法连接用电。作为居民消费者的邻居,农村社区代理人与居民用户维持着直接的、非正式的、私下的以及频繁的联系,从而极大地方便企业和当地居民之间的交流②。当然,这种关系不得不通过企业与不同网络成员间的互动来持续保持,但这种模式在里约热内卢由法国电力公司率先使用农村社区代理人的实践并没有成功,原因在于这家法国电力企业

①　Baum J A C, Calabrese T, Silverman B S. Don't go it alone: Alliance network composition and startups' performance in Canadian biotechnology [J]. *Strategic Management Journal*, 2015, 21 (3): 267-294.

②　Pinhel A. COELBA agent project [R]. Salvador da Bahia: Presentation—September 13, 2005.

把最初由农村社区代理人建立起来的联系,从由正规企业商业办事处进行的商业互动中被完全分离出去①。通俗地讲,即当商业人员遵循常规程序断开贫民窟有债务的居民用户用电时,该社区代理人就开始受到了威胁,从而使得一些代理人不得不离开当地社区。

3.2.4 合作伙伴特征

对于一个正被嵌入网络中的企业成员来说,其主要利益之一就是可以获得企业不能或不希望内部开发的资源和知识。金字塔顶端市场或城市发达市场网络中的企业会积极努力尝试最大化具有多样性的合作伙伴,以至于扩展企业通过网络获得的知识和资源的范围。这种情况下,发达市场网络通常包括竞争者、供应商、经销商或分销商以及合作伙伴等。发达市场网络可展示多种多样的合作伙伴,而农村市场网络可能包括一个更为多样化的成员。与发达市场网络比较,网络内能独立进行活动的非市场参与者将在农村市场网络中普遍存在。一个常见的现象就是非政府组织与大型企业或跨国集团企业建立联盟关系,并需要一定程度参与该类企业价值创造活动②,如:索莱公司(Solae)与 MARI(Modern Architects for Rural India,一个印度非政府组织)合作,同时介绍索莱产品给当地农村社区,并在印度实施企业拓展农村市场活动。同样,SC Johnson 企业与肯尼亚基贝拉的一个当地非政府组织合作,从而能在贫民窟分销企业的产品。Carolina for Kibera(一个当地非政府组织)通过体育运动、青年妇女赋权、农村社区发展及招募失业群体青年等来防止暴力活动,并用 SC Johnson 企业的产品为农村社区成员提供清洁服务,只收一点小费。对 SC Johnson 企业来说,与 Carolina for Kibera 的合作关系能提供一个事实上的分销网络,而对这个非政府组织来说,能为当地农村社区青年人创造获得收入的机会,并帮助其提高生活条件和社区清洁。与发达市场网络不同的是,农村市场网络里甚至诸如技术研发中心

---

① Rivera – Santos M, Rufin C R. Global village vs. small town: Understanding networks at the base of the pyramid [J]. *International Business Review*, 2010, 19(2): 126 – 139.

② Chesbrough H, Ahern S, Guerraz F S. Business models for technology in the developing world: The role of non – governmental organizations [J]. *California Management Review*, 2006, 48 (3): 48 – 61.

等非营利机构在某些情况下也会被嵌入其价值创造活动过程中①。

3.2.5 市场网络动态

网络结构特征伴随着时间推移也涉及网络成员进入和其他人员退出情况②。有研究表明网络成员通常在相互联系企业的适应性和网络不稳定之间保持平衡,而这些不稳定性通常是由网络内成员分离、成员迁移、网内创建小圈子以及减员等造成③。在农村市场网络中,网络动态性很大程度上不同于金字塔顶端市场或发达市场网络动态性。总体来说,与发达市场网络相关的农村市场网络在某些方面演变更为迅速,而在其他方面演变会更慢。这些复杂的动态性源自一个比较大的关系不稳定性和不可预见性的组合,一方面是基于契约和制度上支持的农村市场网络正式关系,另一方面是一个较大弹性的基于信任和当地社区支持的农村市场网络非正式关系。农村市场网络中正式制度的脆弱性使其正式关系更为不稳定和不可预见。在脆弱的正式制度环境下,如:涉及契约合同的正式关系的可执行性就会变得有问题,从而导致较高的网络关系不稳定性。而且,某种程度上由于有缺陷的政治制度引起的治理不善通常会导致更大的市场经济不稳定性,相应地也会带来经济环境更大的不可预见性,因为治理要素之一就是要有能力应对经济环境中的各种变化④。因经济条件波动,经济不稳定性可能会进一步破坏正式网络,从而导致诸如企业经济行为主体的迅速出现和消失。脆弱的制度会增加不可预见性,从而会导致政治后果出现摇摆不定,在极端情况下,会导致破坏,甚至在政权控制转移过程中会导致暴力事件⑤。政治制度变迁不仅

① Mathews J A. The origins and dynamics of Taiwan's R&D consortia [J]. *Research Policy*, 2002,31(4): 633 –651.

② Olk P,Young C. Why members stay in or leave an R&D consortium: Performance and conditions of membership as determinants of continuity [J]. *Strategic Management Journal*,1997,18(11): 855 –877.

③ Dhanaraj C,Parkhe A. Orchestrating innovation networks [J]. *Academy of Management Review*,2006,31(3): 659 –669.

④ Acemoglu D,Johnson S,Robinson J A,et al. Institutional causes,macroeconomic symptoms: Volatility,crises and growth [J]. *Journal of Monetary Economics*,2002,50(1): 49 –123.

⑤ Gates S,Hegre H,Jones M P,et al. Institutional inconsistency and political instability: Polity duration,1800 – 2000[J]. *American Journal of Political Science*,2010,50(4): 893 –908.

可能会导致办公人员变更,而且会导致政府机构重组,而暴力可能会摧毁正式组织运营能力,正如武装叛乱情况一样,会通过接近政府官员或人道主义赞助而切断一个区域。而且,脆弱的制度和缺乏适当的基础设施会加剧正式关系容易暴露弊端或自然灾害。

然而,非正式化的农村市场网络是相对稳定的,且具有弹性。农村市场网络特征之一就是网络被建立起来是出于超越纯粹的商业动机,而且被强烈地嵌入农村社区预先存在的农村社会结构中。参与者不仅通过商业关系捆绑一起,而且更重要的是通过农村社区内根深蒂固的当地传统和社会关系,如:亲属关系、宗教或种族等。因此,非正式化的农村市场网络就有可能抵制来自外部的冲击,至少农村社区本身不会被破坏。事实上,这些非正式关系会通过农村市场网络中正式关系的不稳定性而进一步加固,因为依赖不太可靠的正式网络的难度很可能会增加农村市场环境中非正式联系的价值,例如:秘鲁利马都市里的贫民窟社区建立了强烈的非正式网络和制度作为对一个国家的回应,因为在 20 世纪 90 年代期间宏观经济和政治的不稳定性,政府难以有能力帮助这些社区[①]。

综上分析,本章从理论上引入文献案例进行论证农村市场网络具有的表现特征,主要依靠来自金字塔底层(代表低收入人群)研究相关文献已经得出的相关结论和有限案例进行说明、归纳和总结。事实上,同为农村地区,不同地理位置的跨区域农村市场环境也有不同变化,尤其是在发达城市和欠发达地区农村主体之间的差异可能给整体农村市场网络特征带来细微差别,例如:城市低收入者通常比农村低收入者相对更容易获得使用公共基础设施资源,因为城市居民在地缘上更邻近金字塔顶端市场环境。因此,本章作为农村巩固脱贫的理论拓展部分,为更有效地开展农村帮扶工作和乡村振兴工作提供认识基础,有助于当地政府动员企业开拓农村市场,进行价值创造活动,分享价值链增值收益,实现农村主体可持续发展,增强内生发展动力,巩固脱贫攻坚成果。当然,在

---

① Diaz H P. Hernando De Soto the mystery of capital: Why capitalism triumphs in the west and fails everywhere else [J]. *Appraisal Journal*, 2003, 61(100): 1166–1168.

某种程度上也希望吸引其他学者进一步探索不同农村市场网络环境的细微特征,从而得出有关农村市场网络特征的不同结论,以至于更科学有效地为农村帮扶工作提供理论指导和实践启示。

通过本章理论分析,深入认识农村市场网络特征,可以得到一个关键的开展农村巩固拓展脱贫工作的启示思路,即通过引导企业嵌入当地农村社区,开拓农村市场,开展价值创造活动,为当地社区或农村市场提供就业岗位和创业机会,把农村居民既看成是产品的消费者,也视为生产的供给者,更重要的是当地居民参与企业经营活动以生产者角色与企业共存,同时还为企业提供劳务、生产资料和农产品等等,企业通过国内市场或全球性市场渠道分销农产品,不仅实现了农村居民的收入增长,改变了农村生产经营方式和环境条件,也实现了企业利润的增加,双方达到共赢,从而实现农村巩固拓展脱贫攻坚成果的目的。这一思路将在第8章多主体协同推进农村巩固脱贫的联动帮扶机制运行中以及不同代表性帮扶案例中得到充分体现。针对三峡库区农村家庭及其生活环境、公共基础设施建设等情况,后续章节将进行深入讨论,并通过以实地考察、走访交流的方式收集案例素材和问卷调查进行分析,同时根据调查结果,对消除绝对贫困前后的帮扶效果作一比较,以期更清晰地认识农村巩固脱贫攻坚成果的概况,从而更有针对性地开展农村帮扶工作。

第 *4* 章
三峡库区农村巩固脱贫基础与现状

在前两章中,全面分析了与本论题有关并能提供支撑的一些理论原理和观点,也较为详细地探讨了农村巩固脱贫过程中需要先认识到的有关农村市场网络特征,由于本论题选择重庆三峡库区(渝东北)为研究畛域,在提出构建多主体协同推进农村巩固脱贫联动帮扶机制的理论分析框架之前,有必要先了解该地区农村巩固脱贫工作的一些概况,包括该地区具备的一些可持续巩固脱贫基础条件和农村家庭及生活环境情况。在接下来的两章中,我们将运用 SWOT 分析工具,全面分析该地区巩固脱贫概况,并通过抽样调查深入认识农村家庭生活环境、农村公共基础设施建设、农户对当前巩固脱贫工作的评价及农户对帮扶资源的需求等情况。与此同时,我们也将分析该地区农村巩固脱贫的经验及其工作成绩。当然,该地区农村帮扶工作取得了突破性进展,抓住了国家各种政策利好和机遇,在取得工作业绩和巩固脱贫成果的同时,我们也应该看到,该地区农村巩固脱贫攻坚成果仍面临着一些挑战和困境,这一方面内容将在第 5 章进行详细阐述。本章中,我们先来认识重庆三峡库区农村巩固脱贫工作具有哪些条件基础,在巩固脱贫实战中取得了哪些丰富的经验,有哪些战果,农村家庭当前的生活环境状况如何,农户对各项帮扶工作推进程度又有何评价,农户对当前帮扶资源又有哪些需求,等等。这些问题将在本章中逐步得到解决。

4.1 重庆三峡库区农村巩固脱贫基础

4.1.1 党委政府高度重视

第一,坚持高位推动,强化责任落实。渝东北各区县上下深入贯彻习近平总书记关于巩固拓展脱贫攻坚成果同乡村振兴有效衔接系列重要指示批示精神,全面落实党中央、国务院和重庆市委、市政府相关决策部署,坚持把巩固拓展脱贫攻坚成果同乡村振兴有效衔接作为"三农"工作的首要任务,全力推动农村巩固脱贫工作取得实效。

一是坚持示范带动,强化主体责任落实。坚持摘帽不摘责任,调整充实由区县委书记任组长、区县长任第一副组长的区县委农村工作暨实施乡村振兴战略领导小组,统筹推进农村巩固拓展脱贫攻坚成果同乡村振兴有效衔接工作,建立了区县领导定点帮扶联系村和脱贫村、乡村振兴工作机制,强力推动财政衔接资金项目、小额信贷等重点难点任务落地落实。

二是加强不断学习,科学部署帮扶工作。坚持把学习习近平总书记有关重要讲话精神作为做好巩固拓展脱贫攻坚成果同乡村振兴有效衔接的"源头活水",通过相关的各种会议,学习贯彻习近平总书记有关重要讲话和指示批示精神,研究部署巩固拓展脱贫攻坚成果同乡村振兴有效衔接工作。各区县制定实施了类似于《关于实现巩固拓展脱贫攻坚成果同乡村振兴有效衔接的实施意见》的相关配套文件。

三是坚持行业联动,强化分工责任落实。过渡期内,坚持摘帽不摘政策,各区县挂牌成立区县乡村振兴局,负责巩固拓展脱贫攻坚成果、统筹推进实施乡村振兴战略有关具体工作,初步完成了《巩固拓展脱贫攻坚成果与乡村振兴有效衔接"十四五"规划》,会同农业农村委组建产业发展、农村社会事业和乡村治理工作专班,形成各司其职、齐抓共管的帮扶工作格局。

四是坚持力量续动,强化帮扶责任落实。坚持摘帽不摘帮扶,各区县印发并高效实施《关于轮换选派驻村第一书记和工作队员的通知》《乡村振兴驻乡驻村干部管理办法》之类的文件。坚持自下而上提需求、自上而下派干部,市级帮扶集团牵头组建乡村振兴工作队,区县级层面组建驻乡工作队和驻村工作队,轮换选派驻乡驻村工作队员。各驻乡驻村工作队对标《乡村振兴驻乡工作队任务清单》《乡村振兴驻村工作队任务清单》,尽职履责,严格落实下村签到、工作纪实、在岗抽查"三项制度"①,严格执行"三在乡""三在村"(吃在乡村、住在乡村、干在乡村)要求。

五是坚持督导推动,强化监管责任落实。坚持摘帽不摘监管,各区县纪委监委机关研究制定类似《巩固拓展脱贫攻坚成果监督工作措施》《关于开展专项监督促进巩固拓展脱贫攻坚成果同乡村振兴有效衔接的任务清单》的相关配套文件,推动建立数智政务一体化平台和服务体系,党员干部亲属实现网络线上监督,专题向区县人大常委会汇报巩固脱贫领域监督执纪情况。各区县级重点行业部门联合组建督导督查组,定期集中排查,不定期"下沉一线"暗访随访、督促指导。

第二,坚持底线思维,推动政策落实。各区县不断完善帮扶政策体系、工作体系、制度体系,对标对表市级出台的 47 项衔接政策,转发细化政策 35 项以上,全面构建起有效衔接的帮扶政策体系。主要出台并高效实施了《实现巩固拓展教育脱贫攻坚成果同乡村振兴有效衔接实施意见》《巩固拓展健康扶贫成果同乡村振兴有效衔接实施方案》《关于做好农村低收入群体等重点对象住房安全保障工作的通知》《乡村特色产业"十四五"发展规划(2021—2025 年)》《关于做好过渡期脱贫人口小额信贷的通知》《关于持续深化消费帮扶的意见》《关于落实跨区域交通补助政策有关工作的通知》《关于申报创建就业帮扶示范车间的通知》《关于切实做好巩固拓展民政领域脱贫攻坚成果的通知》《健全防止返贫动态监测和帮扶机制实施方案》《乡镇村社联动防止返贫动态监测管理办法》《推动易地扶贫搬迁后续扶持》《落实农村低收入群体常态帮扶》《就业促进"十四五"规划(2021—2025 年)》《关于应对新冠疫情影响进一步稳

---

① "三项制度"的全称是基层党组织联系服务群众"三项制度",主要包括三个方面的内容:一是党组织书记每周一次接待群众制度;二是党组织班子成员每年两次进家入户走访每户群众制度;三是群众意见定期办理反馈制度。

定和促进就业的实施意见》等之类的政策文件及配套政策,同时强化了饮水安全保障政策落实。

第三,坚持目标导向,抓好工作落实。一是加强防止返贫动态监测和帮扶。二是落实农村低收入群体常态帮扶。三是推动易地搬迁后续扶持。四是促进稳定就业。五是优化基础设施和公共服务(如农村水源、公路、电网、广播、电视、移动互联网 5G 信号、光纤宽带、乡镇卫生院服务、村便民服务中心等)。六是严管项目资金。七是推进重点乡镇区县领导定点联系帮扶。八是统筹问题整改。聚焦中央巡视反馈、国家和重庆市脱贫攻坚成果考核、扶贫审计、市级专项督查以及本级监督检查发现的问题,一体推进、全面整改。

4.1.2 区域资源优势条件

渝东北,别名三峡库区,地处重庆市东北部,面积 33 900 km²,包括垫江县、梁平区、开州区、城口县、丰都县、忠县、万州区、云阳县、奉节县、巫山县、巫溪县共 11 个区县。渝东北位于北纬 29°33′~32°13′、东经 107°13′~110°11′之间,其东部、西部、北部分别同湖北、四川、陕西接壤。该地区内最高海拔 2 796.8m,最低海拔 73.1m。除垫江、梁平和城口外的 8 个区县在三峡库区重庆全部 22 个淹没区县中占 36.36%,重要的是这 8 个区县都位于三峡库区核心。渝东北地区是整个三峡库区淹没面积最大、移民人口最多的区域,其资源优势主要有自然资源和经济资源两个方面。

第一,自然资源。该地区自然资源丰富,地貌和气候具有区域特色,水资源、生物、矿产能源等具有区位优势。

一是地貌。绝大部分区域,地形复杂,大部分地区山高谷深,岭谷相间,山地多、有少量河谷坪坝、山中台地,具有立体气候,适于更多类型的种林牧业发展。境内山高谷深,海拔高度变化很大,受地形地貌影响,垂直变化较为明显,重庆境内丘陵、山地面积占比超过 90.93%[1]。

二是气候。属中亚热带湿润季风气候,境内立体气候独特。气候温

---

[1] 数据来自:重庆首次查清地理国情"家底"山地面积占比近 8 成(https://m.chinaxiao-kang.com/wap/chengshi/2017/0919/249497.html)。

和,雨量充沛,四季分明,春早冷暖多变,夏热常有干旱发生,秋凉多连绵阴雨,冬暖、无严寒,无霜期长,一般为 287~340 天左右,日照时间长。年平均气温 14.9℃~18.5℃,史有极端最高气温为 41℃,极端最低气温零下 9.2℃;年均气温海拔低于 600m 的地区为 16.4℃,600~1 000m 的地区为 16.4℃~13.7℃,1 000~1 400m 的地区为 13.7℃~10.8℃,高于1 400m 的地区,低于 10.8℃。常年日照时数为 1 639h。湿度大、云雾多、风力小,水热条件优越。

三是水资源。境内山多谷众,溪、河支流众多,雨量充沛,水资源丰富,年平均降水量或年均降雨量 1 000~1 300mm,长江干流渝东北段水质常年保持总体Ⅱ类[①],溪河水质常年多保持Ⅲ类水质,境内干流水质总体为优,能较好地满足国家功能区和农村巩固脱贫帮扶工作要求。

四是生态环境和物种。目前,境内森林覆盖率从忠县的 52% 至巫溪的 69.7% 到长江两岸的 75% 左右,整个区域森林覆盖率超过重庆市森林覆盖率的 54.5%,进入全国森林覆盖排名前十位。空气质量优良天数长期保持在 95% 以上。境内植物种类 1 500 多种,国家一级保护植物 15种,成为我国珍贵稀有植物的避难所和三个特有属植物分布中心区之一;国家重点保护的珍禽异兽 300 多种。

五是矿产能源。渝东北地区矿产资源主要有岩盐、石灰石、大理石、页岩、绿豆岩、白云石、方解石、高岭石、重晶石、石膏、石英砂、石英石、粉石英、油页岩、黏土岩、铝土页岩、高岭土;磷矿、硫铁矿、黄铁矿、菱铁矿、矾矿、盐卤、煤、锰、钡、铁、铅、锌、钼、钒、硫、砂金、海宝玉、泥炭黏土矿等30 余种。境内拥有丰富的水力、风力、天然气、生物质能等多种清洁能源。

第二,经济资源。渝东北地区区位优势突出、交通便捷,是成渝地区

---

① 按照《中华人民共和国地表水环境质量标准》,依据地表水水域环境功能和保护目标,我国水质按功能高低依次分为 5 类:Ⅰ类主要适用于源头水、国家自然保护区;Ⅱ类主要适用于集中式生活饮用水地表水源地一级保护区、珍稀水生生物栖息地、鱼虾类产卵场、仔稚幼鱼的索饵场等;Ⅲ类主要适用于集中式生活饮用水地表水源地二级保护区、鱼虾类越冬场、洄游通道、水产养殖区等渔业水域及游泳区;Ⅳ类主要适用于一般工业用水区及人体非直接接触的娱乐用水区;Ⅴ类主要适用于农业用水区及一般景观要求水域。

双城经济圈的东向开放门户,是"一带一路"和长江经济带的重要节点。

一是人力资源。第七次全国人口普查数据显示,截至 2021 年 5 月,渝东北地区常住人口为 8 064 628 人,这是渝东北极为重要的消费市场。18 周岁及以上可用(尚需剔除 65 岁以上人口)人力资本总额达 1 127 188 人,其中,大专及以上人力资本 664 354 人。除此之外,渝东北地区现有 7 所高等院校,近 9 万名高等院校师生。各区县人力资源情况见表 4-1 所示。

二是交通设施。境内现有万州机场(纳入国家开放口岸)、梁平机场、巫山机场、开州机场、云阳机场(在建);已建成渝万城际、万利、万达等 3 条铁路和渝万、万忠南线、万宜、万达、万利等 5 条高速公路,渝万高铁、成达万高铁开工建设,在建或规划建设郑万、沿江等高铁和万达直线、万巫南线、万州南环等高速公路;新田港为重庆四大枢纽港之一,是三峡库区最大的深水良港。水陆空铁多式联运的区域性综合交通枢纽初步形成。

三是三峡后扶政策。重庆市和地处三峡库区核心区域的淹没区县包括巫溪、巫山、奉节、云阳、万州、开州、忠县、丰都,争取长期保有三峡工程后扶政策,如三峡库区移民后期扶持基金、三峡库区水利专项资金、三峡库区产业发展基金政策、污水处理政策、库区生态建设和环境保护政策、相关税费减免政策,等等。除此之外,还有特色乡村品牌,拥有 1 个国家级经济技术开发区,1 个海关和保税物流中心(A 型),1 个综合保税区,1 个航空开放口岸。

表 4-1　渝东北 2021 年第七次全国人口普查人力资源表　　　　(单位:人)

序号	区/县	高中以上(含中专)	大专以上		65 岁以上人口		户籍人口(2020 年)	常住人口	净流出人口
			总量	%	总量	%			
1	万州	244 022	202 626	12.95	295 519	18.89	1 725 700	1 564 449	161 251
2	奉节	143 464	72 365	9.72	132 168	17.74	1 050 600	744 836	305 764
3	城口	20 320	15 952	8.08	31 419	15.91	251 100	197 497	53 603

续表

序号	区/县	高中以上（含中专）	大专以上		65岁以上人口		户籍人口（2020年）	常住人口	净流出人口
			总量	%	总量	%			
4	巫山	53 373	35 775	7.74	82 205	17.78	628 914	462 462	166 452
5	丰都	74 314	39 836	7.15	113 078	20.29	816 484	557 374	259 110
6	梁平	81 535	44 905	6.96	131 616	20.40	922 444	645 315	277 129
7	忠县	87 665	49 868	6.92	154 302	21.40	975 900	720 976	254 924
8	垫江	99 022	44 594	6.85	131 996	20.29	962 500	650 694	311 806
9	巫溪	41 800	25 688	6.61	70 548	18.15	540 000	388 685	151 315
10	云阳	117 413	58 599	6.31	177 275	19.08	1 331 400	929 034	402 366
11	开州	164 260	74 146	6.16	222 191	18.06	1 675 000	1 203 306	471 694
12	总体	1 127 188	664 354	8.24	1 542 317	19.12	10 880 042	8 064 628	2 815 414
13	平均	102 472	60 396	7.77	140 216	18.95	989 095	733 148	255 947

　　四是文化和旅游资源。该地区内文化旅游资源方面主要有著名人物:何其芳、刘伯承、秦良玉、甘宁、库里申科、江竹筠、彭咏梧等;特色文化方面有巴渝文化、三峡文化、抗战文化、移民文化。5A级景区3个(截至2022年重庆市共11个):云阳龙缸、巫山小三峡·小小三峡、奉节白帝城·瞿塘峡,占比达27.3%;4A级景区41个(截至2023年重庆市共150个),占比达27.3%。其中,境内巫山中国旅游强县(截至2020年重庆2个之一),有1个首批国家全域旅游示范区。区域内著名景点方面主要有青龙瀑布、白帝城、夔门、天坑地缝、兰英大峡谷、红池坝、张飞庙(现"三国印巷"景区)、陆游洞、丰都鬼城等,各区县具体文化旅游资源(主要5A、4A等级)见表4-2。

表4-2 渝东北各区县文化旅游资源情况

序号	文化旅游资源名称	所在区县	质量等级	评定年月
1	万州大瀑布群旅游区	万州区	4A	2012年8月
2	重庆三峡移民纪念馆			2020年10月
3	万州三峡平湖旅游区			2020年12月
4	万州三峡古枫香园景区			2022年10月
5	万州凤凰花果山景区			2023年2月
6	奉节白帝城—瞿塘峡景区	奉节县	5A	2022年7月
7	奉节天坑地缝景区		4A	2014年5月
8	奉节龙桥河景区			2019年9月
9	奉节夔州博物馆			2019年9月
10	奉节三峡之巅景区			2020年10月
11	奉节县青龙镇大窝景区			2020年12月
12	奉节县三峡原乡景区			2021年4月
13	城口亢谷景区	城口县	4A	2016年6月
14	城口土城红军老街景区			2021年12月
15	巫山小三峡—小小三峡	巫山县	5A	2007年5月
16	巫山神女景区(神女峰·神女溪)		4A	2014年5月
17	巫山文峰景区			2017年12月
18	重庆巫山博物馆			2019年9月
19	巫山·三峡之光旅游景区			2023年2月
20	巫山天路下庄景区			2023年2月

续表

序号	文化旅游资源名称	所在区县	质量等级	评定年月
21	丰都名山风景区	丰都县	4A	2001 年 1 月
22	丰都雪玉洞景区			2005 年 12 月
23	丰都南天湖景区			2018 年 12 月
24	丰都九重天景区			2018 年 12 月
25	梁平滑石古寨	平区	4A	2017 年 6 月
26	梁平百里竹海观音洞			2019 年 8 月
27	梁平双桂湖国家湿地公园			2023 年 2 月
28	忠县石宝寨	忠县	4A	2001 年 10 月
29	忠县白公祠文博景区			2020 年 10 月
30	忠县三峡橘乡田园综合体			2023 年 2 月
31	垫江牡丹樱花世界景区	江县	4A	2018 年 6 月
32	垫江恺之峰旅游区			2020 年 3 月
33	垫江三合湖湿地公园			2023 年 2 月
34	巫溪红池坝森林旅游景区	巫溪县	4A	2012 年 11 月
35	巫溪灵巫洞景区			2022 年 10 月
36	云阳龙缸景区	云阳县	5A	2017 年 2 月
37	云阳张飞庙		4A	2005 年 12 月
38	云阳三峡梯城景区			2014 年 4 月
39	云阳岐山草原景区			2021 年 4 月
40	云阳环湖绿道旅游景区			2022 年 10 月
41	重庆开州刘伯承同志纪念馆	开州区	4A	2012 年 11 月
42	开州汉丰湖景区			2014 年 12 月
43	开州龙头嘴森林公园			2020 年 12 月
44	重庆开州博物馆			2021 年 12 月

注:根据中华人民共和国文化和旅游部、重庆市文化和旅游发展委员会官方网站公告文件进行整理。

4.1.3 产业经济发展基础

在分析渝东北地区产业经济发展的现有基础时,选择了具有针对性、直接性的几个主要产出类经济指标。为了分析贫困的相对性,选择了渝东北、重庆市、渝中区 3 个不同经济水平地区(简称"三区")的同类经济指标;为了简要、直接分析农村主体的经济属性,选择了区域总额 GDP 和区域人均 GDP、总额 GDP 增速(2021 年同期)、城镇常住居民人均可支配收入、农村常住居民人均可支配收入等指标;为衡量三区政府巩固农村脱贫攻坚成果的财力强弱,选择了三区政府的一般公共预算指标进行有关分析;为分析 GDP 和人均可支配收入的主要影响因素,选择了重庆三区的产业结构比这一指标。各指标统计汇总结果如表 4-3 所示。

利用渝东北地区区县政府、重庆市政府、渝中区政府各自官网中公布《2020 年国民经济和社会发展统计公报》中的相关数据形成如下简要的重庆三区产业经济发展基础表。表 4-3 中 GDP 和常住人口为 2021 年数据,其余均为 2020 年数据。

鉴于数据的可获得性,表 4-3 中城镇"35 685"和农村"15 078"为渝东北 11 个区县各自城乡居民人均可支配收入的简单平均数。据表 4-3 显示,对重庆三区产业经济发展基础和农村低收入群体作如下比较。

第一,从区县平均 GDP 上看,渝东北地区 11 个区县平均 GDP 为445.01(4 895.15/11)亿元,全市 38 个区县平均 GDP 为 734.05(27 894.04/38)亿元,渝东北区县平均 GDP 为全市区县平均 GDP 的60.62%;若不考虑经济水平更低的渝东南的影响,则渝东北各区县平均GDP 所占全市平均 GDP 的份额会更低,更远低于渝中区的 1 517.70 亿元。可见,相对于重庆市一小时经济圈(中心城区和新增城区)而言,渝东北是真正需要持续巩固脱贫的重点区域,尤其是相对城镇而言农村地区表现更为突出。

表 4-3　重庆"三区"产业经济发展基础表

地区	GDP(2021 年)			常住人口/人(2021)	常住居民人均可支配收入/元		一般公共预算收支(亿元)			产业结构比
	总额/亿元	人均/万元	增速		城镇	农村	收入	支出	收支比	
万州	1087.94	6.954 1	8.4	1 564 449	42 662	17 292	67.13	161.34	1:2.40	9.9:27.6:62.5
开州	600.27	4.988 5	10.2	1 203 306	35 787	16 220	25.28	97.24	1:3.85	15.7:39.1:45.2
梁平	549.44	8.514 3	10.1	645 315	39 645	18 210	20.94	68.62	1:3.28	12.1:49.2:38.7
云阳	528.13	5.684 7	9.6	929 034	32 174	14 375	16.84	90.01	1:5.35	14.2:39.0:46.8
垫江	502.58	7.723 8	9.3	650 694	39 533	18 370	17.40	59.51	1:3.42	13.4:44.1:42.5
忠县	488.55	6.776 2	10.0	720 976	40 543	17 617	19.23	68.40	1:3.57	13.0:44.4:42.6
丰都	375.44	6.735 9	7.5	557 374	36 633	15 825	22.36	59.61	1:2.67	14.0:44.2:41.8
奉节	372.54	5.001 6	8.4	744 836	32 099	13 412	15.50	76.23	1:4.92	18.1:38.5:43.4
巫山	208.80	4.515 0	9.4	462 462	34 561	12 161	11.17	59.02	1:5.29	18.2:29.5:52.3
巫溪	120.83	3.108 7	6.7	388 685	28 357	11 123	7.325	59.84	1:8.17	24.3:22.4:53.3
城口	60.63	3.069 9	6.6	197 497	30 541	11 257	4.408	46.11	1:10.5	22.2:17.9:59.9
平均	445.01	6.069 9	8.75	733 148	35 685	15 078	227.57	845.94	1:3.72	15.9:36.0:48.1
全市	27 894.04	8.702 2	8.3	32 054 159	40 006	16 361	2 094.8	4 893.9	1:2.34	7.2:40.0:52.8
渝中	1 517.70	25.779 8	6.1	588 717	46 994	—	44.1	79.6	1:1.80	0.00:9.6:90.4

第二,从人均 GDP 上看,渝东北地区 11 个区/县人均 GDP 为 6.069 9 (4 895.15 亿元/8 064 628 人)万元,全市 38 个区/县人均 GDP 为 8.702 2 (27 894.04 亿元/32 054 159 人)万元,渝东北人均为全市人均的 69.75%; 若不考虑经济水平更低的渝东南的影响,则渝东北人均 GDP 所占全市人均 GDP 的份额会更低,更远低于渝中区的人均 25.779 8 万元。如此看来,相对于重庆市一小时经济圈而言,该指标同样表明,渝东北为真正需要进行重点帮扶的区域,农村地区表现突出。

第三,从 2021 年人均可支配收入上看,全市与渝东北相比,农村居民人均可支配收入比为1.09∶1(16 361/15 078),由此表明在重庆市农村居民中,渝东北农村居民低收入群体明显;渝东北城乡居民2021年人均可支配收入比2.37∶1(35 685/15 078),如此看来,在渝东北城乡居民中,渝东北农村居民相对收入仍较低;全市城乡居民人均可支配收入比为2.45∶1(40 006/16 361),由此看出,在重庆市城乡居民中,农村居民相对收入均较低。上述无一例外地证实了农村居民为城乡居民中的相对低收入群体,渝东北城乡居民中的相对低收入群体是渝东北农村居民(全指常住居民)。总体而言,重庆与渝东北地区产业经济发展提供了坚实的基础,但比较而言,相对低收入群体仍然凸显,重点在农村地区。据上可推论出,重庆三峡库区农村巩固脱贫的重点区域之一应为渝东北地区,其帮扶对象的重点群体是渝东北农村居民中的相对低收入群体(包括脱贫不稳定户、边缘易致贫户等)。

据表4-3和上述分析可知:渝东北地区11个区/县人均GDP、城镇常住居民人均可支配收入、农村常住居民人均可支配收入,同全市相同指标比都有较大差距。具体而言:渝东北地区一般公共预算收支比为1∶3.72,低于重庆市预算收支比1∶2.34,更低于渝中区的1∶1.80。如此看来,渝东北地区财政自给能力同全市平均水平和渝中区水平相比有较大差距,这会有力约束渝东北地区一般公共预算支出中用于民生预算支出的额度,从而约束其通过收入再分配制度对农村主体的帮扶力度。

从渝东北地区11个区县的三次产业结构比上看,即使是万州、梁平也比不上全市的水平,更难以同渝中区相提并论,从产业结构协调性上看,也低于全市产业结构协调度。由此可以大致推断:渝东北地区农村巩固脱贫的经济基础相对较弱。但有一点有必要指出,从GDP增速来看,总额GDP全市平均增速为8.3%,渝中区增速为6.1%,而渝东北地区平均增速为8.75%且高于前两者,这表明:若重庆三区长期保持这种增速态势,则渝东北地区农村巩固拓展脱贫攻坚成果是可期的。同时也说明了渝东北地区产业发展为农村巩固脱贫攻坚成果奠定了良好的经济基础。

上表4-3表明,若三次产业结构比中,二产业或三产业或二产业和三产业之和占比越高,则人均GDP、农村常住居民(在当地进城务工经商机会的人员更多)人均可支配收入、政府财政自给能力和农村主体自我发展的能力就越高,也即产业结构比的现代化程度越高,则人均GDP、人均可支配收入、政府财政自给能力和增强农村主体稳固脱贫的能力就越高;反之,则相反。下表4-4主要反映的是三次产业结构比现代化程度较高的渝东北地区区/县农村居民人均可支配收入超过全市平均水平的情况,其中梁平、垫江、忠县、万州的一些指标都优于渝东北地区其他区县。

表4-4　渝东北四区县"高水平产业结构比"与GDP、收支同全市对比表

序号	区域	产业结构比	人均GDP（万元）	常住居民人均可支配收入/元		一般公共预算收支比
				城镇	农村	
1	全市	7.2:40.0:52.8	8.702 2	40 006	16 361	1:2.34
2	梁平	12.1:49.2:38.7	8.514 3	39 645	18 210	1:3.28
3	垫江	13.4:44.1:42.5	7.723 8	39 533	18 370	1:3.42
4	忠县	13.0:44.4:42.6	6.776 2	40 543	17 617	1:3.75
5	万州	9.9:27.6:62.5	6.954 1	42 662	17 292	1:2.40

4.2 重庆三峡库区农村巩固脱贫概况

4.2.1 渝东北巩固脱贫经验分析

(1)树立坚定不移的以人民为中心理念是农村巩固脱贫攻坚成果的思想基础。渝东北地区各区县党委政府与时俱进,持续加强党建、治国理政等方面的学习,学懂悟透"为中国人民谋幸福、为中华民族谋复兴""江山就是人民,人民就是江山",并将前者作为渝东北共产党人和政府不变的初心和使命,作为党建和推进政府治理体系和治理能力现代化的鲜明价值指向,作为渝东北农村巩固脱贫工作的灵魂。在农村巩固拓展脱贫工作中,首先在思想上始终强调人民尤其是渝东北农村群体的民

心、民利和在国家治理中的主体地位。这是渝东北农村巩固脱贫工作起统领和决定作用的因素。

（2）将农村巩固拓展脱贫攻坚成果置于治国理政的突出位置。地方政府始终牢记以人民为中心、共同富裕目标和治国之道，富民为始，政之所兴。在顺民心的古语中，将渝东北农村群众的利益放在治国理政的重要位置，将渝东北农村巩固脱贫帮扶工作作为地方治理的重要任务，在五年规划、中短期计划都有相应安排；将巩固拓展脱贫攻坚成果同乡村振兴相衔接，整体谋划、系统设计，逐步建立了渝东北巩固脱贫攻坚成果的政策体系、制度体系；在各个层面全面整合汇集渝东北农村巩固脱贫攻坚成果所需要的各种资源，持续加大农村帮扶资源的投入力度。

（3）科学的农村主体帮扶模式是有效巩固拓展脱贫攻坚成果的手段。渝东北地区各区县党委政府合力构建的渝东北农村帮扶的科学模式，是渝东北地区开展农村巩固拓展脱贫攻坚成果中取得一定成绩的重要手段。在这一模式中，主要涉及渝东北农村巩固脱贫攻坚成果的帮扶理念、帮扶原则、帮扶目标、帮扶标准、帮扶内容、帮扶任务、帮扶进程、帮扶方式、帮扶手段、帮扶资源、帮扶管理、帮扶诊改、帮扶考核、帮扶主体等构成成分，针对农村主体（主要为帮扶对象村、农户或脱贫户）帮扶模式的这些成分各自相对独立存在，但更为重要的是各成分之间的相互依存、互相联系、结成网络，形成一个成分完整、关系协调、功能健全、作用高效的渝东北农村主体帮扶模式。

（4）坚持党的领导是农村巩固拓展脱贫攻坚成果工作的根本保证。中国特色社会主义的重大特色之一就是中国共产党领导，中国一切治国理政工作都离不开中国共产党的领导。在渝东北农村巩固脱贫工作中，各区县党政一把手高度重视，区县/乡镇/村三级书记狠抓农村帮扶工作，坚持党委领导下农村巩固脱贫的帮扶学习、组织建设、任务部署、帮扶规划、政策制定、制度建设、队伍建设、资源配置、监督管理、考核整改，坚持全面深入推进党建工作促进帮扶工作，将基层党组织建设成为带领农村脱贫群体缩小收入差距的坚强战斗堡垒，有效发挥了党的领导在渝东北地区农村帮扶一线工作中的关键作用，为渝东北农村巩固拓展脱贫攻坚成果提供了坚强的根本政治保证和坚实的组织基础。这是渝东北农村巩固脱贫工作的最主要经验。

（5）始终将因地制宜绿色发展作为农村巩固拓展脱贫攻坚成果的主要举措。习近平总书记在十八洞村考察时指出，"发展是甩掉贫困帽子的总办法"。发展的不平衡不充分是产生贫困的根本原因，要全面解决农村脱贫不返贫问题必须首先因地制宜抓产业发展。因此，渝东北始终坚持根据当地区位、自然条件、经济状况的"造血式"帮扶方针，在保护建设生态环境的前提下，把发展产业、培育产业、促进就业作为推动农村巩固拓展脱贫攻坚成果的根本出路，不断出台有利于农村脱贫户家庭（或帮扶户）、特殊群体发展的政策举措，不断提高农村脱贫人口的"造血能力"，将农村巩固脱贫工作建立在坚实的发展基础之上，不断增强脱贫群众内生发展动力。同时，坚持公平发展、协调发展，渝东北在农村巩固拓展脱贫攻坚成果、追求共同富裕的进程中决不落下一个脱贫户家庭、决不丢下一个脱贫人口。

（6）坚持政府主导，增强社会力量推动农村巩固拓展脱贫攻坚成果的合力。凭借我国现有制度优势和组织优势，渝东北各区县政府切实担负起农村巩固拓展脱贫攻坚成果的主导责任，充分调动一切积极因素，着力构建起专项帮扶、行业帮扶、社会帮扶等多方力量协同支撑的大帮扶格局，充分发挥东西部协作、中央单位和市级单位定点帮扶、万企帮万村的帮扶作用，持续激发各民主党派、工商联、无党派人士献智献力、全社会参与农村巩固拓展脱贫攻坚成果工作的热情，形成了全社会关爱农村低收入群体、关心脱贫不稳定户和边缘易致贫户及特殊困难群众的共同意志和行动。

（7）以脱贫群众为主体的精准帮扶是农村巩固拓展脱贫攻坚成果的首要切入点。为切实进一步提高"造血"式农村帮扶工作的功效，渝东北从农村脱贫群众可持续发展的内因出发，通过政策宣传、技能与创业就业培训等方式，进一步转变脱贫群众的共同富裕观念，增长其勤劳致富的知识，提升其创业致富的能力，使农村脱贫群众成为观念更新、知识更多、能力更强的有担当、有成效的帮扶对象主体。巩固、发展前期帮扶中的"六个精准"成果,将其有效显著的成功经验应用到渝东北农村巩固拓展脱贫攻坚成果工作中,形成了渝东北农村巩固脱贫过程中的帮扶对象精准、项目安排精准、资金使用精准、措施到户精准、因村派人精准和帮扶成效精准,为农村巩固拓展脱贫攻坚成果提供了丰富的工作经验。

4.2.2 渝东北农村巩固脱贫概况

脱贫攻坚任务完成后,渝东北始终保持农村帮扶工作力度不减、节奏不变,守住了工作底线;同时,持续加强防止返贫动态监测和精准帮扶,脱贫群众实现"两不愁"真不愁、"三保障"有保障,未出现规模性返贫致贫情况,切实推进农村巩固拓展脱贫攻坚成果工作,具体成效概况主要有5点:

(1)建立健全防止脱贫户返贫方案。根据新的形势和巩固拓展脱贫攻坚成果目标任务,渝东北地区各区/县出台了类似于《建立健全防止返贫动态监测和帮扶机制实施方案》的文件,成立了分管副区(县)长任组长的专项工作组,开展区(县)、镇/乡、村三级干部培训,召开区(县)防止返贫动态监测和帮扶工作联席会议,畅通行业部门之间数据共享和比对机制。乡镇村组建立防止返贫动态监测"吹哨人"机制,镇乡干部、驻村干部、村社"两委"、村(居)民小组长等担任"吹哨人",形成"镇乡主要负责人包片、驻村干部包村、村干部包组、村民小组长包户"的"四包"网格化监测体系;实行每周"网格监测"、每月"分析监测"、每年"集中排查监测"。结合"两不愁三保障"巩固情况"回头看",开展一次防止返贫动态监测和帮扶工作集中排查。打通农户自主申请、干部入户走访、行业数据比对和三方单位反馈"四位一体"的信息反馈渠道,组建专兼职信息员队伍,及时采集更新信息,维护系统数据。

(2)优化落实巩固脱贫成果的重点工作。渝东北在巩固脱贫攻坚成果过程中,各区县主要从3个方面展开了针对性的重点工作优化。一是继续实施农村脱贫群体常态帮扶,包括将脱贫不稳定户、边缘易致贫户和突发严重困难户等"三类监测对象"中符合条件的相应纳入城乡低保、特困救助供养、实施临时救助之中;二是全面实施低收入家庭"单人保",对脱贫人口中失能或者半失能,且无法通过就业获得稳定收入的人口纳入低保、特困供养、临时救助范围内,做到了应保续保、应救续救;三是维持易地搬迁后续扶持,持续强化稳定就业,严管项目资金,推进重点乡镇帮扶,统筹问题整改。

(3)持续发展脱贫摘帽区县经济并巩固基础建设成果。渝东北通过脱贫攻坚成果巩固同乡村振兴的有机衔接,进一步做好脱贫摘帽区县的道路修建、饮水安全、易地搬迁、危房改造、通电通宽带、基本医疗保障、义务教育薄弱学校改造等工作,使得脱贫摘帽区县乡镇的基础设施和基本公共服务显著改善,使脱贫地区人民宜居的生态环境和条件得到改善,生活质量得到提高。

(4)不断提升农村基层治理能力和管理水平。农村基层治理组织、人才队伍的优化和农村基层治理能力、管理水平的大幅提高是脱贫攻坚所取得的主要成果之一。在接续巩固脱贫攻坚的农村帮扶过程中,渝东北地区进一步强化了区县对农村基层组织建设、人才队伍建设等相关工作的科学领导,改进了选派第一书记、驻村工作队机关干部锻炼、农村人才培养等工作,使农村基层治理能力和管理水平继续得到提升,农村基层党组织的创造力、凝聚力、战斗力不断增强。

(5)持续健全巩固脱贫攻坚成果的制度体系。在巩固脱贫攻坚成果的基础上,通过抓住乡村振兴战略机遇,坚决守住脱贫群众不出现规模性返贫底线。渝东北地区各区县党委政府不断更新、改进相关制度的内容,建立能更好适应农村巩固拓展脱贫攻坚成果的新制度,优化关联制度之间的协同性能、整体功效。在农村帮扶工作体系当中,各负其责,各司其职,上下联动,统一协调,保证了农村帮扶资源的持续投入,因地制宜,精准识别,精准帮扶,因村因户因人施策,形成了渝东北全社会组织力量参与农村巩固拓展脱贫攻坚成果工作的合力。

综上分析,渝东北地区在农村巩固拓展脱贫攻坚成果工作中形成了丰富的经验,并取得了显著的成效。为更深入渝东北地区农村巩固脱贫成果实践中,深入认识农村巩固脱贫成果的现状,下节将通过实地调查进行详细的分析和讨论。

4.3 农村巩固脱贫成果现状调查分析

4.3.1 调查方式、内容及变量说明

（1）调查方式。本论题研究以重庆三峡库区（渝东北）前期脱贫摘帽代表性区/县农户为主要调查对象，重点调查农户情况（以家庭为单位），采取实地考察和问卷调研相结合的方式展开工作。实地考察主要通过选择走访一些代表性的脱贫乡镇、村（2020 年已完成脱贫攻坚任务）进行调研，了解当地农村帮扶工作状况及存在的问题。课题组成员于 2021 年 6—10 月对渝东北地区一些脱贫摘帽的乡/镇村进行了实地考察，分别走访了巫溪县天元乡（新田村、天元村、新华村），巫山县平河乡（大峡村）和骡坪镇（凤岭村、龙河村），城口县高观镇（高观村、蒲池村），云阳县南溪镇（新阳村、福桥村、拱桥村）以及万州区甘宁镇（新农村、甘宁村、石庙村、河口村）、长坪乡（中兴村、弹子村）、龙沙镇（马岩村、海螺村、岩口村）、龙驹镇（龙驹社区、赶场社区、岭上村、官坝村）、长岭镇（老土村、双龙村）、白土镇（五龙村、谭家村）、熊家镇（红星村、万家村）、恒合土家族乡（七星村、石坪村、前进村）、九池街道（泉活村、九池村）等地区 35 个行政村或社区，并与当地乡镇或村主要领导干部座谈交流，随机选择向当地农村家庭农户分发问卷，现场指导填写并采集数据。问卷调查除采取现场指导农户填写数据外，另一部分调查方式主要通过地方高校在校大一、大二、大三学生利用法定节假日、暑假期间带回问卷随机选择对当地周边邻居家庭（或代表性前期脱贫户）进行指导性填写问卷和随机抽样调查，返校时收回问卷采集数据。

（2）调查内容。通过上述两种调查方式，共分发问卷 1 400 份，鉴于农户数据采集的复杂性，剔除一些农户填写的无效无用数据以及大学生替代填写的无效问卷数据，最后获得有效问卷 1 215 份，有效问卷率 86.8%。本论题在分析乡村公共服务设施和资源时，为避免重复计算，故剔除相同村/社区数据，最后统计 989 个村/社区。调查内容涉及 3 个模块：一是农户个体及家庭基本情况，主要包括户主年龄、性别、文化教育程度、户籍身份、收入，以及家庭人口、劳动力、土地经营规模、生活环

境、生计方式、债务等信息内容；二是农村帮扶工作情况，主要考察农户对帮扶主体的帮扶工作现状的评价看法，从政府治理工作（政策宣讲、干部务实、信贷支持、精准识别、公共设施、卫生环境、乡村旅游发展）、产业发展（生产技术支持、农业产业补贴）、教育权利（参与教育培训、子女求学）、医疗保障（乡村就医、医疗减免支持）等方面了解农户对当前帮扶工作现状的看法，以及农户对帮扶资源的需求情况、乡村资源和当地农村公共基础设施建设情况；三是农户对当前巩固脱贫帮扶工作存在的问题以及提出的建议部分。

（3）变量设置。本章分析内容主要选取能代表考察农户与家庭情况、基础设施建设情况（农业生产性基础设施、农业生活性基础设施、农业生态环境治理设施、农村社会发展基础设施）、帮扶工作情况及农户对帮扶资源需求情况的变量指标进行统计，各模块变量指标和设置如表4-5所示，其中帮扶工作情况考察指标主要采用李克特5级量表式进行设置，1~5分别表示级别由弱到强的关系。

表4-5 农村巩固脱贫现状调查统计分析指标变量选取与设置

调查项目	统计分析指标变量	变量设置与内容说明
农户及家庭情况	户主年龄段	1 = 36 ~ 40 岁,2 = 41 ~ 45 岁,3 = 46 ~ 50 岁,4 = 51 ~ 55 岁,5 = 56 ~ 60 岁,6 = 61 岁及以上
	户主性别	1 = 男,2 = 女
	户主教育程度	1 = 小学,2 = 初中,3 = 高中或中专,4 = 大专,5 = 本科及以上
	家庭人口数量	1 = 3 个及以下,2 = 4 个,3 = 5 个,4 = 6 个,5 = 7 个及以上
	户籍身份	1 = 乡村民居户口,2 = 城市居民户口
	家庭劳动力数量	1 = 1 个,2 = 2 个,3 = 3 个,4 = 4 个,5 = 5 个及以上
	土地经营面积	1 = 3 亩及以下,2 = 3.1 ~ 5.9 亩,3 = 6 ~ 7.9 亩,4 = 8 ~ 9.9 亩,5 = 10 亩及以上

续表

调查项目	统计分析指标变量	变量设置与内容说明
农户及家庭情况	土地集中连片程度	1~5级分别表示为"非常低、较低、一般、较高、非常高"
	家庭人均收入水平（元/月）	1=1 000元及以下,2=1 001~1 500元,3=1 501~2 000元,4=2 001~2 500元,5=2 500元以上
	家庭生活环境状况（包括医保、健康、住房、通信、低保、水、电、交通、子女求学、生产经营、稳定收入来源、入合作社、小规模种植养殖、居住乡村等）	1=是,2=否
	家庭生活性债务（包括子女求学、购房建房、生活物品购置等）	1~5级分别表示为"非常低、较低、一般、较高、非常高"
	家庭生产性债务（主要为农业生产经营活动）	1~5级分别表示为"非常低、较低、一般、较高、非常高"
	家庭生计方式	1=务农,2=务农+零工,3=外出务工,4=流转土地+外出务工,5=务农+外出务工
	家庭债务	1=有,0=无
	家庭债务主要支出项目	1=子女上学,2=生产经营,3=生活开支,4=医疗治病,5=建房购房
农村公共基础设施情况	农业生产性基础设施（瓜果蔬菜或畜牧类生产基地、乡村农贸市场、农田灌溉水利设施、水库大坝加固、河道防洪堤、人畜饮水蓄水池、地头水柜）	1=有,0=无

续表

调查项目	统计分析指标变量		变量设置与内容说明
农村公共基础设施情况	农村生活性基础设施(安全用水、农村沼气池、村屯内道路硬化、电力电网改造、村敬老院)		1 = 有,0 = 无
	农村生态环境治理(水流域治理、垃圾处理设施、污水处理)		1 = 有,0 = 无
	农村社会发展基础设施(文化阅览室、体育运动场所、村卫生室、村广播、村文化基础设施、村小教学楼或宿舍楼、村办公楼或便民服务中心)		1 = 有,0 = 无
农村帮扶工作情况评价	基层帮扶	帮扶政策认知	1 ~ 5 分别表示"非常不同意、不同意、一般、同意、非常同意"
		帮扶政策宣讲	同上
		帮扶干部务实	同上
		获取信贷支持	同上
		参与议事权利	同上
		对象识别精准	同上
		基础设施改善	同上
		乡村旅游发展	同上
		文艺下乡活动	同上
		卫生环境改善	同上
		生态环境改善	同上

续表

调查项目	统计分析指标变量		变量设置与内容说明
农村帮扶工作情况评价	产业发展	生产技术支持	同上
		农业生产补贴	同上
	教育权利	参与教育培训	同上
		学费减免支持	同上
	医疗保障	乡村就医便利	同上
		医疗咨询服务	同上
		医疗减免支持	同上
农户对帮扶资源需求情况	低保金、农村医疗保险、发展特色农产业、发展合作社、帮扶子女就业、易地搬迁、学费减免、乡村旅游开发、捐款捐物、农村信息网络、养老金、修路造桥、技术服务培训、土地流转租赁、扶贫政策宣讲、发展村互助金、银行贷款、农业创业培训、招商引资、文艺下乡、农业保险		1＝是,0＝否
乡村资源	农业示范基地(规模化农业产业园、果园、大棚蔬菜等)		1＝是,0＝否
	乡村旅游景区(自然景观、观光农业、人文或名胜古迹等)		1＝是,0＝否

4.3.2 农户及家庭生活环境总概况

（1）户主家庭样本特征分析。调查问卷数据统计采用 SPSS 工具软件进行分析,农户个体和家庭特征有关数据采集统计的结果如表 4-6

所示。

由表4-6看出,调查样本中男性农户占比57.9%(以男性劳动力为主),女性农户42.1%,其年龄在41~50岁之间的家庭农户户主最多,占比73.8%,这部分青壮年是家庭的主要劳动力。50岁以上的(包括老年人在内)达到21%。在接受教育程度方面,上过高中或中专的家庭户有16.3%,大专及以上的家庭户仅占8.5%,但受教育层次在初中及以下的家庭户达到75.2%,这说明留在农村承担家庭劳动的主力诸多文化水平较低。

表4-6　农户个体及家庭样本特征情况

变量指标	变量值	百分比	变量指标	变量值	百分比
年龄段	36~40岁	5.2	家庭人口数量	3个及以下	27.2
	41~45岁	39.1		4个	34.6
	46~50岁	34.7		5个	19.8
	51~55岁	14.2		6个	12.2
	56~60岁	4.1		7个及以上	6.2
	61岁及以上	2.7	家庭债务	有债务情况	58.7
性别	男	57.9	家庭劳动人口	1个	35.4
	女	42.1		2个	55.6
教育程度	小学	34.5		3个	7.2
	初中	40.7		4个	1.1
	高中或中专	16.3		5个及以上	0.7
	大专	4.5	户籍身份	农村居民户口	72.2
	本科及以上	4.0		城市居民户口	27.8

续表

变量指标	变量值	百分比	变量指标	变量值	百分比
耕地面积	3 亩及以下	75.0	土地连片程度	非常低	51.4
	3.1~5.9 亩	17.6		较低	27.1
	6~7.9 亩	3.8		一般	19.3
	8~9.9 亩	1.6		较高	1.3
	10 亩及以上	2.0		非常高	0.9
家庭人均收入（元/月）	1 000 及以下	24.1	家庭生计方式	务农	11.5
	1 001~1 500	21.3		务农+零工	22.3
	1 501~2 000	15.7		外出务工	49.0
	2 001~2 500	10.5		流转土地+外出务工	2.6
	2 500 以上	28.4		务农+外出务工	14.6
家庭生活性债务情况	非常低	20.5	家庭生产经营性债务情况	非常低	34.9
	较低	14.8		较低	21.8
	一般	39.4		一般	35.6
	较高	19.5		较高	5.8
	非常高	5.8		非常高	1.9
主要债务来源	子女上学	64.5	乡村/社区资源	有农业示范基地	36.9
	生产经营	21.2		有乡村旅游景区	34.0
	生活开支	44.9			
	医疗治病	32.5			
	建房购房	48.0			

在家用耕地方面,诸多家庭耕地在 3 亩及以下,占比达 75%,而承包 6 亩以上的耕地多为有点小规模产业化生产经营户,但占比仅有 7.4%,耕作这部分土地的农户或许为发展林下种养殖业,且大部分加入了专业合作社(占比 6.0%),这与表 4-7 中显示的基本一致。但需要指出的是家庭耕作土地的集中连片化程度不高(认为非常低和较低的家庭户达到 78.5%),难以适应机械化作业。

从家庭收入情况看,月收入 1 000 元以下的家庭户占比达 24.1%,按照我国学界惯例算法(人均可支配收入的 1/3 或 40%)确定防返贫帮扶线,大致为 848 ~ 1 028 元/月①,则可看出农村需要帮扶的相对低收入群体仍有 24.1%;若按照国际惯例算法(人均可支配收入的 50% 或 60%)确定防返贫帮扶线,大致为 1 284 ~ 1 541 元/月,则农村需要帮扶的相对低收入群体高达 45.4%。若以 2020 年我国城乡居民人均可支配收入 32 189 元为基准,按照学界和国际惯例算法确定防返贫帮扶线,大致分别为 885 ~ 1 073 元/月和 1 341 ~ 1 610 元/月,则农村需要帮扶的相对低收入群体大致分别占 28.4% 和 48.5%。尽管我国 2020 年完成了脱贫攻坚任务,但依然可以看到后期农村巩固脱贫攻坚成果及拓展脱贫攻坚成果任重道远。可喜的是,本论题调查研究显示,通过政府和社会各界的合力帮扶,从月均收入来看,已摆脱防返贫帮扶线的家庭户有 54.6%,这是一个惊人的成绩。

从家庭人口数量看,一半以上的家庭人口集中在 4 ~ 5 人,占比有 54.4%,在 7 个人口及以上的有 6.2%,而真正能维持家庭生计的主力劳

---

① 重庆市民政局联合市财经局联合发文通知,2021 年重庆市城市居民最低生活保障提高到 500 元/月,农村居民最低生活保障线标准提高到 350 元/月。2021 年 9 月 1 日起执行新的城乡低保标准:城市为 636 元/月,农村为 515 元/月,特困人员救助供养标准 827 元/月。我国 2021 年贫困家庭标准年收入为 4 000 元/年,但各省份、自治区、直辖市难有统一标准,一般分为一般困难、困难和特殊困难等 2~3 档。重庆市统计局发布《2020 重庆市经济运行情况》中,全年全市居民人均可支配收入 30 824 元,其中城镇常住居民收入 40 006 元,农村常住居民收入 16 361 元。不同地区或国家贫困线标准不一(2001 年欧盟通过贫困线的官方定义,采用人均可支配收入的 60%;部分 OECD 经合组织国家采用 50%),若按照我国学界提出的城乡居民人均收入值的 1/3 或 40% 划线作为防返贫帮扶线标准,则防返贫帮扶线大致为 10 172 ~ 12 330 元/年,亦即 848 ~ 1 028 元/月;若按照国际惯例算法,则防返贫帮扶线大致为 15 412 ~ 18 494 元/年,亦即 1 284 ~ 1 541 元/月。

动人口绝大多数仅有 1～2 人,占比达到 91%,其中 1 人养活全家人口的占比达 35.4%。这些维持生计的劳动力中,务农的占 11.5%;在家务农并打点零工来维持生计的不少,达到 22.3%;以外出务工或打工的家庭几乎占一半(49%),有一部分家庭(占 14.6%)是既有在家务农也有外出务工来共同维持生计(主要表现男性劳动力外出务工,女性劳动力在家务农),其中还有一小部分(2.6%)家庭在外务工同时出让家用耕地获得租金收入(主要根据租用土地使用性质和项目收入情况,一般在 200～1 000 元/亩·年不等)。

从家庭债务情况看,表 4-6 中显示,多数家庭户(58.7%)或多或少都存在不同程度的欠债,其中最大一部分的支出,即子女上学高达 64.5%,其次是在家庭住房方面,在农村建房或购房者的欠债家庭户有 48%,尽管政府对脱贫户家庭有易地搬迁或危房改造补贴,但并不足以支撑起目前高昂的用工和建房成本(包括装修)。还有一部分欠债家庭户(21.2%)主要用来从事农业生产和经营,包括小规模种养殖户。除了生活开支外,家庭就医看病也是一大开支(32.5%),都存在不同程度的借款(包括向亲戚、邻居等借款)。从这些债务情况看,不少家庭户认为家庭生活性债务和生产经营性债务都较高或非常高,分别占比 25.3% 和 7.7%。

表 4-6 中,户主户籍身份信息显示,农村家庭户籍的占 72.2%,城市居民户口的占 27.8%,可见本次调查户主绝大部分为农村家庭,有部分农户已经搬迁到城市居住,成了城市居民。另外,对于乡村/社区资源调查显示(剔除同类村/社区数据),有农业示范基地(包括规模化的农业产业园、果园、大棚蔬菜等)的乡村/社区占 36.9%,有乡村旅游景区或景点(包括观光农业园和其他人文、名胜古迹等)的乡村/社区占 34%。

为更清晰地刻画农户个体及家庭现状有关情况的可视化效果,选取了年龄、文化教育程度、经营土地、家庭收入、生计方式、家庭债务、家庭人口、家庭劳动人口等情况指标,其可视化效果分别如图 4-1、4-2、4-3、4-4、4-5、4-6、4-7 和 4-8 所示。

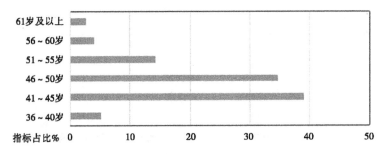

图4-1 样本中农户家庭户主年龄段分布图

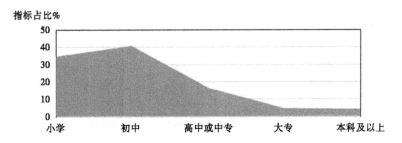

图4-2 样本中农户家庭户主文化教育程度分布面积图

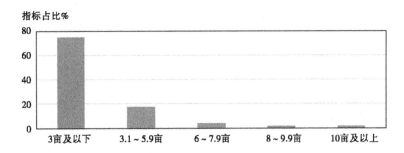

图4-3 样本中农户家庭经营土地面积分布图

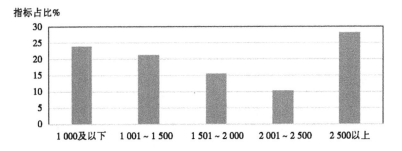

图4-4 样本中农户家庭人均收入情况分布图(单位:元/月)

指标占比%

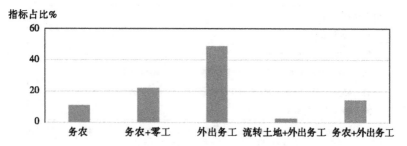

图 4-5　样本中农户家庭生计方式分布图

指标占比%

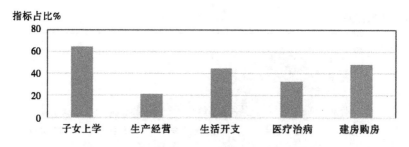

图 4-6　样本中农户家庭债务来源情况分布图

指标占比%

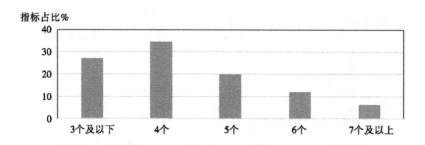

图 4-7　样本中农户家庭人口数量情况分布图

指标占比%

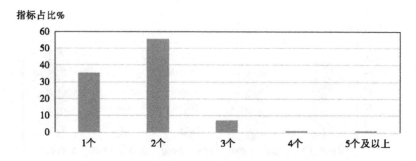

图 4-8　样本中农户家庭劳动力情况分布图

（2）家庭生活环境情况。农户家庭生活和生产环境状况统计如表4-7所示，可视化效果如图4-9所示。

表4-7　家庭生活环境条件和生产情况　　　　（单位：%）

变量指标	2018 年		2021 年		变量指标	2018 年		2021 年	
	是	否	是	否		是	否	是	否
稳定收入来源	33.9	66.1	59.9	40.1	公路硬化到门口	63.2	36.8	71.1	28.9
子女辍学	6.4	93.6	5.6	94.4	村公路硬化	83.9	16.1	74.8	25.2
参与医疗保险	90.5	9.5	73.7	26.3	享有低保人员家庭	20.0	80.0	13.1	86.9
家中有孤儿	1.4	98.6	1.5	98.5	村通电信网络	58.3	41.7	75.2	24.8
家住危房情况①	15.1	84.9	11.4	88.6	家有多子女上学②	46.7	53.3	41.6	58.4
家中有残疾人员	26.9	73.1	13.9	86.1	家用电稳定	92.1	7.9	93.8	6.2
家通电信网络	57.6	42.4	80.5	19.5	使用安全水	67.6	32.4	89.1	10.9
家有亚健康人员③	62.8	37.2	40.3	59.7	主用煤气燃料	34.1	65.9	56.8	43.2
有老人进入福利院	2.9	97.1	3.6	96.4	易地或高山搬迁户	17.4	82.6	11.0	89.0
加入合作社	15.5	84.5	6.0	94.0	小规模种养殖户④	14.5	85.5	16.5	83.5
现居住农村或乡镇	—	—	61.7	38.3	家有重大疾病患者	—	—	15.4	84.6
曾是政府建档立卡户	—	—	15.4	84.6	已退出建档立卡户	—	—	10.1	89.9

注：有关同类内容数据比较，本表2018年数据来自前期研究项目的调查（样本

---

① 危房情况主要根据2011年住房和城乡建设部制定的标准，A级：结构承载力能满足正常使用要求，未腐朽危险点，房屋结构安全；B级：结构承载力基本满足正常使用要求，个别结构构件处于危险状态，但不影响主体结构，基本满足正常使用要求；C级：部分承重结构承载力不能满足正常使用要求，局部出现险情，构成局部危房；D级：承重结构承载力已不能满足正常使用要求，房屋整体出现险情，构成整幢危房。对家庭住房属于其中任何一类都进行统计。

② 家庭中多子女上学主要代表指家中有两个或两个以上子女就读高中或大学。

③ 亚健康主要参考2007年中华中医药学会发布的《亚健康中医临床指南》，亚健康是指人体处于健康和疾病之间的一种状态。处于亚健康状态者，不能达到健康的标准，表现为一定时间内的活力降低、功能和适应能力减退的症状。家庭中类似的人员或健康欠佳的人员（排除残疾人员）都给予统计。

④ 小规模种养殖户主要代表种植规模在5~10亩、养殖规模在50头/只（左右）的家庭户。

调查区域一样),详见:童洪志. 多主体参与的深度贫困区精准脱贫联动机制研究[M]. 武汉:武汉大学出版社,2021.

　　总体来说,由表4-7可看出,随着我国脱贫攻坚战的胜利,2020年完成了脱贫攻坚任务目标,通过与2018年的调查结果对比,2021年的调查结果已经显示出指标出现了显著性变化,农村居民家庭的生活环境条件

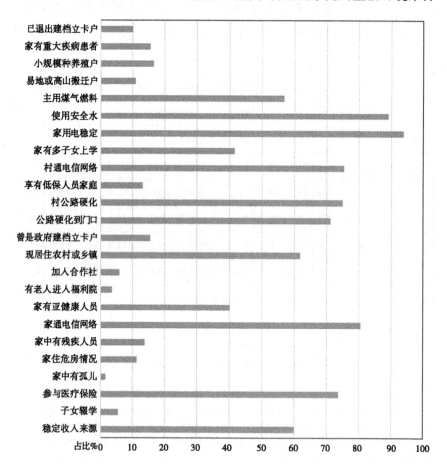

图4-9　样本中农户家庭生活环境和生产相关指标统计分布图

得到了极大的改善和提高。具体而言,通过对比发现,尽管农户家庭具有稳定收入来源的家庭户达59.9%,指标值提高了76.7%,但样本中仍有40.1%的家庭户没有稳定的收入来源,有不少家庭户(43.2%)仍以干

柴作为厨房烧火的主燃料（尽管这一指标值提高了66.6%），不少家庭户（41.6%）中有两个或两个以上的子女就读高中或大学,5.6%的家庭中还存在有子女辍学情况,或许是因为家庭生活负担和压力,其子女主动放弃学业而返家劳动以减轻家庭开支和生活压力（事实上,这一指标值从2018年的6.4%下降到2021年的5.6%,子女辍学情况有所缓解）。样本中有孤儿的家庭户占1.5%（与2018年对比,几乎没变化或变化不显著,仅相差0.1%）,仍有不少部分的农户家庭（11.4%）住房存在不同程度的危房状态。尽管这一现象仍存在,但事实上通过比较,这一指标值从2018年的15.1%下降到2021年的11.4%,说明农户生活条件得到了改善,不管是购房还是建房,生活环境变好了,居住条件改善提高了24.5%。

表4-7中样本数据显示,有13.9%的家庭户中存在不同程度的残疾人口,不少家庭户主（40.3%）或多或少都存在亚健康情况或身体间断性的不适,总有一些小毛病,但大多数家庭户（73.7%）都参与了医疗保险（这一指标值相比下滑的现象或许解释乡村居民生活条件改善,收入提高了,但对医疗保险的认识仍不到位,其次是乡村医疗报销制度存在一定的缺陷导致）。对老年人生活而言,仅3.6%的家庭有老年人进入福利院疗养（这一指标值提高了24.1%,说明农村家庭生活条件和收入有所改善,有能力支持老人进入福利院生活）,享有低保户的家庭户仍有13.1%（通过比较,这一指标值从2018年的20%降到2021年的13.1%,说明有6.9%的家庭户不需要政府兜底,也暗示了农村居民家庭收入得到了提高,巩固脱贫攻坚成果取得了显著成效）。

表4-7显示,农村公路硬化到家门口这一指标现状得到了大多数家庭户（71.1%）的认可,这说明农村帮扶工作在交通设施方面的投入力度较大。尽管大多数家庭户（74.8%）认为乡村公路硬化条件得到了改善,但相比而言,其中仍有部分村公路硬化未涉及（如村屯内公路,乡间小路）,这一指标值从2018年的83.9%降到2021年的74.8%,然而村主要交通公路硬化已经完成。89.1%的家庭户可以使用上安全水（这一指标值提高了31.8%）,但这一部分并非全为乡村统一规划建设的自来水,有

些家庭户自建有当地泉水来源的蓄水设施。样本中属于易地或高山搬迁户的占11%,这一指标值从2018年的17.4%下降到了2021年的11%,说明乡村居民生活条件得到了改善,在乡镇或城市购房来适应新的居住环境。

通信服务方面,有80.5%的家庭户接通了电信网络,该指标值从2018年的57.6提高到2021年的80.5%,说明家庭生活环境改善得到了显著提高,但仍有6.2%的家庭户用电并不稳定(家庭用电稳定性这一指标值有所提高,但幅度不大,2018年均值92.1%,2021年均值93.8%)。

生产经营方面,有16.5%的家庭户发展了小规模的种养殖业,有的种植水果类农产品(如沙田柚、血橙、枇杷、李子、夏橙、柑橘、樱桃、草莓、核桃、油桃、猕猴桃、黄桃、葡萄、西瓜),有的养殖家禽畜牧类(如鸡、鸭、鹅、鸽子、猪、羊、蜜蜂),有的种植农产品(如油菜、果蔬、竹子、芦笋、花椒、榨菜、烟叶、桂花、蚕桑、茶叶、山药、中药材、莲藕),还有养殖水产类(如鱼、虾、黄鳝)等,这些都有利于促进脱贫户家庭收入提高和稳固脱贫致富,但难以发展成较大规模的产业化经营。

从小规模种植养殖家庭户来看,仅有6%的家庭户加入了当地农村专业合作社,说明并非所有具有规模化种植养殖家庭户都加入合作社,一些社会关系资源丰富的家庭户有其他市场销售渠道,通过企事业单位同事、朋友等介绍和推广,如万州区熊家镇有些户主栽培的血橙、葡萄、樱桃等通过周边邻居和亲戚推介,或在微信群、QQ群、抖音、京东、淘宝等平台销售;另一个方面还可以看出,有些大农场户会通过网络销售渠道来打开市场,如与京东合作,也与高校合作开网店进行推广和销售,也有通过微信公众号进行推广,还有部分乡镇为企事业单位的定点帮扶对象,通过消费帮扶来推广农产品,如鸡、香肠、腊肉、大米等。

关于农户居住情况,样本显示61.7%的农户家庭居住在农村或乡镇,但是表4-6中数据显示有72.2%的家庭户主为农村户口,这说明有一部分家庭户(10.5%)迁移到城市居住,但依然是农村户口,还未转变成城市户口。从贫困家庭建档立卡情况看,曾是政府建档立卡的农户家庭占比15.4%,2021年已经退出政府建档立卡的家庭户有10.1%,这说明仍有5.3%的家庭户还处于不同程度的困难状态,尚未完全退出(或在考察期),这一类家庭户多为特殊困难家庭户,家庭中有重大疾病者或是有残疾人员的家庭户,仍然处于享受政府的低保政策,也是政府重点帮扶对象。

4.3.3 农村公共基础设施建设现状

农村公共基础设施建设状况主要从生产性基础设施、生活性基础设施、生态环境治理、农村社会发展基础设施等4个方面进行统计分析,为避免统计的重复性,以村为单位,对于同一个村的调查用户选取一份问卷进行统计,最后从1 215份问卷中获得非同质性问卷989份,统计结果如表4-8所示。

表4-8 农村公共基础设施建设情况 　　　（单位:%）

测量指标	指标变量	2018 年		2021 年	
		有	无	有	无
生产性基础设施	瓜果蔬菜或畜牧类生产基地	40.1	59.9	62.9	37.1
	乡村农贸市场	46.7	53.3	65.4	34.6
	农田灌溉水利设施	23.4	76.6	49.3	50.7
	水库大坝加固	22.8	77.2	42.0	58.0
	河道防洪堤	27.4	72.6	35.1	64.9
	人畜饮水蓄水池	26.9	73.1	38.4	61.6
	地头水柜	2.0	98.0	21.3	78.7
生活性基础设施	安全用水	67.5	32.5	85.1	14.9
	农村沼气池	46.2	53.8	45.8	54.2
	村屯内道路硬化	55.3	44.7	65.0	35.0
	电力电网改造	49.2	50.8	64.7	35.3
	村敬老院	22.3	77.7	33.0	67.0

续表

测量指标	指标变量	2018 年		2021 年	
		有	无	有	无
生态环境治理	水流域治理	38.1	61.9	71.7	28.3
	垃圾处理设施	71.6	28.4	82.7	17.3
	污水处理	31.0	69.0	61.0	39.0
农村社会发展基础设施	文化阅览室	15.2	84.8	45.0	55.0
	体育运动场所	29.9	70.1	49.0	51.0
	村卫生室	67.5	32.5	67.3	32.7
	村广播	36.0	64.0	57.4	42.6
	村文化基础设施	29.9	70.1	50.0	50.0
	村小教学楼或宿舍楼	40.1	59.9	46.7	53.3
	村办公楼或服务中心	52.3	47.7	54.5	45.5

注:2018 年数据与表 4-7 同来源。

总体而言,关于农村公共基础设施改善情况,与 2018 年相比,所有指标值均得到了提高,有些指标改善非常明显,这说明近 3 年来国家及地方政府对乡村公共基础服务设施投入和建设取得了突破性进展和实效,乡村环境条件得到了进一步改善。具体而言:

(1)农业生产性基础设施概况。在农业生产性基础设施方面,样本中可以看出政府帮扶地方农村建设的工作推进力度和成效。表 4-8 显示,以村为单位,样本中 62.9%的村有不同种类的瓜果蔬菜或畜牧类生产基地(与 2018 年相比,提高了 22.8 个百分点),有 65.4%的村周围有乡村农贸集市市场。尽管在水利设施方面有所改善,但在饮水用水设施方面还有待进一步投入和建设,样本中显示只有 49.3%的村有农田灌溉水利设施,42%的村加固了水库大坝,35.1%的村周边建设了河道防洪堤设施,38.4%的村有人畜饮水蓄水池,而用于农田生产经营设施的地头水柜建设的村仅有21.3%(可视化效果如图4-10所示),主要原因是农村务农家庭户较少。与2018年相比,除瓜果蔬菜或畜牧类生产基地指标外,样本各指标值分别提高了18.7、25.9、19.2、7.7、11.5、19.3个百分点。

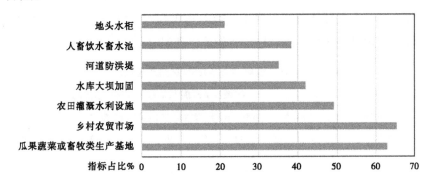

图4-10　农村生产性基础设施相关指标统计分布图

(2)农村生活性基础设施概况。在生活性方面能为农村家庭户提供方便的基础设施,除农村沼气池指标外,其他各指标值增长非常明显。样本中显示85.1%的村建有安全用水设施,45.8%的村有沼气池(事实上基本无明显变化,2018年为46.2%,相差0.4%),村屯内道路硬化的村超过一半了,达到65%,每个村的电力电网改造也超过一半了(64.7%),33%的村周边建有养老院或老年活动中心等活动场所(如图4-11所示),为老年人提供各种各样的适合老年人特点的文娱体育活动。可以看出,农村生活性服务设施正在搭乘帮扶政策的红利向着预期的方向改善。与2018年相比,除农村沼气池指标外,样本各指标值分别

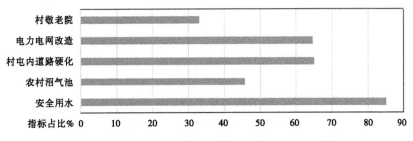

图4-11　农村生活性基础设施相关指标统计分布图

提高了 17.6、9.7、15.5、10.7 个百分点。

（3）农村生态治理设施概况。在农村生态治理方面，所有指标值均有较大提高，效果非常明显。表 4-8 显示，样本中有 71.7% 的村周边建设了水流域治理设施，周边有污水处理设施的村有 61%，得到较大改善的是有垃圾处理设施的村已达到 82.7%（如图 4-12 所示）。与 2018 年相比，样本各指标值分别提高了 33.6、30.0、11.1 个百分点。可以看出，各指标尽管改善明显，但农村生态环境治理仍有待进一步加强和投入。

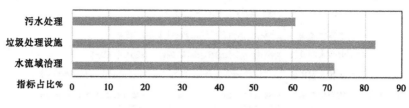

图 4-12　农村生态治理基础设施相关指标统计分布图

（4）农村社会发展基础设施概况。在农村社会发展方面，除村卫生室指标值基本无变化外，其他各指标值均显示了显著性提高，说明国家在农村社会发展基础设施方面投入和建设具有明显成效。样本中显示有 45% 的村有供农户学习用的文化阅览室，49% 的村建有公共体育运动活动场所，建有村公共文化基础设施的村有 50%，改善村小教学楼或宿舍楼的村占 46.7%，建有村广播的村有 57.4%，已建好的村办公楼、村居民服务中心的村达到 54.5%。建有村医疗室或村卫生室的达到 67.3%（2018 年为 67.5%，变化不明显，相差 0.2%），可视化效果如图 4-13 所示。与 2018 年相比，除村医疗室或村卫生室指标外，样本各指标值分别提高了 29.8、19.1、20.1、6.6、21.4、2.2 个百分点。

综上分析，总体来看，按照建设经济繁荣、设施完善、环境优美、文明和谐的社会主义新农村的目标和党的十九大提出实施乡村振兴战略的"产业兴旺、生态宜居、乡风文明、治理有效、生活富裕"的总要求，农村社会发展基础设施建设方面取得了明显成效，但仍有些指标有待进一步改善，仅从关注农户收入方面巩固脱贫成果难以实现社会主义新农村建设的目标，也难以达到乡村振兴战略的总要求。当然，这种差距在后续农村巩固拓展脱贫攻坚成果中会逐步得到改善，因为样本调查数据年份是

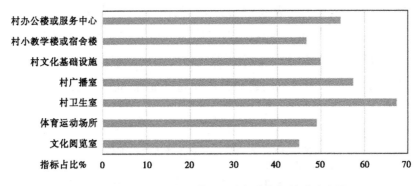

图4-13 农村社会发展基础设施相关指标统计分布图

完成脱贫攻坚任务后的第一年,通过与2018年调查数据结果的比较,农村巩固脱贫成果和乡村生活环境改善、生态环境治理等是一个持续的动态改善过程,仍需社会各方合力共同推动。

4.3.4 农户对巩固脱贫工作的评价

根据表4-5统计指标设置,问卷采用李氏五级量表,为便于对农户态度进行测评,按照等级分别赋值分数为1、2、3、4、5,其中5分为满分,3~3.5分为合格,3.5分以上至4.0分为中等,4.0分以上至4.5分为良好,4.5分以上至5.0分之间为优秀。农户对巩固脱贫工作的态度或认可情况的测评分数,采用如下计算公式:

$$TCS_i = \sum_{i=1}^{5} \frac{n_i}{N} V_i \qquad (4-1)$$

式(4-1)中,TCS_i为农户对巩固脱贫工作某一单项指标的态度评价分,N为总调查人数,n_i为某一单项指标认可的评价人数,V_i为某一单项指标等级所赋的值(V_i = 1,2,3,4,5)。不同分值代表说明农户对当前巩固脱贫帮扶工作整体情况的评价态度,其统计结果如表4-9所示。

由表4-9显示,从样本调查结果的情况看,总体而言,农户对农村巩固脱贫整体工作情况的态度评价是位于合格水平(3.372),说明农村帮扶工作中诸多措施在农户心目中获得了较好的评价,均获得了农户的认可。其中,最高分3.600分为农村基础设施改善方面,事实上从表4-8的数据对比结果也可看出,农村基础设施和环境条件改善方面取得的效果很明显,也再次验证了农户对巩固脱贫工作的评价较为公平公正,而不是随意给分;另一方面,从乡村卫生环境改善、乡村提供便利就医方面也再次证实农户评价较为客观,也是各指标中得分排名前 3 的评价分,分别为 3.496、3.487 分,这 3 项指标值均较好地反映了在农村公共基础服务设施方面,政府对民生问题的关注和高度重视,获得了农户的一致认可和肯定。

表4-9　农户对巩固脱贫工作现状的评价

贫困治理工作测评指标	1 = 非常不同意(%)	2 = 不同意(%)	3 = 一般(%)	4 = 同意(%)	5 = 非常同意(%)	均值分
帮扶政策认知	2.1	5.0	53.7	23.8	15.4	3.454
帮扶政策宣讲	2.8	6.0	47.9	27.7	15.6	3.473
帮扶干部务实	2.6	6.1	47.3	29.1	14.9	3.476
获取信贷支持	2.3	6.8	51.2	25.6	14.1	3.424
参与议事权利	4.6	11.0	44.2	27.9	12.3	3.323
贫困识别精准	3.2	6.4	47.6	29.1	13.7	3.437
基础设施改善	1.6	3.6	43.9	35.0	15.9	3.600
乡村旅游发展	4.9	9.5	46.5	26.3	12.8	3.326
文艺下乡活动	4.9	13.3	49.9	20.8	11.1	3.199
卫生环境改善	2.5	4.4	47.6	32.0	13.5	3.496
生态环境改善	2.6	6.2	49.8	28.5	12.9	3.429
生产技术支持	3.3	7.7	50.8	25.9	12.3	3.362
农业生产补贴	5.6	13.4	48.2	21.5	11.3	3.195
参与教育培训	5.8	15.6	47.1	20.4	11.1	3.154
学费奖助减免	3.7	7.8	44.5	29.8	14.2	3.430
乡村就医便利	2.6	5.4	46.3	32.1	13.6	3.487

续表

贫困治理工作测评指标	1＝非常不同意（％）	2＝不同意（％）	3＝一般（％）	4＝同意（％）	5＝非常同意（％）	均值分
医疗咨询服务	5.9	13.3	47.6	21.7	11.5	3.196
医疗减免支持	4.9	11.2	50.5	22.0	11.4	3.238
巩固脱贫工作总评价均值						3.372

首先,在基层治理工作方面,11 个指标得分均超过 3.1 分,其中得分 3.3 分以上的指标主要是考察农户对帮扶政策的了解、当地帮扶政策宣讲、当地驻村干部务实工作、农户获得金融信贷支持、农户参与村集体议事的权利、当地政府对帮扶对象家庭的精准识别、当地乡村旅游发展、乡村卫生环境和生态环境改善等情况,说明这些方面基层政府在推进农村巩固脱贫攻坚成果工作取得的进展和效果获得了大多数农户的认可和好评。然而,在基层治理工作维度中农村文艺活动开展和参与方面得分尽管合格,但却是维度中指标评价最低分(3.199),这说明在乡村振兴和农村巩固脱贫工作方面对农村文化建设稍显薄弱或滞后,丰富当地的乡村文化生活还有待进一步改善。

其次,在农村产业发展方面,两个指标值均得分在 3.1 分以上,相比之下,农户认为在农业生产技术提供帮扶方面推动工作较好,得分 3.362 分,事实上,近几年重庆高度重视科技帮扶团队、科技特派员对农村农业生产技术方面的帮扶指导工作,获得了农户较好的认可,也说明农户在帮扶团队对农业生产经营指导中获得了好处。然而,农户对农业生产经营方面的产业补贴认可度评价并不高,得分 3.195 分,尽管如村互助资金、银行信用贷款等推动工作得到了农户的认可,这方面的政策向帮扶对象户倾斜支持力度较大,有条件的农户可以申请获得信贷支持,但并非所有农户去申请,未获得金融信贷支持的农户还是给出了较为客观的评价。但对农业产业项目补贴而言,从调查的情况看,补贴较低不足以刺激农户生产经营的积极性,而且补贴到农户个体账户存在滞后的原因,这些对个体农户家庭而言,因具备能力发展规模化种植养殖的家庭户中帮扶作用有限。

再次,在接受教育权利方面,两个指标值得分均在 3.1 分以上,相比之下,农户认为在子女求学方面的学费减免和奖助贷方面的工作推动较好,得分为 3.430 分。事实上,教育系统,尤其是高校对贫困家庭学生(一般困难、困难、特殊困难家庭 3 类)实施国家助学金、各种奖学金以及综合奖学金和学费减免(全免或半全免 2 类)等工作推动力度之大,范围之广,种类诸多,深得不同困难程度的家庭户的认同,均给予了好评并获得了农户的一致认可。然而,农户在参与教育培训或有关农业生产经营培训和学习方面得分相对较低(3.154 分),也是在所有指标中得分最低的。事实上,这一点很好解释,尽管当地政府高度重视农业生产经营方面的培训,也举办了各种类型培训和学习活动(如有的高校开办乡村振兴学院或乡村讲习所对农户农业生产和技术进行指导和培训),但留守在农村多为老弱病残者,青壮年劳动力较多外出务工,能参与当地的各种培训和学习的机会有限,最终还是给出了客观公正的评价(尽管最低)不足为奇。

最后,在农村医疗保障方面,得分最高的是乡村就医的便利性指标 3.487 分,其次为医疗就医费用减免支持方面,得分为 3.238 分。事实上,近年来因乡村公共交通、道路硬化、农村医疗保险等方面投入之大,乡村卫生院或卫生所/室、乡村交通环境得到了明显改善,为农户看病就医提供了交通便利,这一点深得农户的一致认可。然而,也有做得不足的地方,如当地乡村医疗咨询服务方面的评价为 3.196 分。其原因有两点:一是当地乡村组织开展了各种医疗服务队活动,但农户并非从中获得太多益处或者效果不大,并不能及时解决亚健康患者的症结之处,因农户自身认知因素不足,引起了不公平的歧视和嫉妒导致评价结果出现偏差;二是在当地乡村医疗服务活动中,并非所有农户(主要劳动力外出务工)都参与了这类活动,地方高校(涉医本科、高职高专)、医院等开展科技下乡、医疗下乡等活动诸多集中在赶集期间(一般选择在乡镇农贸市场附近或乡镇集市中心),这种服务作用的覆盖面有限,从而导致评价结果会出现偏差。

4.3.5 农户对帮扶资源的需求概况

根据当前乡村振兴工作采取的措施情况,农户对帮扶资源的需求状况设置了 21 个变量,其主要考察脱贫农户当前最需要帮扶主体提供哪些措施,为更好地了解农户最大需求,特对帮扶资源的需求变量指标值进行排序,统计结果如表 4-10 和图 4-14 所示。

表 4-10　农户对帮扶资源需求排名情况

帮扶资源变量	百分比	排名情况	帮扶资源变量	百分比	排名情况
发展特色产业	53.6	1	发展合作社	17.5	12
农村医疗保险	49.1	2	招商引资	15.6	13
学费减免	45.9	3	帮扶政策宣讲	9.8	14
帮扶子女就业	45.2	4	发展村互助金	8.3	15
开发乡村旅游	40.8	5	易地搬迁	7.7	16
低保金	28.3	6	农业保险	7.4	17
技术服务培训	25.2	7	文艺下乡	6.4	18
养老金	23.0	8	捐款捐物	5.4	19
修路造桥	22.7	9	土地流转租赁	4.5	20
农业创业培训	20.0	10	银行信贷	4.4	21
农村信息网络	19.3	11	—		

从表 4-10 可以看出,农户对帮扶资源的需求既有感性的一面,也有理性的一面。样本中显示,排在第 2 位、第 3 位的是农村医疗保险(49.1%)和家庭子女求学学费减免(45.9%),这说明农户最需要的是能够获得医疗或治病方面的费用减免或救济,以及家庭子女求学方面沉重的经济开支和压力缓解。而且,调查表 4-7 中也显示出亚健康的农户家庭多达 40.3% 和有 2 个及以上子女就读高中或大学的家庭户占 41.6%,这些家庭户最需要获得就医看病和子女求学方面的一大笔费用开支的救济。农户家庭收入总体水平不高,这使得其成为农户最需要的帮扶措

施是因为能够缓解和减轻农户家庭成员看病就医和子女求学上的经济压力和负担,但这些帮扶措施仅能短期内缓解压力,并不能从根本上解决农户稳固脱贫问题,因此,视为是从感性一面提出的最合理需求。

其次,排在第 1 位、第 4 位、第 5 位的分别是发展特色产业(53.6%)、帮扶子女就业(45.2%)、开发乡村旅游(40.8%)。这说明农户要想长期稳定脱贫致富,除了解决家庭子女就业问题外,还需要具备一种能够致富的能力或技能,通过发展乡村特色规模化农业产业和乡村旅游带动农户致富可以解决农户长期性稳固脱贫问题,其中乡村旅游开发带动农户致富的措施在政府宣传中得到了农户的认可,充分利用乡村自然资源和区域优势,开发乡村旅游项目可带动周边农户脱贫致富,这一举措在其他村也仿效成功。可见,农户对帮扶资源的需求有理性的一面。在其后面 5 位的排序依次为低保金(28.3%)、农业技术服务培训(25.2%)、养老金(23.0%)、修路造桥(22.7%)、农业创业培训(20.0%)。从农户的这些需求中可以看出,农户目前较关心的问题和需要政府给予的帮扶措施,帮助农户获得某种致富的能力或技能,以及帮助支持其创业,而且,农户认为政府修路造桥也是带动地方经济发展和走出长期贫困状态的重要举措,"要致富,先修路"这种观念认识在农户心目中扎根较深。

排在第 11～15 位的分别为农村信息网络建设(19.3%)、发展农业专业合作社(17.5%)、招商引资(15.6%)、帮扶政策宣讲(9.8%)和发展村互助金(8.3%)。事实上,这 5 个帮扶措施对推动乡村产业振兴具有重要作用,如发展村互助金为农户规模化农业生产经营提供资金信贷支持,发展农业专业合作社和加强农村信息网络建设可为农产品打开市场销售渠道等。随着农村经济发展、生产生活条件的改善,人们越来越意识到了有了便利的交通是极其重要的,有了更好的交通便利条件和乡村基础服务设施,招商引资成为了农户需求的亮点,有各行各业企业进驻当地乡村进行投资和价值创造活动,从而带动当地农民致富的方式(如农户为企业提供农资、土地、农产品、劳务、饲料等方式获得收入)也获得了农户的认可。

最后,排在后 6 位的依次为易地搬迁项目(7.7%)、农业保险

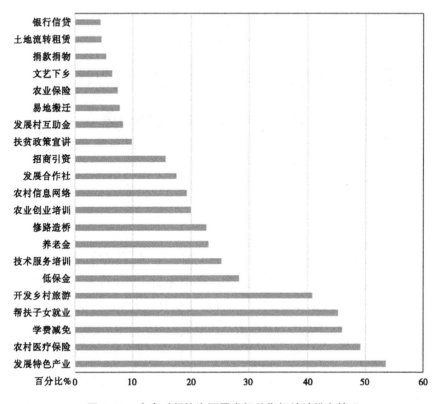

图4-14　农户对帮扶资源需求相关指标统计排名情况

（7.4%）、文艺下乡（6.4%）、捐款捐物（5.4%）、土地流转租赁（4.5%）和银行信贷（4.4%）。尽管这些帮扶资源排位靠后，但可以说明农户目前对政府在巩固脱贫领域需要采取的帮扶措施的需求重要程度情况，这为当地政府充分了解农户最重要需求以及亟待解决的问题和采取针对性的帮扶措施能够找到重点工作方向进行攻关，并加大投入力度和供给。而且，调查结果也可使地方政府深入了解和认识当前有关农户及家庭生活环境条件、农村公共基础服务设施改善等情况和一些不足，同时也为地方政府深入推进农村巩固拓展脱贫攻坚成果工作提供实践依据，有利于有效开展农村帮扶工作和乡村振兴工作。

第 5 章
三峡库区农村主体返贫风险因素、
巩固脱贫挑战与困境

在第 4 章中,我们从重庆三峡库区(渝东北)政策支持、人文地理与自然资源优势、区域产业经济发展基础 3 个方面分析了农村巩固脱贫攻坚成果具备的基础条件,总结了农村巩固脱贫经验和巩固脱贫成果概况,并通过调查分析来进一步认识该地区农村帮扶工作的现状。总体来说,渝东北地区农村巩固脱贫攻坚成果工作取得了重要成就,但同时也面临着各种问题。对此,本章在认识农村主体贫困演进逻辑基础上,继续探讨重庆三峡库区(渝东北)农村巩固脱贫攻坚成果还需要突破的障碍因素,进而能科学提出相应解决之道。

5.1 重庆三峡库区农村主体返贫风险因素分析

5.1.1 农村主体贫困演进逻辑机理

面临从"两不愁三保障"转型为多维度帮扶的中国扶贫开发已从脱贫攻坚战胜利向巩固拓展脱贫攻坚成果转变,从主要解决收入贫困向解决多维贫困转变,从以农村为主向城乡统筹发展转变,从注重脱贫速度向注重脱贫质量和人民获得幸福感转变[1],从解决生存型贫困向缓解生活型和发展型贫困转变。进一步讲,脱贫攻坚任务转型主要体现在:巩固脱贫的目标转向于建立高质量的帮扶标准体系、巩固脱贫的方向转向

---

① 高强,孔祥智. 论相对贫困的内涵、特点难点及应对之策[J]. 新疆师范大学学报(哲学社会科学版),2020,41(3):120 – 128.

于兼顾农村和城市(城乡统筹发展)、巩固脱贫的重点转向于防范"三区三州"等地区脱贫群众返贫、巩固脱贫的动力转向于外在帮扶与内生发展并重、财政支持转向更加突出保底型与靶向性,从发展产业、稳定就业转向其同公平分配相结合。

尽管新形势下社会多方力量合力持续帮扶,但要稳步推进农村巩固脱贫攻坚成果,有必要先认识农村主体致贫逻辑。事实上,农村主体致贫因素复杂,仅从农村主体致贫同其主要的直接影响因素视角出发,而不从贫困其他方面(如治理)进行农村主体贫困演进逻辑探析,主要有以下6个方面。

(1)贫困随生产力发展到一定阶段而产生。在生产力水平极为低下的原始公有制下(未区分不同成员的生产力差异),社会氏族(成员)之间盛行收入的平均分配(当然拥有不同自然条件的氏族之间应具有不同贫困现象),尽管特困群众无时不有、无处不在。当生产力发展到一定水平阶段时,一定程度的贫困伴随私有制(和商品经济)的出现而产生;在私有制社会,生产力(资本主义社会的各种资本)越是发达,生产要素越是高度集中于少数人,在资本与雇佣劳动的结合中,劳动享有的收入分配总是处于劣势地位。换言之,财富越集中,底层群体越贫困。从这点上说,在一定条件下,生产力同贫困之间具有某种程度上的正向关系,即生产力高度发达,财富高度集中于少数人,不可避免地会出现一定程度上的大量贫困(低收入)群体。

(2)国家体制和农村主体贫困之间的内在联系。私有制国家,不论是奴隶制、封建制还是资本主义国家,都是人类历史上典型的私有制国家,在这些私有制国家中,绝大部分的生产资料都集中于少数统治阶级手中,甚至还存在人身依附关系,而广大的社会成员因缺乏必要的生产资料导致收入低下而陷入了贫困。纯粹社会主义国家的生产资料是公有制所有,在逻辑上不会存在因生产资料私有制而产生贫困。然而,在现有甚至是未来相当长时期的生产力水平条件下,即便是以人民为中心的社会主义国家,也难以完全纯粹是公有制国家,而是以公有制为主体多种所有制并存的国家,同时,不同家庭或劳动者个体的劳动能力和劳动贡献也有差异。因此,在国家存在的前提下,与城市相比而言,农村主体贫困是不可避免的客观现象。

(3)家庭条件状况对农村主体贫困的影响。在生产力高度发达条件下,中国家庭的需求只要有可能就会实行按需分配或"平均"分配,于是在研究贫困问题时可以用"家庭"替代"个体"或"人口"或"居民"。农村家庭所具有的收入观、创收能力(包括就业能力、创业能力和拥有的资源或资产)、社会资本、创收环境、成员健康、供养人口、子女教育不同(相对于城市或发达地区而言)等因素会影响家庭收入和主体贫困状况。农村家庭特别是在家庭中处于支配地位的成员所拥有的收入观、社会资本和家庭所具有的生产能力,对农村主体的贫困具有某种程度上的负向影响。

(4)帮扶线标准影响农村主体贫困规模和贫困程度。帮扶线设定标准主要指政府在贫困治理工作中所划定的实践标准(不同国家、不同学者对其设定标准不统一)。若按经济发达地区人均可支配收入(或中位数人均收入)和高比例(如不超过人均可支配收入的60%)来制定全国统一的帮扶线标准,则会使全国贫困群体规模庞大,尤其是农村贫困群体。若按经济欠发达地区人均可支配收入(或中位数人均收入)和低比例(如不超过人均可支配收入的30%)来制定全国统一的帮扶线标准,则会使全国贫困群体规模缩小。这一标准越低,则在此标准下的贫困人口数量就越少,"低收入档"的农村贫困人口的贫困程度就越低。可以看出,帮扶线标准同贫困群体规模之间具有一定的正向关系。对此,为尊重各地区间的经济发展差异,平衡各地区之间的利益,按照因地制宜、具体问题具体分析的原则,以省、自治区、直辖市为单位确立各自帮扶线标准较为恰当。

(5)农户收入分配机制的市场(主体)化会引致贫困。市场经济条件下,农户家庭,包括代表农户的村组集体(目前为村民小组代行村组集体经济组织的相关权利)也不能例外地通过要素市场交易,获得相应的各种要素收入,相对而言,农户家庭的生产要素劣势、市场权利(包含村组集体经济组织同国家之间对集体的土地等资源、资产"交易"的权利)

弱势和市场能力弱势等,都会致使这些农户家庭在要素市场交易中难以获得相对较高的收入,从而导致其贫困。在产品市场特别是农产品市场上,主要由于农产品市场近乎完全竞争、实物农产品单次消费的生理有限性、农户市场能力弱势等,导致部分农户的低收入或贫困。

(6)收入再分配的公平性与农村主体贫困。通过有差距甚至较大差距的初次收入分配来确保经济激励和经济效率,通过有力高效的收入再分配实现较高水准的社会公平和社会安全。在各个时期、国家和地区,即使是在纯粹公有制条件下,收入再分配总是致贫的第一影响因素。在确保纳税人获得相应的经济激励、政治效用、商业效用、道德效用等条件下,适度提高税收(如遗产税、财产税、赠予税初次分配收入的所得税等)有利于提高收入再分配的公平性,有利于居民间收入分配的改善调节,有利于抑制贫困、走向帕累托最优。社会保障,如社会保险(尤其是其中的疾病、失业等保险)、社会救济、社会抚恤、社会福利、社会优待等,是一般公共预算支出的主要项目之一。政府将社会保障在城乡居民之间的配置越公平,则城乡居民之间、农村居民之间贫困的群体规模就越小,农村主体贫困的程度和差距也会越小。因此,收入再分配的公平性同农村主体贫困之间具有某种程度上的负向关系。

5.1.2 农村主体返贫风险主观因素

贫困发生机制复杂,影响因素众多,学界有诸多不同观点。但从农村主体自身因素来看,脱贫群众面临返贫风险依然存在,其主观层面因素主要表现有 2 个方面。

一方面,防止返贫理念。防止返贫理念是人们对脱贫不返贫的认识上升到理性程度的思想、看法,这种理念的认识对贫困的产生、形成、演变和治理有灵魂性的根本影响。事实上,可以从 2 个方面分析人们的防止返贫理念对贫困的引致效应。一是农村主体家庭(或农村人口)若认为自己现在已经或将来也会脱离贫困处境。某种维度上的贫困是各时期、各国家、各地区不可避免的社会现象,正如丛林世界一样;闲适悠然可以替代可承受的某种维度上的贫困,这将极大地从某种维度上的贫困家庭层面导致其他方面的贫困。换言之,处于这种思想状态的理念会导致自身不思进取,无法摆脱某种维度上的贫困状态。反之,则相反。二是贫困的非自治主体拥有的贫困治理的政治理念对防止返贫具有决定性作用,表现为贫困的非自治主体主要是政府,若具有强烈、明确的防止返贫意识,则会出现政治领域中的巩固脱贫攻坚成果工作;若缺乏防止返贫意识或刻意回避贫困问题,则巩固脱贫攻坚成果工作就不会出现在国家政治工作中。

另一方面,收入创造能力。收入创造能力或创收能力主要由人们创收所必备的知识、认知通用能力、经营管理能力、专业技术能力、社会能力和经验等构成,创收能力是防止返贫的关键因素之一。创收能力与农村主体贫困程度之间具有反向关系。具体而言:一是在同等条件下,若农户家庭具有较强的创收能力,则其陷入返贫群体的可能性较小;反之,则相反。二是在其他致贫因素相同的情况下,贫困的非自治主体若主要是政府,引导、支持农村主体发展产业经济,增加收入的能力较强,则在同一帮扶线标准下,农村贫困群体规模会下降,农村主体贫困的程度会减弱;反之,则相反。由此可见,农村主体自身的创收能力和贫困治理的主要主体政府引导农村家庭的创收能力均会影响农村返贫群体规模和贫困程度。

5.1.3 农村主体返贫风险客观因素

同样,除上述主要主观因素致贫外,从返贫风险引致的客观因素出发,事实上是排除农村主体自身因素之外的其他返贫风险因素,主要有5个方面。

(1)农村主体家庭状况。从农村主体自身因素看,主要有户主年龄、户主性别、教育文化程度、户籍身份、帮扶政策认知等5个因素;从农村主体家庭因素看,主要有家庭人口数量、劳动力数量、土地规模面积、土地连片化程度、收入来源稳定性、辍学子女、残疾人口、互联网络通达、亚健康人口、上高中或大学子女数、专业合作社入社、种植产业规模、养殖产业规模、居住地城乡属性、家庭债务程度、社会关系等因素。这些因素对导致农村出现返贫群体规模和贫困程度都有不可忽视的影响。

(2)农村主体环境因素。农户家庭身处的社会环境,主要包括乡村公路硬化、获取信贷支持、帮扶对象识别精准程度、生产经营技术支持程度、乡村旅游发展程度、农业生产补贴、参与教育培训程度、子女求学奖助减免、医疗减免支持程度、国民收入分配的公平度、国民收入第三次分配的程度、农村集体资源产权交易的市场化程度、农村集体资产产权交易的市场化程度等因素。这些环境因素相关程度或广度的降低都会使农村出现返贫的群体规模扩大,使农村出现返贫群体的贫困程度有相应提高。

(3)当地产业经济发展状况。从所有制上看,渝东北农村集体经济名存实亡,基于农村集体经济生产资料公有制的平均分配和基于集体所有制的每个劳动者(属于集体成员且都优先享有在集体经济组织中的就业权)的按劳分配,对防止返贫及农村主体发展的作用也就难得到发挥,从而促使渝东北农村主体返贫风险增大。而私有为主的区域经济则会对当地农村出现返贫现象有一定的强化作用。从渝东北三次产业结构上看,如表4-3和表4-4显示,2020年渝东北三次产业结构比为15.9∶36.0∶48.1,其产业发展水平低于同期重庆市的7.2∶40.0∶52.8,当然更低于同期重庆市经济高度发达的渝中区的0.0∶9.6∶90.4;相应地,渝东北农村常住居民年人均可支配收入15 078元也低于重庆市农村常住居民年人均可支配收入16 361元。因此,低水平的产业结构是引起返贫的一个重要因素。此外,较小的渝东北经济规模所能提供的有限岗位、GDP和低水平的劳动生产率、财力等同样引起渝东北部分农村居民会出现返贫现象。

(4)国家或地方设定的帮扶线标准。这一标准是不以居民意志为转移的,也不是真正以制定标准的国家意志为转移,其制定依据是同脱贫攻坚任务完成后防止出现规模性返贫有关的各种客观因素,因此,这一标准本质上是影响或引起农村主体增加返贫风险的客观因素之一。如果国家针对某一时期,划定的实践性帮扶线标准较高,则农村主体出现返贫人口的群体数量较大;与此同时,由于帮扶农村主体的各种社会力量特别是政府帮扶力量中的财力是既定的,在这种情况下,农村"最低"收入群体的返贫程度则会更深更广。

(5)农村主体拥有的权利和机会体系。不论贫困这一事物怎么变化发展,贫困的内涵都坚守贫困的本质,即总有部分社会成员在物质或精神上的贫困,或两者兼而有之。本论题研究与贫困论的泛化观点不同,即将权利、机会等方面的剥夺看作是贫困的成分(而非表征)来进行率性的"创新"。权利、机会应是返贫本身的引致因素或返贫诱发出的结果,或权利、机会既是返贫的引致因素又是返贫的相应结果。目前农村巩固脱贫攻坚成果实践中,在有关的法律法规、政治、经济(尤其是农村集体资源资产产权的长期完整实现、平等就业和国民收入分配)、社保、文教、科技等领域,农村居民所拥有的权利体系、机会体系是不完整、不充足的,明显处于弱势状态,这会影响农村主体出现返贫现象的存在和形成。

5.2 重庆三峡库区农村巩固脱贫面临的挑战与困境

5.2.1 渝东北农村帮扶对象主体表现特征

在剖析农村巩固脱贫攻坚成果面临的挑战与困境之前,有必要先认识农村帮扶对象主体有哪些表现特征。根据贫困的本质属性和类型,同绝对(生存型)贫困相比,渝东北地区农村帮扶对象主体具有以下4个方面主要表现特征。

(1)维度表征多。无论是何种程度的贫困还是某一维度的贫困,其共同本质属性都是直接由低收入引起的生活陷入难以摆脱的艰难匮乏境地。脱贫攻坚期贫困是指社会成员的基本生活没有保障,其主要表现为吃、穿、住、医、教育等需要得不到保障;与此相比,脱贫攻坚任务完成后过渡期内(巩固脱贫攻坚成果)帮扶对象主体表现的维度要广得多,除包括吃、穿、住、医、教育5个方面需要巩固脱贫攻坚成果之外,还包括燃料、家具、交通、通信、文体娱乐、消费、旅游、生产经营、就业、环境、殡葬、社会参与等众多维度的发展型贫困表现,即农村帮扶对象主体表现出多维度方面特征需要帮扶,以期巩固拓展脱贫攻坚成果。

(2)帮扶线更高。脱贫攻坚期旨在解决贫困群体的生存问题,满足其维持基本生活的最低条件。国家制定的贫困标准是2011年的不变价格条件下农民人均年纯收入2 300元,按照物价等指数,到2019年底现价是3 218元,到2020年是4 000元左右。2022年农业农村部披露,

2021年全国农村居民人均可支配收入为18 931元,即便是按不超过其30%的比例划定帮扶线,则防止返贫帮扶线也会高达5 679.3元/人·年。同收入不超过4 000元/人·年的帮扶线标准相比,该帮扶标准高出1 679.3元。从这点上看,渝东北农村主体帮扶线标准设定也不例外。

(3)人口量更多。脱贫攻坚期的治理目标是解决贫困人口的生存问题,脱贫攻坚任务完成后治理目标是实现社会成员共同富裕。从这点上说,在乡村振兴背景下,脱贫攻坚任务完成后需要帮扶的对象人口数量会远远大于脱贫攻坚期的帮扶对象人口数量。这主要是因为脱贫攻坚期贫困所指人口对象为依靠自身无力维持其基本生活的最低条件,主要是难以自己满足其生存需要的人群;而脱贫攻坚任务完成后需要帮扶的人口对象是其收入不超过社会人年平均收入一定比例的人群,那么,帮扶对象主体的人口数量除了现已脱贫的人口需要持续稳固脱贫外,必然还包括一定数量的其他不超过社会人均年收入一定比例的人群,渝东北地区农村帮扶对象也莫不如此。

(4)续存期漫长。生存型贫困的本质,决定了贫困治理不论多复杂多艰难,其脱贫期限总是有限的。然而发展型贫困则不然,由于社会公平与经济效率两者兼顾原则的需要,现有生产力水平下社会成员收入差距存在的不可避免,农村主体对收入差距存在的消极感受,以及政府将发展型贫困的客观存在和主观感受的政治化,在整个社会主义历史时期,发展型贫困将与之共存。即使脱贫人口的绝对收入持续大幅增加,这一命题仍然成立。对于发展型贫困在一定时期内长期存在,渝东北农村地区也不例外(包括城乡发展不平衡、农村发展不充分可能导致的农村区域型贫困)。

5.2.2 渝东北农村巩固脱贫成果面临的挑战

渝东北农村主体贫困发生机制复杂,上节从主观和客观2个层面分析了返贫风险因素,尽管该地区农村巩固脱贫攻坚成果取得了显著的成效,但依然面临着诸多挑战,主要表现在以下5个方面。

(1)科学界定贫困的政治内涵和类型。贫困的内涵是相关的科学研究、政治实践、社会交往的基础与始点。贫困的内涵可分为其学术内涵、公众内涵和政治内涵。贫困的研究者、治理者、社会公众等不同主体,对贫困内涵的理解并不相同,从而会有不同的贫困类型,但是在贫困治理的实践工作中,不能随意使用任一贫困内涵或不停变换使用各种不同的贫困内涵。在农村巩固脱贫攻坚成果工作中,只能使用政府行政意义的贫困内涵和贫困类型。然而,科学确立适合于渝东北的贫困内涵和类型并不是一件容易的工作(换言之,根据渝东北农村目前巩固脱贫现状,对其贫困类型该如何定位,这决定了应该采取什么样的针对性帮扶措施,如脱贫攻坚任务完成后是界定生活型贫困还是发展型贫困,或是其他类型贫困,还是两者兼而有之),因为这得在学者、公众、政府及其相关因素之间进行平衡。

(2)确立适宜的当地防止返贫线标准。防止返贫线标准的确立是巩固脱贫攻坚成果的重要基础工作之一。目前,国家提出坚守不出现规模性返贫底线(参考2020年贫困标准4 000元/年),但尚未公布国家级防止返贫线划定标准,即便是国家公布了国家级防止返贫线划定标准,渝东北或需确立适宜本地的防止返贫线标准。一方面,过渡期内防止返贫线指标是用社会成员(农村居民)可支配收入的中位数还是平均数,这既要研究掌握中位数、平均数对防止返贫线标准确立的适应性强弱、功效大小,还需考虑其规范数据的可获得性,更要考虑分别用平均数、中位数所确立的防止返贫线下可能的帮扶对象人口规模,这对后续确定农村巩固拓展脱贫攻坚成果的帮扶范围、帮扶力度、帮扶效果、帮扶目标会产生重要影响。另一方面,在确立防止返贫线标准值时,是采用低等收入制还是采用比例收入制;在低等收入制下,是采用收入的十等分制还是五等分制;在比例收入制下,是采用平均可支配收入的30%、40%、50%还是60%抑或其间的某一收入比例。这些都需要全面考虑农村巩固拓展脱贫攻坚成果的目标需要和现实可能,这是一项较大的治理工作。

(3)农村主体帮扶对象规模更加庞大。渝东北地区曾经有8个国家级深度贫困县(包括集中连片特困地区),贫困人口众多,在2020年脱贫攻坚战结束后,这部分脱贫人口在逻辑上必将成为渝东北农村主体帮扶对象的关注群体。其次,由于巩固拓展脱贫攻坚成果是在脱贫攻坚取得决定性成果的基础上,为实现共同富裕而进行的更高要求的脱贫成果拓展,即使确立较低水平的防止返贫线标准,这一标准也会远高于2011年2 300元/人·年的纯收入,这势必将原来渝东北地区农村中人均年纯收入高于当年贫困线的部分低收入人口纳入农村主体帮扶对象人口范畴;同时,这一标准还会将在脱贫攻坚战中未加考虑的年人均收入在防止返贫线以下的渝东北部分集镇或城镇农村居民也纳入帮扶对象人口范畴。

(4)农村巩固脱贫成果范围更加广泛。突破解决生存型贫困的"两不愁三保障"目标和范围,渝东北地区农村巩固脱贫攻坚成果的范围将更加广泛,除了吃、穿、住、医、教育等依旧属于渝东北农村帮扶工作的范围外,在乡村振兴战略背景下,农村家庭生活所涉及的燃料、家具、交通、通信、文体、娱乐、旅游、就业、环境、殡葬、社会参与等内容,也因被重视而纳入农村巩固脱贫成果的范围之中。在追求公平正义,解决城乡发展不平衡、农村发展不充分以实现共同富裕,让广大人民获得更多、更好的幸福感的背景下,在更加广泛的内容上开展农村帮扶工作,是渝东北农村巩固脱贫攻坚成果无法回避的一个重大挑战。此外,乡村振兴工作将一直成为今后中国特色社会主义国家建设、实现共同富裕的重要内容,因此,乡村振兴过程中防止出现规模性返贫同样是渝东北地区农村巩固脱贫攻坚成果面临的一个挑战。

(5)科学确立农村巩固脱贫帮扶模式。一个完整系统、适用高效的农村帮扶模式的建立,其难度之高、任务之重。这样的模式一般应有以下成分,如科学先进的帮扶理念或理论,完备必要的帮扶原则,明确而积极可行的能充分体现帮扶理念的帮扶目标,能全面支撑帮扶目标的帮扶内容,同帮扶内容相配套的足够的帮扶项目,有环节完整、标准规范的帮扶规程,经济高效的帮扶策略体系,品类齐全、质量合格、数量足够、结构协调、功效良好的帮扶资源,科学高效的帮扶管理体系和相应帮扶工作评估考核、整改体系,等等。同时,还应强调帮扶模式各成分要素之间的协同性、整体性。由此可见,要科学确立农村巩固脱贫帮扶模式的各成分要素并合理设计其间的内部关系机制,并非一项轻而易举的工作。

5.2.3 渝东北农村巩固脱贫成果面临的困境

渝东北地区农村巩固脱贫攻坚成果工作除上述面临一些挑战外,同时在帮扶过程中仍还面临着一些困境,主要有以下 5 个方面需要攻克难关。

(1)纯农业劳动力充分利用困难而且低效。实地走访调查发现,长期以来,由于渝东北地区农业以种植业为主,农村二三产业极为落后,农民兼业困难,导致渝东北农村常住纯农业劳动力全年农业劳动时间仅 80 余天,而且每天农业劳动时间平均不足 8 小时,隐性失业严重,加之渝东北地区农村的各种资源、资产利用困难且极低,利用效益极差。更明显的是,由于这类劳动力被固定在生产周期长,严重依赖自然条件、自然风险多而大、生理性消费极为有限的初级农产品的小规模传统生产上,因此,其经济效益极为低下,收入难以持续较大幅度增长。可见,农村常住纯农业劳动力利用率和利用效益低下,将是渝东北地区农村产业帮扶、就业帮扶的一个长期困难处境。

(2)人口净流出量大与人才存量比例低。一是人口净流出量大。渝东北各区县无不存在户籍人口的大量外流,被经济发达地区虹吸,由此导致其常住人口量远小于其户籍人口量。表 4-1 显示,2021 年,渝东北地区人口净流出量总额为 2 815 414 人,11 个区县平均净流出量为 255 947 人,净流出量最少的是城口县的 53 603 人,净流出量最大的是开州区的 471 694 人。净流出的主要原因可能是区县家庭重要成员的开放意识、进取精神、外流能力、社会资本等要素引致。常住人口的净流出规模之大,还会同时导致渝东北地区劳动力、资金、消费、各类市场、GDP 等外流,进而严重制约当地经济发展。二是人才存量比例低。渝东北地区居民大学文化程度的人才存量小。渝东北各区县拥有的大学文化程度人才总量为 664 354 人,各区县平均拥有大学文化程度人才为 60 396 人;渝东北地区居民大学文化程度人才数量同其常住人口总量比,渝东北总体为 8.24%(与表 4-6 实地调查的数据 8.5% 近似,从某种程度上进一步说明了问卷调查结果具有一定的代表性),各区县平均为 7.77%,除万州区、奉节县外,其他区县拥有的大学文化程度人才比都低于 8.24% 的渝东北总体比例;梁平、忠县、垫江、巫溪、云阳、开州的这一比例都低于 7.00%,让人吃惊的是开州区仅有 6.16%,这都远低于渝中区的 31.17%（183 517 人/588 717 人×100%）。从人才类型上看,渝东北地区人才缺乏,尤其是大量缺乏真正具备实力的企业家和高素质的技术技能人才。

（3）农村集体资源资产的产权严重受损。中国目前的土地管理法规定,出于国家利益需要,集体利益应得做出牺牲。在现实中主要表现为:一方面,国家征用集体土地（含农村的天空）,用于城市建设、交通建设、通信设施、邮政设施、采掘冶炼、能源开发、水利建设、公益项目、国防建设、保护和改善生态环境等用途时,大都会按同期资源、资产的市场公允价格给予补偿。即便如此,集体已然失去了所有权的这些资源在未来同样必然会升值,集体也便失去了被征用的集体资源、资产所产生的孳息或增值价值。另一方面,从现有相关法律规定上看,若不被征用,集体土地将是农民世世代代的生存根本、收入之源,可为农民永续利用,但一旦被征用,农民便永远失去了集体资源、资产,特别是土地及其所能带来的利益。如果不在征用之"征"中,融入股份制、租赁制、承包制,则农村经济特别是农村集体经济的发展和巩固拓展脱贫攻坚成果必然长期面临农村集体资源、资产在法律上的产权困境。

（4）农村集体经济发展极为困难。一方面,农村集体经济,特别是其中二、三产业的发展对于农村区域巩固脱贫成果具有根本性的长期重要作用。这主要是因为,农村集体经济是区域性劳动群众公有制的经济形式,它可使农民依法享有其永久性产权带来的资产性收益,它可使农民具有天然的优先、长期就业权而获得工资性收入,它具有的公益金分配功能,能平均地给予其成员同样的福利,在农村集体经济组织中就地就业的成员还可方便地同时兼营农业而增收。另一方面,由于农村经济发展所必需的真正企业家、技术技能人才、资金等资源的短缺,农村基础设施与农村公共服务设施的落后,扶持鼓励农村乡镇和村组集体经济发展第二、三次产业的政策、法律、法规的力度、广度和协同性不够等,渝东北农村集体经济在目前极为弱小甚至名存实亡,其发展将长期受到制约,致使渝东北农民增收和农村巩固拓展脱贫攻坚成果也将相应陷入难以突破的境地。

（5）发展不平衡的城乡居民收入差距。渝东北地区城乡（农村）居民可支配收入差距客观存在，随着经济社会的发展，其相对差距在缩小而绝对差距在进一步拉大[1][2]。曾经作为国家级贫困区县连片的特困地区，渝东北经济社会发展水平既低于重庆市总体水平，也低于全国总体水平。根据国家统计局公布的数据，2021 年中国城乡（农村）居民人均可支配收入分别为 47 412 元、18 931 元，两者之比为 2.50∶1；重庆市城乡居民人均可支配收入分别为 40 006 元、16 361 元，两者之比为 2.45∶1；渝东北地区城乡居民人均可支配收入分别为 35 685 元、15 078 元，两者之比为 2.37∶1。可以看出，渝东北地区农村常住居民年人均可支配收入远低于城镇居民。从其构成上看，表现在 4 个方面：一是在劳动力市场的激烈竞争下，部分农民工工资收入很低；二是诸多农民的经营收入主要限于弱质低效的农业经营收入；三是农户家庭极少有财产收入；四是目前农村居民所能获得的转移性净收入更是远低于城镇居民。尽管改善居民收入分配是农村巩固脱贫成果立竿见影的举措，但是，要改变这种现状，多元主体特别是政府需历尽艰辛，兼顾公平正义和新时代治国理政要求，全面权衡各种因素之间的关系，进一步出台或修订提高农民工最低工资标准，拓展提高农村居民社会保障与社会福利的行政法规甚至法律，做好各方面的国民收入再分配工作和第三次分配工作。这些也将是渝东北农村地区巩固拓展脱贫攻坚成果面临需要解决的困境之一。

---

① 杨荫凯,刘利,杨俊涛. 我国区域发展不平衡的基本现状与缓解对策[J]. 中国经贸导刊,2010(13)：36－37.

② 高辉清. 新发展阶段：从小康社会走向共同富裕[J]. 中国经贸导刊,2021(6)：16－20.

第 **6** 章
农村主体收入增长影响因素分析

上两章主要分析了重庆三峡库区农村巩固脱贫具有的基础条件和面临的一些挑战与困境。为更清晰地认识农村主体帮扶效果的状况,以渝东北地区为例通过代表性乡镇实地考察和调研,定量分析了农户及家庭生活环境状况、农村公共基础设施建设现状、农户对巩固脱贫工作的评价及农户对帮扶资源需求等概况。最后从收入贫困视角,理论上分析了农村帮扶对象主体致贫的演进逻辑、返贫风险主客观影响因素和表现特征,那么,从统计学意义上讲,这些影响因素是否对解决收入贫困问题起到显著性作用有待进一步考察和验证。相对而言,作为农村帮扶对象的主体农户,在农村帮扶过程中后续的巩固脱贫攻坚成果,实现脱贫农户的可持续发展,其中农户收入作为衡量家庭生活条件和帮扶对象精准识别的前提必备考察指标,那如何实现农村帮扶对象主体(农户)收入可持续增长,前提是需要深入认识影响农村主体收入增长有哪些关键因素,这可为农村脱贫群众实现稳固脱贫而采取针对性帮扶策略提供决策参考。为此,本章主要从农户收入视角,在前期研究基础上,利用第 4 章的调查数据,进一步考察影响农村帮扶对象主体收入增长的主要因素,为后续章节构建多主体协同推进农村巩固脱贫的联动帮扶机制提供实证支持和设计依据。

从现有文献来看,有关对农户收入增长影响因素的探讨,大致有 3

个维度：一是农户个体特征因素，主要包括受教育程度、健康状况①、户主年龄、性别等变量；二是农户家庭特征因素，主要包括农户家庭人力资本储备②、家庭资源配置结构、家庭劳动力规模或比例③、主要收入来源④、人均耕地面积或资源⑤⑥、信贷规模、土地连片化程度⑦等变量；三是社会环境特征因素，主要包括乡村从业人员情况（从业人员比例、占农村人口比例、农业人口比例等）⑧、就业结构、农业技术培训、地理位置或地形地貌⑨、制度资源分布或制度安排、龙头企业规模、中介组织数量、生产加工基地数量⑩、人均经济作物商品产值和农业商品产值⑪、是否加入合作社、农业政策等变量，这些变量因素与农户收入增长具有一定的关系，有的具有显著正向影响，有的变量具有显著负向影响，有的变量影响不显著。除此之外，也有研究定性分析了影响农户收入增长的制约因素⑫，主要原因在于劳动者素质不高、意识保守，生产条件短缺、投入不足，财产存量

---

① 丁桥周，罗龙，巩雅峰，等. 林区农户收入影响因素分析——以小王涧国有生态林场为例[J]. 中国林业经济，2019(3)：140－142.

② 姜胜楠，史清华. 转型经济中都市农户经济增长因素分析——以上海市为例[J]. 上海农业学报，2005，21(2)：81－85.

③ 王光耀，苏武峥，罗万云. 基于分位数回归方法分析南疆三地州小农户收入的影响因素[J]. 新疆农业科学，2019，56(11)：2148－2156.

④ 蔡仕茂，唐小平，耿芳艳. 相对贫困背景下脱贫户增收影响因素及对策研究——基于贵州省A县242户脱贫户家庭微观数据的实证分析[J]. 生产力研究，2021(9)：49－54.

⑤ 罗发友，刘友金. 市场化改革以来农户收入增长的影响因素分析[J]. 中国农村观察，2002(4)：13－19.

⑥ 向其凤. 西部民族地区农户收入增长的影响因素分析：分位数回归方法[J]. 金融经济，2013(8)：30－33.

⑦ 付晓涵，文彩云，吴柏海，等. 林改背景下辽宁省农户林业收入增长的影响因素分析[J]. 林业经济，2018(8)：36－41.

⑧ 卢启程，李怡佳，邹平. 中国西部地区农户收入增长影响因素及其关系——以云南省为例[J]. 技术经济，2008，27(1)：85－88.

⑨ 李小建，周雄飞，乔家君，等. 不同环境下农户自主发展能力对收入增长的影响[J]. 地理学报，2009，64(6)：643－653.

⑩ 刘宇鹏，李彤，赵慧峰. 农业产业化促进农民收入增长的影响因素分析——基于河北省坝上地区的实地调查[J]. 江苏农业科学，2012，40(3)：375－378.

⑪ 谭灵芝，孙奎立，王国友. 农户收入增长空间关联及影响因素研究——以重庆市为例[J]. 农业经济与管理，2020，63(5)：64－77.

⑫ 李敏，王桂荣. 影响农户经济收入增长的制约因素与对策[J]. 河北农业科学，2008，12(2)：146－149.

和质量不高,小户经营、缺乏组织引导等因素①②③。

基于现有研究基础,本章围绕农户个体特征、家庭特征、环境特征 3 个维度,并拓展了某些特征维度变量,进一步考察其对农户收入增长的影响机制,深入认识影响农户收入增长的关键影响因素,为后续提出针对性建议提供理论依据和实证支持。

6.1 研究设计

6.1.1 变量选取与特征

依据第 4 章对变量的设置以及调查数据,结合表 4-5 和表 4-6,因变量选取收入水平,自变量选取主要围绕户主个体特征、家庭特征、环境特征 3 个维度。农户个体特征方面,选取户主年龄、户主性别、教育文化程度、户籍身份、帮扶政策认知等 5 个变量;家庭特征方面,选取了家庭人口、家庭劳动力数量、土地规模面积、土地连片化程度、是否有稳定收入来源、家庭是否有辍学子女、家中是否有残疾人口、户主家接通互联网络、家庭有亚健康人口、多个子女上高中或大学、是否加入专业合作社、是否为小规模种养殖户、是否居住农村、生活性债务程度、生产经营性债务程度等 15 个变量;社会环境特征方面,选取了乡村公路硬化、获取信贷支持、帮扶对象识别精准程度、生产经营技术支持程度、乡村旅游发展程度、农业生产补贴、参与教育培训程度、子女求学奖助减免、医疗减免支持程度等 9 个变量。在现有研究基础上,考虑到不同帮扶政策的影响程度,如医疗政策执行情况、农业补贴政策情况、教育政策(支持贫困家庭子女学费减免情况)等,以及农户家庭生产经营组织变化情况,如是否加入专业合作社,是否有小规模种养殖经营情况等,甚至还考虑到农户家庭债务程度情况,不管是为生活性借贷,还是为生产经营而借贷情况

---

① 崔顺伟. 中国农村居民财产性收入制约因素及改革路径[J]. 农业经济,2015(9):74-76.

② 武一娜,任今今. 农民收入倍增的制约因素及对策研究——以河北省为例[J]. 农业经济,2015(6):99-100.

③ 罗华伟,姜雅勤,毛丽莉. 制约四川农村居民财产性收入增长的因素及对策研究[J]. 四川农业大学学报,2019,37(3):418-428.

等,特新增医疗费用减免支持、农业生产补贴、学费减免支持程度、加入专业合作社、小规模种养殖经营、生活性债务程度、生产经营性债务程度等7个因素变量分别对应相应的特征维度,各变量选取与样本统计特征如表6-1所示,其中,相关变量设置详见表4-5。

表6-1　变量选取与样本统计特征

变量类型	特征维度	变量名称	平均值	标准差	方差	最小值	最大值
因变量		收入水平 Y	2.98	1.556	2.420	1	5
自变量	个体特征 X_{1i}	户主年龄 X_{11}	2.81	1.055	1.114	1	6
		户主性别 X_{12}	1.42	0.494	0.244	1	2
		教育程度 X_{13}	2.03	1.026	1.052	1	5
		户籍身份 X_{14}	1.28	0.448	0.201	1	2
		帮扶政策认知 X_{15}	3.45	0.885	0.783	1	5
	家庭特征 X_{2j}	家庭人口数量 X_{21}	2.35	1.179	1.389	1	5
		家庭劳动力 X_{22}	1.76	0.690	0.476	1	5
		土地规模 X_{23}	1.38	0.805	0.648	1	5
		土地连片程度 X_{24}	1.73	0.877	0.769	1	5
		稳定收入来源 X_{25}	1.40	0.490	0.240	1	2
		辍学子女 X_{26}	1.94	0.230	0.053	1	2
		残疾人口 X_{27}	1.86	0.346	0.120	1	2
		通互联网 X_{28}	1.20	0.396	0.157	1	2
		亚健康人口 X_{29}	1.60	0.491	0.241	1	2
		多子女求学 X_{210}	1.58	0.493	0.243	1	2
		加入专业合作社 X_{211}	1.94	0.238	0.057	1	2
		小规模种植养殖 X_{212}	1.83	0.372	0.138	1	2
		居住乡村 X_{213}	1.38	0.486	0.237	1	2
		生活性债务 X_{214}	2.75	1.156	1.337	1	5
		生产经营债务 X_{215}	2.18	1.037	1.075	1	5

续表

变量类型	特征维度	变量名称	平均值	标准差	方差	最小值	最大值
自变量	环境特征 X_{3k}	乡村公路硬化 X_{31}	1.25	0.434	0.189	1	2
		获得信贷支持 X_{32}	3.42	0.895	0.801	1	5
		帮扶识别精准 X_{33}	3.44	0.918	0.843	1	5
		乡村旅游发展 X_{34}	3.33	0.979	0.958	1	5
		生产技术支持 X_{35}	3.36	0.910	0.829	1	5
		农业生产补贴 X_{36}	3.20	0.994	0.987	1	5
		参与教育培训 X_{37}	3.15	1.006	1.012	1	5
		学费减免支持 X_{38}	3.43	0.954	0.909	1	5
		医疗减免支持 X_{39}	3.24	0.962	0.926	1	5

6.1.2 回归模型选择

根据变量设置,采用多元线性回归模型进行分析,其模型表示如下:

$$Y = \beta_0 + \sum_{i=1}^{5} \beta_{1i}X_{1i} + \sum_{j=1}^{15} \beta_{2j}X_{2j} + \sum_{k=1}^{9} \beta_{3k}X_{3k} + \mu \tag{6-1}$$

其中,因变量 Y 表示农户收入水平,自变量 $X_{11}, \cdots, X_{15}$ 和 $X_{21}, \cdots,$ X_{215} 和 $X_{31}, \cdots, X_{39}$ 的解释见表 6-1;参数 β_0 和 β_{1i}、β_{2j}、β_{3k} 分别表示截距和自变量对农户收入水平的影响方向及影响程度,参数越大表示影响程度越大,μ 表示随机误差项。

6.2 样本信度与效度检验

采用 SPSS 统计分析工具做量表可靠性分析,结果显示,量表的 Cronbach's α 系数值为 0.729,说明量表有良好的信度和可靠性。表 6-2 给出了各变量间的 Pearson 或 Kendall 相关系数统计检验结果,表 6-3 给出了模型中各变量的 VIF 值,从结果看所有变量的 VIF 最大值均小于 5,说明各变量间不存在严重的共线性问题。

表 6-2　变量间相关系数

变量	X_{11}	X_{12}	X_{13}	X_{14}	X_{15}	X_{21}	X_{22}	X_{23}	X_{24}	X_{25}
X_{11}	1.000	-0.092**	-0.194**	-0.053*	-0.080**	-0.046	-0.074**	-0.021	-0.057*	0.136**
X_{12}		1.000	0.021	0.126**	-0.007	-0.051*	0.033	-0.049	0.066*	-0.040
X_{13}			1.000	0.308**	0.117**	-0.094**	0.119**	-0.036	0.088**	-0.188**
X_{14}				1.000	0.064*	-0.154**	-0.015	-0.092**	-0.068*	-0.167**
X_{15}					1.000	-0.050*	0.022	0.016	0.065*	-0.097**
X_{21}						1.000	0.159**	0.133**	0.058*	0.136**
X_{22}							1.000	0.096**	0.167**	-0.262**
X_{23}								1.000	0.296**	-0.012
X_{24}									1.000	-0.151**
X_{25}										1.000

变量	X_{26}	X_{27}	X_{28}	X_{29}	X_{210}	X_{211}	X_{212}	X_{213}	X_{214}	X_{215}
X_{11}	-0.049	-0.080**	0.094**	-0.085**	0.025	0.051	0.000	-0.094**	0.040	-0.001
X_{12}	-0.039	0.058*	0.001	0.000	0.008	-0.037	0.065*	0.069*	-0.031	0.005
X_{13}	0.040	0.064*	-0.046	0.119**	-0.007	-0.069*	0.030	0.190**	-0.110**	-0.055*
X_{14}	0.079**	0.069*	-0.023	0.061*	0.054	0.018	0.054	0.326**	-0.144**	-0.099**
X_{15}	0.068*	0.049	-0.043	0.108**	0.008	-0.002	0.050	0.099**	-0.072**	-0.091**
X_{21}	-0.026	-0.074**	0.012	-0.073**	-0.200**	0.021	-0.088**	-0.200**	0.079**	0.092**
X_{22}	-0.002	0.074**	-0.054	0.145**	-0.029	-0.097**	-0.067*	0.081**	-0.109**	-0.034
X_{23}	-0.013	0.004	0.003	-0.016	-0.074**	-0.053	-0.214**	-0.113**	-0.011	0.056
X_{24}	0.026	0.024	-0.025	0.094**	-0.025	-0.097**	-0.154**	-0.016	-0.113**	0.010
X_{25}	-0.130**	-0.123**	0.119**	-0.183**	-0.029	0.115**	0.021	-0.217**	0.216**	0.183**
X_{26}	1.000	0.057*	-0.079**	0.063*	0.005	0.044	0.046	0.037	-0.068**	-0.096**
X_{27}		1.000	-.030	0.116**	-0.025	0.038	0.019	0.141**	-0.054	-0.048
X_{28}			1.000	-0.019	-0.023	0.020	0.035	-0.012	0.071**	0.102**
X_{29}				1.000	0.008	0.053	0.076**	0.145**	-0.117**	-0.062*

续表

变量	X_{26}	X_{27}	X_{28}	X_{29}	X_{210}	X_{211}	X_{212}	X_{213}	X_{214}	X_{215}
X_{210}					1.000	0.082**	0.029	0.037	-0.082**	-0.096**
X_{211}						1.000	0.232**	0.078**	0.071**	-0.001
X_{212}							1.000	0.174**	0.052*	-0.018
X_{213}								1.000	-0.078**	-0.110**
X_{214}									1.000	0.504**
X_{215}										1.000

变量	X_{31}	X_{32}	X_{33}	X_{34}	X_{35}	X_{36}	X_{37}	X_{38}	X_{39}	—
X_{11}	0.004	-0.056*	-0.013	-0.064**	-0.093**	-0.054*	-0.075**	0.006	-0.028	—
X_{12}	0.028	-0.002	0.033	0.062*	0.045	0.061*	0.063*	0.055*	0.052	—
X_{13}	0.132**	0.078**	0.097**	0.142**	0.138**	0.142**	0.147**	0.061*	0.090**	—
X_{14}	0.160**	0.094**	0.074**	0.131**	0.140**	0.157**	0.155**	0.096**	0.129**	—
X_{15}	0.004	0.627**	0.585**	0.541**	0.540**	0.490**	0.497**	0.469**	0.489**	—
X_{21}	-0.097**	-0.026	-0.068**	-0.066**	-0.065**	-0.077**	-0.067**	-0.047	-0.041	—
X_{22}	-0.029	0.052*	0.041	0.091**	0.072**	0.083**	0.097**	-0.004	0.070**	—
X_{23}	-0.064*	0.003	0.037	0.015	0.020	-0.001	0.020	0.033	0.009	—
X_{24}	-0.042	0.044	0.074**	0.090**	0.086**	0.075**	0.095**	0.029	0.052*	—
X_{25}	0.009	-0.102**	-0.099**	-0.122**	-0.114**	-0.145**	-0.136**	-0.033	-0.076**	—
X_{26}	0.001	0.071**	0.080**	0.057*	0.058*	0.040	0.028	0.056*	0.040	—
X_{27}	0.063*	0.036	0.028	0.022	0.025	0.024	0.020	-0.039	-0.002	—
X_{28}	0.198**	-0.057*	-0.119**	-0.064*	-0.086**	-0.077**	-0.071**	-0.041	-0.041	—
X_{29}	0.137**	0.117**	0.122**	0.128**	0.119**	0.086**	0.107**	0.021	0.061*	—
X_{210}	0.016	0.001	0.020	0.005	0.008	0.004	0.006	-0.002	-0.009	—
X_{211}	0.043	0.005	-0.006	-0.028	-0.032	-0.051	-0.046	-0.027	-0.046	—
X_{212}	0.136**	0.011	-0.002	-0.001	-0.001	-0.017	-0.015	-0.009	-0.040	—
X_{213}	0.229**	0.104**	0.087**	0.122**	0.110**	0.138**	.0121**	0.043	0.073**	—

续表

变量	X_{31}	X_{32}	X_{33}	X_{34}	X_{35}	X_{36}	X_{37}	X_{38}	X_{39}	—
X_{214}	0.014	-0.042	-0.114**	-0.086**	-0.084**	-0.111**	-0.112**	-0.024	-0.076**	—
X_{215}	0.045	-0.067**	-0.152**	-0.076**	-0.077**	-0.032	-0.024	-0.069**	-0.034	—
X_{31}	1.000	0.029	-0.014	0.041	0.030	0.057*	0.048	-0.010	0.033	—
X_{32}		1.000	0.592**	0.537**	0.535**	0.498**	0.498**	0.461**	0.515**	—
X_{33}			1.000	0.658**	0.638**	0.566**	0.562**	0.521**	0.548**	—
X_{34}				1.000	0.707**	0.635**	0.638**	0.485**	0.566**	—
X_{35}					1.000	0.734**	0.724**	0.582**	0.618**	—
X_{36}						1.000	0.810**	0.553**	0.660**	—
X_{37}							1.000	0.519**	0.677**	—
X_{38}								1.000	0.578**	—
X_{39}									1.000	—

注: * 表示 $P < 0.05$, ** 表示 $P < 0.01$。

6.3 影响因素实证分析

6.3.1 模型估计结果

根据构建的回归模型,分别检验农户个体特征、家庭特征、环境特征3个维度的变量对因变量(户主收入水平)的影响。为防止回归模型中自变量间的多重共线性,在进行回归分析时,自变量数值均做中心化处理。在基准模型1的基础上,采用分层回归方法,对模型2~3的回归参数进行估计,其结果如表6-3所示。

表6-3　回归模型估计结果

变量	模型1		模型2		模型3	
	标准化系数	VIF	标准化系数	VIF	标准化系数	VIF
(常量)	1.491***	—	1.380**	—	1.381**	—

续表

变量	模型 1		模型 2		模型 3	
	标准化系数	VIF	标准化系数	VIF	标准化系数	VIF
户主年龄	-0.095***	1.051	-0.056**	1.094	-0.054**	1.115
户主性别	0.026	1.024	-0.005	1.049	-0.005	1.062
教育程度	0.211***	1.210	0.104***	1.291	0.101***	1.307
户籍身份	0.110***	1.165	0.081***	1.318	0.081***	1.351
帮扶政策认知	0.104***	1.034	0.060**	1.064	0.034	2.296
家庭人口			-0.094***	1.228	-0.092***	1.238
家庭劳动力			0.168***	1.216	0.163***	1.229
土地经营面积			0.037	1.203	0.039	1.212
土地连片程度			0.131***	1.252	0.127***	1.258
稳定收入来源			-0.196***	1.292	-0.194***	1.305
家有辍学子女			0.047*	1.053	0.049**	1.060
家中有残疾人			0.067***	1.058	0.065***	1.066
接通电信网络			-0.054**	1.042	-0.049**	1.098
家有亚健康者			0.072***	1.111	0.066***	1.139
2 个子女上高中或大学			0.005	1.069	0.004	1.070
加入专业合作社			-0.048*	1.126	-0.048*	1.128
小规模种植养殖			-0.051**	1.165	-0.051**	1.180
现住乡村			0.028	1.261	0.025	1.304
生活性债务			-0.112***	1.660	-0.104***	1.707
生产经营债务			0.000	1.602	-0.003	1.671
乡村公路硬化					0.000	1.167

续表

变量	模型1		模型2		模型3	
	标准化系数	VIF	标准化系数	VIF	标准化系数	VIF
获取信贷支持					0.008	2.311
帮扶识别精准					0.048	2.950
生产技术支持					-0.007	4.073
乡村旅游发展					0.033	3.049
农业生产补贴					-0.016	4.986
参与教育培训					0.053	4.993
学费减免支持					-0.073**	2.122
医疗减免支持					-0.011	2.766
模型显著性检验F值	31.357***		27.333***		19.170***	
调整后R^2	0.111		0.303		0.303	
R^2的变化量	0.115		0.199		0.005	
R^2变化量的F值	31.357***		23.123***		1.021	

注:*表示$P<0.1$,**表示$P<0.05$,***表示$P<0.01$。

表6-3显示1~3组模型检验显著,其F值均大于显著性水平0.01的临界值。而且从共线性检验结果看,1~3组模型中各自变量对应的方差膨胀系数(VIF)均在1~5之间(<10),说明各变量间不存在严重的共线性问题。第2组模型的回归结果表明,分别加入农户家庭特征维度变量后,调整后的R^2变化量的F检验结果在0.01的检验水平上显著,说明分别加入家庭人口、家庭劳动力、土地面积、土地连片程度、稳定收入来源、家庭健康人口情况、接通互联网、子女求学、加入合作社、小规模种植养殖、生活性债务等变量后,模型对因变量变差的解释程度都有所提高(提高了19.2%)。然而,第3组模型的分层回归结果表明,在分别加

入环境特征类变量后,调整后的 R^2 变化量的 F 检验结果不显著,这表明诸如农村公路硬化、信贷支持、帮扶对象识别、生产技术支持、农业补贴、教育培训、医疗支持等环境特征类变量对农户收入水平的影响并不显著,也进一步说明加入这些变量后并不能提高对因变量变差的解释程度。事实上,这些变量在现实中所代表的真实情境对农户而言,并非绝大多数农户都获得支持,如诸多农户家庭门口并未实现公路硬化对接到门口,或是大多数农户并未获得信贷(可能此项未发生)、生产技术、农业补贴、培训和医疗等支持。

6.3.2 实证结果分析

(1)农户个体特征维度变量的影响。从户主个体特征维度看,户主年龄、户主文化教育程度、户籍身份和户主对帮扶政策的认知 4 个变量对农户收入水平具有显著性影响,均通过了 0.01 的显著性检验水平,但户主性别影响不显著,未通过 0.1 的显著性检验水平。具体而言:

户主年龄变量对提高农户收入水平具有显著性负向影响,说明农户年龄越大越不利于家庭收入增长,而且,年龄越大外出务工在企业招聘流程或环节上带来诸多不便或局限性。此外,年龄越大与身体素质或健康状态有一定的关系,都不利于长期作业和高强度作业,这些都影响到农户家庭收入增长。

农户接受文化教育程度对提高家庭收入水平具有显著性正向影响,说明随着农户参加各种学习提高文化教育程度,有利于其收入增长。事实上有关大量研究也表明,文化教育程度或学历对收入具有显著性正向影响,学历越高越容易找到称心如意的工作,从而也会带来相应的收入增长。换言之,对教育的投资或人力资本方面的投资有利于人们对未来的收入预期看好。同样,学历越低获得的收入有限。

农户的户籍特征(是否为农村户口或城镇户口)表明该变量对农户家庭收入水平具有显著性正向影响,从结果看说明农户迁移到城市,转变成了城镇居民是有利于收入增长。事实上,对迁移人口的户籍身份的转变,城市居民享受的各种福利和农村居民仍有差异,随着城镇化建设的推进,以往诸多农村住户迁移到城市,不管从医疗、交通等便利性条件上看,还是享受到了公共资源服务,都比农村地区具有优越性。实际上,这些享受到的隐性便利条件同样给农村迁移人口带来了间接性的收入增长福利。

农户对帮扶政策的认知因素对家庭收入水平具有显著性的正向影响,说明农户对帮扶政策的理解越深刻越有利于其从政策中获得红利,紧跟国家政策导向,不管是发展农村产业,还是外出务工,对政策的熟知可以带来诸多的便利,减少因"文盲"带来的机会成本、沉没成本的增加,以及避免因"过失"而带来的就业机会和发财致富的机会的减少。总之,吃透帮扶政策对农户寻找就业机会、发展农业产业脱贫致富等都具有积极的影响,进而为农户家庭收入增长带来了可见性预期。

然而,户主性别变量对提高家庭收入水平的影响不显著,说明农户收入增长与家庭中男性户主还是女性户主创收的影响关系不明显,不管是男性还是女性都平等,其收入增长并非取决于性别不同。

(2)农户家庭特征维度变量的影响。从第2组模型估计结果看,加入农户家庭特征维度的变量,如家庭人口、家庭劳动力、土地连片程度、家庭健康人口状况、加入合作社、小规模种植养殖、生活性债务等变量对提高农户家庭收入水平具有显著性影响。而且,加入家庭特征类变量后,农户年龄、教育程度、户籍身份、帮扶政策认知等个体特征变量的影响依然显著。具体而言:

家庭人口数量对提高农户家庭收入水平具有显著性负向影响,通过了0.01的显著性检验水平,说明家庭人口越多,需要养活的人也越多,需要负担的养育成本、教育、医疗等开支也越大,这些都对提高农户家庭收入带来沉重的负担,短期内不利于收入水平的提高,甚至是带来了消极影响。

家庭劳动力数量对提高农户家庭收入水平具有显著性正向影响,通过了0.01的显著性检验水平,说明家庭中能够直接参与劳动或就业的人口越多,产生的收入也越多,从而为家庭经济带来立竿见影可观的收入。

土地连片程度对提高农户家庭收入水平具有显著性正向影响,通过了 0.01 的显著性检验水平,说明农户承包的土地连片化程度或集中化程度越高(非碎片化)越有利于给农户家庭带来一定的收入。事实上,土地连片程度越高,越有利于机械化操作,减少人工操作成本,也有利于规模化种植养殖,为土地租赁带来的先天的优势和便利,从而为农户家庭带来一定可观的收入来补贴家用,如:通过对万州区高峰镇、九池乡等实地调查和考察发现,高峰镇租用土地给承包商(如种植柑橘、辣椒、血橙等)给农户家庭 300～400 元/亩·年,而九池乡草莓产业基地(集中连片化程度高)租用农户耕地达到 1 200～1 500 元/亩·年(因草莓产业亩产收入超过 7 000 元/年)。

是否有稳定收入来源变量对提高农户家庭收入水平具有显著性负向影响,通过了 0.01 的显著性检验水平,顾名思义,具有稳定收入来源说明农户稳定就业,可为家庭带来稳定的收入。

家中是否有辍学子女对提高家庭收入水平具有显著性正向影响,通过了 0.1 的显著性检验水平,说明有辍学子女的家庭离开学校外出务工从而补贴家用,在某种程度上有利于增加家庭收入。

家庭健康人口情况,如是否有残疾人口、是否有亚健康人口对提高农户家庭收入水平具有显著性正向影响,均通过了 0.01 的显著性检验水平,说明家庭中没有残疾人口和亚健康人口有利于家庭收入增长,因为这些人口可以成为有效的劳动力。

家庭是否接通互联网对提高农户家庭收入水平具有显著性负向影响,通过了 0.05 的显著性检验水平,说明家庭开通网络,通过网络可以打开农产品销售渠道,从而间接为家庭带来收入补贴家用,有的家庭甚至以网络销售为主,如调研中发现高峰镇玫瑰香橙产业园与京东、淘宝等平台合作开展推广和销售活动,年收入提高 10%。

是否加入专业合作社对提高农户家庭收入水平具有显著性负向影响,通过了 0.1 的显著性检验水平,说明加入了合作社的家庭户,通过合作社平台进行统一销售(如中药材、枇杷、柑橘等农产品),打开市场销售渠道,可增加农户家庭收入。

家庭是否有小规模种植养殖对提高农户家庭收入水平具有显著性

负向影响,通过了 0.05 的显著性检验水平,说明具有一定规模化的种养殖产业,对农户家庭增加收入具有积极的推动作用。可见,科学规划发展一定规模化的种养殖产业,有利于推动农户稳定脱贫致富。那么,如何科学选择培育农村产业(主导产业)将在第 7 章进行讨论。

最后,生活性债务程度对提高农户家庭收入水平具有显著性负向影响,通过了 0.01 的显著性检验水平,说明农户家庭为了生存生活产生的借贷债务越高,越不利于家庭收入的增长,因为这些并不能从根本上解决农户收入可持续增长问题。

然而,家庭土地规模或面积、多个子女求学(高中或大学)、是否居住在乡村、生产经营性债务程度等变量对提高农户家庭收入水平的影响不显著。事实上,从这些变量的影响结果可看出,农户收入增长主要在于能够充分稳定就业,对于外出务工的主要劳动力家庭而言,实际上农村土地出现了大片荒地,并未从事何种种作物或家禽养殖,更不会有生产经营方面的债务。对一些困难家庭而言,多个子女就读大学,鉴于国家帮扶政策或教育政策向贫困家庭或特殊困难家庭倾斜,实际上困难家庭子女求学学费方面通过学校的各种学业奖助学金、学费减免、勤工助学等政策资助或补助可以完全弥补学习期间的负担和成本,但短期内并不会给家庭收入带来增长。

(3)社会环境特征维度变量的影响。从第 3 组模型估计结果看,乡村公路是否硬化、获取信贷支持、帮扶对象识别精准程度、生产技术支持程度、乡村旅游发展程度、农业生产补贴、参与教育培训、医疗减免支持程度等变量对提高农户家庭收入水平的影响不显著,均未通过 0.1 的显著性检验水平。但是,奖助学金或学费减免政策的支持对提高农户家庭收入水平具有显著性负向影响,通过了 0.05 的显著性检验水平,说明对困难家庭子女求学在学费方面的减免支持越大反而越不利于提高农户家庭收入。出现这一结果或许有几点解释:一是短期内通过学费减免支持可以减轻困难家庭的经济负担,但农户家庭收入增长并非主要来自子女求学的奖助补贴。从形式上看这些资助可以间接弥补家庭的开支,但本质上农户家庭收入增长的变化难以直接看到现金流;二是从第 4 章统计结果看,并非所有农户家庭均为困难或特困家庭户,这些获得资助政策的家庭较少,并不能代表诸多农户家庭同样获得了学费减免支持。事实上,这些家庭子女获得的学费减免的比例,一所学校大致不超过学生总数的千分之二,即是说,这一政策支持覆盖面有限,仅针对特殊群体,而诸多家庭子女并非获得学费减免支持,故导致这一结果不足为奇;三是样本量针对获得过学费减免的农村家庭户数据极少,而且根据第 4 章分析结果,不管按照国家贫困线还是国际水准,调查数据显示仍有不少部分家庭(超过 40%)需要帮扶,然而这些农村家庭并未均获得子女学习期间的学费减免政策支持,从而导致农户对学费减免政策支持广度的看法不一致。事实上,从第 3 组模型估计结果看,加入环境特征类变量后,帮扶政策认知变量的影响显示不显著,这也说明了农户对帮扶政策的看法和解读出现了偏差。

　　总体来看,从第 1~3 组模型估计结果看,户主年龄、户主教育程度、户籍身份属性、家庭人口数量、家庭劳动力数量、土地集中连片程度、是否具有稳定收入来源、是否有辍学子女、家庭健康人口状况、是否接入互联网、是否加入专业合作社、是否有小规模种养殖产业、生活性债务程度、子女学习学费减免政策支持程度等对提高农户家庭收入水平具有显著性影响,不同变量或政策支持的影响程度不同,影响方向也不同。其中,农户发展小规模种养殖产业对推动农户巩固脱贫致富具有明显的积极作用。那么,农户该发展何种种养殖产业来提高其收入实现可持续增长,或者说如何科学选择产业竞争力强、发展前景好、带动效益好、增长潜力大的农业产业(农村主导产业),这是从产业帮扶视角解决农户长期稳固脱贫致富问题的有效途径,第 7 章将做详细的深入探讨。

第 7 章
巩固脱贫的农村
主导产业选择实证分析

在第 6 章中通过对农村主体收入增长影响因素的实证分析,结果发现农户发展小规模种养殖产业有利于家庭收入水平提高,但发展何种农业产业对农户来说具有市场前景好、产值增长快,经济效益好,带动作用强,这些不仅为农户长期稳定脱贫致富,而且为推进乡村产业振兴路径选择可提供实践思路。事实上,党的十九大报告提出实施乡村振兴战略,明确强调坚持农业农村优先发展,加快推进农业农村现代化建设。在该战略中,产业兴旺是实现乡村全面振兴的基石和经济基础,其最重要的内容就是发展现代农业,归根结底即是说要如何选择和优先培育好农村主导产业。重庆三峡库区作为国家长江经济带发展战略的重要纽带,农业主导产业的选择和培育直接关系到区域经济增长的速度和发展水平,对区域经济发展和农民长期稳固脱贫致富具有重要战略意义和积极作用。在三峡库区乡村振兴过程中,科学合理地选择并确定其农村主导产业,关系到整个区域的经济发展和农业产业结构的合理性。重庆三峡库区农村现代农业主导产业的正确选择既能体现产业增长力强,市场覆盖面广,经济效益显著,辐射作用大,并带动其他相关产业的发展,还能较快实现农民稳定就业和增收[①],巩固脱贫成果,对重庆加速推进乡村振兴战略落实落地,破解城乡统筹发展不平衡问题及在库区率先实现农

---

① 童洪志. 渝东北贫困地区深度扶贫"四方联动"模式研究[J]. 中国农业资源与区划, 2019,40(8): 133 – 140.

村产业兴旺、可持续稳固脱贫等具有深远的现实意义。

关于主导产业选择的研究,前期学者们做了开创性工作,主要以产业关联、灰色系统、比较优势、经济增长等理论为指导,以不同地区为研究案例对象,基于不同主导产业选择标准(如三基准说、四基准说、五基准说、六基准说、七基准说)和理论视角,通过设计主导产业选择指标体系和指标测算,探讨了农业、工业、第三产业等主导产业选择,其中涉及工业行业领域较多。纵观已有研究成果,尽管这些研究选择行业领域和对象区域不同,但在构建主导产业指标体系方面选择的指标大同小异,主要有需求收入弹性系数、效率优势指数、规模优势指数、区位熵、产业增加值增长率、就业吸纳率、综合优势指数①、能源消耗产值率、影响力和感应度系数②、人均产值系数(集中系数)、产值比重、产业贡献率③、技术密集度、总资产贡献率、产业关联度、三废治理系数④、市场竞争优势、产业发展规模、生产率上升率、市场占有率、比较劳动生产率⑤、产业平均利润率、产业竞争力指数、税收贡献(或利税规模)、相对盈利能力、成本利税率、单位产值能耗变化率⑥、商品率、收益率、技术贡献率(或技术系数)、发展弹性指数⑦、产业扩展系数、资本形成诱发系数、中间投入产出率、物耗产值率、经济带动力、最终消费诱发系数、中间投入增加值率、调

① 付金存,李豫新,梅晓庆. 农业产业化主导产业选择研究——以新疆生产建设兵团为例[J]. 中国科技论坛,2011(3):133-137.

② 席雪红. 基于感应度系数和影响力系数的主导产业选择研究——以河南省为例[J]. 探索,2012(3):120-123.

③ 莒青,吴骏,解晨晨. 对皖江示范区主导产业选择的分析方法探讨——以芜湖市为例[J]. 华东经济管理,2013,27(5):65-67.

④ 陈丽娜,张华. 低碳经济背景下地区主导产业选择——以四川省为例[J]. 经济体制改革,2012(5):174-177.

⑤ 黄毅敏. 河南省区域主导产业选择研究——基于因子分析和偏离份额分析法[J]. 科技管理研究,2013(15):60-63.

⑥ 吴德进,张旭华. "十三五"福建战略性新兴主导产业选择研究[J]. 福建论坛(人文社会科学版),2015(10):194-198.

⑦ 秦开大,赵帅,秦翠平. "互联网+现代农业"趋势下主导产业选择模型及路径分析[J]. 科技进步与对策,2016,33(12):67-72.

出和调入诱发系数①、产业单位面积产值增加率②等指标。在评价方法选择上,学者们采用的方法较多,主要有 AHP 层次分析法、SWOT – PEST分析法③、基准分析法④、熵权法⑤、偏离—份额分析法(Shift—Share Method)⑥、加权求和法⑦、主成分分析法、模糊数学法、因子分析法等对主导产业指标选择进行评价。

综上,从指标选取方面看,现有研究考虑的指标侧重点不同,并非所有指标和评价方法都适用于农村农业主导产业指标选取,但这为本章研究提供了理论和指标选择参考基础。就重庆三峡库区而言,因受自然、历史、地质地貌条件等因素长期影响,农村产业基础薄弱,"产业空心化"问题依然凸显⑧,实现农村产业兴旺面临着产业薄弱与人力空虚交互的困局,并阻碍了农民增收致富,这引起了当地政府的高度关注。为此,本章中主要以三峡库区中心腹地城市重庆万州区为例,研究如何选择农村现代农业主导产业(为农户发展规模化种养殖产业提供依据),借鉴现有研究基础理论和 AHP 分析方法,结合区域农业生产实践,设计农村现代农业主导产业选择指标体系,并通过采集区域近年数据对指标进行测算分析,力求明确农业主导产业发展重点和培育方向,以期为当地政府有关决策部门设计地区农村产业经济发展规划及政策提供实证支持和参考,也为农户选择发展何种小规模种养殖产业推动稳定脱贫致富和乡村

① 郑珍远,郑姗姗,陈晓玲. 基于 IOT 的福建省主导产业选择研究[J]. 科研管理,2016,37(3):154 – 160.

② 何薇,朱朝枝. 农民创业园主导产业选择与实证研究[J]. 福建论坛(人文社会科学版),2017(7):75 – 79.

③ 薛领. 城区主导产业选择研究——以北京市海淀区为例[J]. 学习与实践,2010(3):39 – 43.

④ 黄继忠,朱岩. 基于基准分析法的东北地区第三产业主导产业选择实证研究[J]. 辽宁大学学报(哲学社会科学版),2012,40(2):71 – 79.

⑤ 黄蕾,谢奉军,杨程丽,等. 基于 Weaver – Thomas 模型的区域低碳主导产业评价与选择——以低碳试点城市南昌的工业产业为例[J]. 生态经济,2014,30(10):50 – 56.

⑥ 薛纪宾. 基于偏离—份额分析的青岛市市北区主导产业选择探析[J]. 产业经济评论,2017(1):31 – 44.

⑦ 曾春水,王灵恩,林明水,等. 城市服务业主导产业选择及发展对策——以合肥市为例[J]. 地域研究与开发,2019,38(5):75 – 79.

⑧ 张凤龙,童洪志,谢必武. 现代农业主导产业选择实证分析——以重庆万州区为例[J]. 浙江农业学报,2013,25(5):1153 – 1158.

产业振兴提供路径参考和实践依据。

7.1 农村现代农业主导产业选择指标体系构建

7.1.1 基本要求与原则

(1)农村农业主导产业选择基本要求。主导产业选择指标体系的构建一方面必须能够反映该产业增长潜力、经济效益或增长质量、产业规模、生态效益或可持续发展能力以及能够带动其他相关产业的带动能力和社会效益,同时还要反映在比较优势和技术进步上具有明显的竞争力特征;另一方面,结合重庆三峡库区经济实际情况,还应以市场竞争优势基准或比较优势基准①、市场需求基准和环境基准②、需求收入弹性基准③、生产率上升率基准、产业关联度基准等为指标体系构建基准和原则。除此之外,鉴于近年来农产品市场存在价格波动因素、通货膨胀因素等带来的影响,还应考虑产业单位产出贡献增长情况,因为农产业规模经营投资回报具有面临自然气候、灾害及不可抗拒等不确定性因素影响,以及投资回收期较慢等特点④,而且农产业种养殖规模越大、产量高,并非代表其产值越高,或者说并非对经济增长贡献就越大。总而言之,这些指标必须能够反映三峡库区农村现代农业主导产业选择的内涵和特征,既要具有客观可行和数据可获得性,又要体现选取的指标可比、全面和实用性。

(2)农村农业主导产业指标体系构建和选择原则。地处三峡库区腹地中心城市万州区,区域政府在选择主导产业时,一般会根据农村经济和本区域的资源禀赋状况、农业技术水平和区域竞争优势来确定农村主导产业。然而,主导产业选择没有统一的标准,但有一点可以发现主导

① 颜帮全,李迥光. 重庆三峡库区主导产业的选择[J]. 渝州大学学报(社会科学版),2001(12):16-19.

② 关爱萍,王瑜. 区域主导产业的选择基准研究[J]. 统计研究,2002(12):37-40.

③ 姜法竹,张涛. 现代农业主导产业选择的指标体系构建研究[J]. 中国农业资源与区划,2008,29(3):54-58.

④ 童洪志. 扶贫政策工具组合对农户扩大生产规模经营的影响机制研究[J]. 中国农业资源与区划,2020,41(5):176-184.

产业选择的共性总是存在的。因此,脱贫攻坚任务完成后和过渡期内巩固拓展脱贫攻坚成果工作的推进,结合万州区城乡统筹发展、乡村振兴战略的实施和推进进程,借鉴有关产业经济学理论原理,对三峡库区农村现代农业主导产业选择指标体系的设计,应遵循规范实用、简明科学、因地制宜、系统全面等相结合原则。同时,确定农村农业主导产业选择还要考虑到主导产业选择的自然资源约束和地理区位条件,还应遵循技术进步、可持续发展①、资源优势②等原则。

7.1.2 指标体系的构建

遵循上一节分析的农村农业主导产业选择基本要求、选择基准及构建原则,借鉴国内外有关研究成果,本节内容在前期学者研究基础上,新增一个单位产量产值增长率指标,在指标体系设计方面力求考虑既要简明又要全面,最终设计农村农业主导产业选择指标体系由 7 个子系统一级指标构成,包括其对应的 20 个二级指标,如表 7-1 所示。

表 7-1 农村现代农业主导产业选择指标体系

一级指标	二级指标	一级指标	二级指标
发展或增长潜力	需求收入弹性系数	比较优势	区位熵或产值集中度
	产业产值增长率		市场占有率
	单位产量或面积产值增长率		区域综合比较优势指数
产业关联或带动能力	影响力系数	产业规模	区域内规模系数
	感应度系数		输出诱发系数
	区域产值增长作用率		出口规模

① 刘红梅,庞凤梅,杨殿林. 区域生态经济适宜性农业主导产业选择探讨[J]. 农业资源与环境学报,2007,24(4):39-42.
② 王梁,陈守越,朱利群,等. 河南农业主导产业的定量选择与评价[J]. 浙江农业学报,2012,24(5):936-942.

续表

一级指标	二级指标	一级指标	二级指标
经济效益	人均产值系数	技术进步	农业科技投入增长率
	产业增长作用水平度		产业劳动生产率上升率
社会效益	农民收入贡献率		农业技术产值贡献率
	提供就业吸纳率		农业科技人员比率

　　农村地区农业主导产业不同于城市工业主导产业,在指标设计上,既要考虑乡村地区农业发展特性,又要充分考虑指标适用性和数据可获得性(客观数据采集的可获得性)。根据表7-1,在20个指标中指标反映的经济含义基本包括现有研究分析"七基准说"的选择标准,但结合重庆和本章选择案例地区(万州区)的农业有关数据可获得性和应用性,最后选择反映产业发展增长潜力的需求收入弹性系数、单位产量(或面积)产值增长率、产业产值增长率3个指标,反映产业比较优势的区位熵和综合比较优势指数2个指标,反映产业关联性的区域产值增长作用率指标,反映经济效益的产业增长作用水平度和人均产值系数指标等共8个主要指标构成万州区现代农业主导产业选择指标体系。

7.1.3 指标计算及说明

　　(1)需求收入弹性系数(E_{ji})。该指标表示为某产业需求增量变化程度与居民收入增长变化程度的比值。其值越大,说明该产业或产品市场容量越大,增长潜力也越大;反之,则表明该产品的社会需求量的增长低于收入的增长,需求不旺,市场容量小。在价格一定情况下,该指标反映人均收入每变化一个百分点引起某产业或产品需求变化的敏感程度。对某j地区i产业或产品来说,E_{ji}可表示为:

$$E_{ji} = \frac{\Delta X_{ji}/X_{ji}}{\Delta y_j/y_j} \qquad (7-1)$$

　　式(7-1)中,ΔX_{ji}为j地区i产业或产品需求产值增量,X_{ji}为j地区i产业的上一时期产值;Δy_j和y_j分别为j地区居民可支配收入增量和上一时期居民可支配收入额。

（2）产业产值增长率（G_{ji}）。一般而言，该指标值越高，说明该产业发展速度越快，具有较好的成长性和增长潜力，也反映该产业在国民经济体系中的作用和地位越重要。对某 j 地区 i 产业或产品来说，G_{ji} 可表示为：

$$G_{ji} = \left[\left(\frac{v_{jit}}{v_{jim}} \right)^{\frac{1}{n}} - 1 \right] \times 100\% \qquad (7-2)$$

式（7-2）中，v_{jit}、v_{jim} 分别为 j 地区 i 产业或产品的不同时期产值，t 代表报告期、m 代表基期，$t > m$，年数 $n = t - m$。

（3）单位产量（或面积）产值增长率（MR_{ji}）。该指标可以用来反映某产业单位产出效应或贡献。农产业种养殖规模越大或产量越多并非产值越高，因此，采用此指标可以有效反映价格波动或产能过剩带来的不利影响。该指标值越大说明该产业效益越好、发展潜力越大，对经济增长的贡献也越大。对某 j 地区 i 产业或产品来说，其单位产量（或面积）产值增长率（MR_{ji}）可表示为：

$$MR_{ji} = \left(\frac{a_{jit}}{T_{jit}} - \frac{a_{jit-1}}{T_{jit-1}} \right) \Big/ \frac{a_{jit-1}}{T_{jit-1}} \times 100\% \qquad (7-3)$$

式（7-3）中，a_{jit}、a_{jit-1} 分别为 j 地区 t 时期 i 产业或产品的产值和上一期（$t-1$ 期）的产值，T_{jit}、T_{jit-1} 分别为 j 地区 t 时期 i 产业或产品的规模面积或产量和上一期（$t-1$ 期）的规模面积或产量。

（4）区域产值增长作用率（RE_{ji}）。该指标可用来反映农业经济对区域整个经济或其他产业发展的带动情况，其值越大，说明其关联性越强，带动作用越大，而且也可带动其他相关指标变动程度。RE_{ji} 对某 j 地区 i 产业或产品来说，可表示为：

$$RE_{ji} = \frac{\Delta a_{ji}}{\Delta GDP_j} \qquad (7-4)$$

式（7-4）中，Δa_{ji} 为 j 地区报告期 i 产业或产品同上一期相比的增长额，ΔGDP_j 为 j 地区所有农业产业经济同上一期相比的增长额。

（5）人均产值系数（AC_{ji}）。该指标值越高，表明该产业在该地区经济效益越好，具有较好的资源禀赋。针对不同区域而言，因人口规模不同(如重庆三峡库区渝东北不同区县人口规模不同,各区县产值规模亦不同),故采用该指标可以消除单个产业经济规模表面膨胀的假象。对某 j 地区 i 产业或产品来说, AC_{ji} 可表示为:

$$AC_{ji} = \frac{e_{ji}/P_j}{E_{ui}/P_u} \qquad (7-5)$$

式(7-5)中, e_{ji} 为 j 地区 i 产业或产品产值, P_i 为 j 地区总人口; E_{ui} 为 j 地区的上一级 u 地区 i 产业或产品产值, P_u 为 j 地区上一级 u 地区总人口。在行政地区管辖范围上,其代表含义 j∈u。

(6)产业增长作用水平度(RAE_{ji})。该指标主要反映某地区某产业或产品产值变化对同类产业发展变化的程度,其值越大,说明该产业贡献越大,经济效益越好,在同类产业经济中的作用程度也越大。本章选取该指标主要涉及农村经济发展和农业主导产业选择,因此该指标的增长作用水平度仅对该区农业经济发展的增长作用(非区外)。对某 j 地区 i 产业或产品来说,其对区域整个农业经济增长作用率(RAE_{ji})可表示为:

$$RAE_{ji} = \frac{\Delta a_{ji}}{\Delta AE_j} \qquad (7-6)$$

式(7-6)中, ΔAE_j 为 j 地区报告期的农业经济同上一期相比的增长额。

(7)区位熵(或产值集中度)。区位熵(LQ),也可用产值集中度表示,主要用来反映该产业在地区经济中的集中化规模相对程度[1],与该地区产业经济绝对规模高度相关。产值集中度越高,说明该产业在区域中的经济作用和经济规模越大,产业发展具有明显的区域比较优势,其产品市场容量也越大。一般而言,该指标值越大越好(通常在 1 以上),大于 1 说明具有较好的发展优势[2]。对某 j 地区 i 产业来说,其区位熵(LQ_{ji})(或产值集中度)可表示为:

---

① 王田月,梁盛凯,陆宇明,等. 广西农业区位优势空间分异及形成机制[J]. 南方农业学报,2017,48(5):933-938.

② 黄新建,万科. 基于区位商法的江西省现代农业比较优势与产业布局研究[J]. 农业现代化研究,2014,35(3):286-289.

$$LQ_{ji} = \frac{a_{ji} / \sum a_{ji}}{A_{ui} / \sum A_{ui}} \qquad (7-7)$$

式(7-7)中,a_{ji}、A_{ui}分别表示j地区和其上一级u地区i产业产值,$\sum a_{ji}$、$\sum A_{ui}$分别为j地区和其上一级u地区i类产业产值总和。

(8)区域综合比较优势指数($RCAI_{ji}$)。该指标主要反映某产业发展在区域中的综合优势,可用该产业规模指数与其产值集中度的几何平均值来表示。前者反映j地区该产业在整个u区域经济中发展规模程度,为该产业产值与上一级地区同类产业产值的比值;后者计算公式(7-7)已给出。于是,某j地区i产业规模指数(SI_{ji})和$RCAI_{ji}$可分别表示为:

$$SI_{ji} = \frac{a_{ji}}{A_{ui}} \times 100\% \qquad (7-8)$$

$$RCAI_{ji} = (SI_{ji} \times LQ_{ji})^{\frac{1}{2}} \times 100\% \qquad (7-9)$$

综上分析,指标并非越多越好,摘选其中主要指标不会影响农村农业主导产业选择的科学评价结果。针对农村现代农业主导产业选择的评估指标,与工业主导产业选择评估指标相比,并非所有指标都具有优势。实际上,指标选择既要理论上能反映该产业经济效益、区域优势、发展规模、辐射带动能力、发展潜力等情况,实践中还要能用采集的客观数据(非问卷调查的主观数据)对该指标进行测算分析来说明该产业发展的动态和趋势,而且每个指标所代表的经济含义不同,所起的作用程度也不同,采用一两个绝对优势指标评估来确定农村农业主导产业选择培育难以体现其科学性和可靠性。因此,应对选取的主要评价指标进行综合测算分析来确定农村现代农业主导产业[1],如此最后根据综合测算结果,确定农户家庭优先选择和发展规模化种养殖产业来稳定脱贫致富,这也是从产业帮扶视角对农村巩固拓展脱贫攻坚成果的重要途径之一。

---

① 王国升,陈源泉,高旺盛. 区域农村发展差距成因评价指标体系研究[J]. 中国农业资源与区划,2007,28(5): 7－11.

7.2 农村现代农业主导产业选择指标模型构建

7.2.1 指标体系权重确定

在指标选择与评价方法中,如现有研究中采用的 SSM 分析法侧重以分析不同产业竞争力指标来确定主导产业发展优势和产业结构调整方向,DEA 分析法侧重以分析不同产业运行效率(投入产出比率)指标来选择主导产业,两者考虑指标对象较单一;相比而言,AHP 分析法是一种解决多目标的复杂问题的定性与定量相结合的决策分析方法,可对主导产业不同评价指标按照分解、比较、判断、综合的思维方式进行决策,具有系统性、实用性、简洁性等特点,能够让决策者与决策分析者相互沟通,甚至可直接应用,增加决策的有效性,在诸多学科研究领域应用广泛。故本章在指标权重选择和计算方面,亦采用 AHP 分析法进行评价,其过程如下:

(1)构造判断矩阵。按照德尔菲法,设计两两对比调查问卷(量表采用 9 级标度),通过问卷调查形式向从事"三农"领域研究的专家学者(包括地方高校、农科院、研究院所、涉农企业及地方基层或乡/镇政府主管农业负责人等相关人员 20 位)进行咨询,将指标层的各项指标按其重要性程度进行两两比较打分,给分标准依次为:认为同等重要、稍微重要、重要、很重要、非常重要的分别给 1~9 中对应的奇数分,针对介于两相邻重要性程度的中间值判断取其相邻两个值的平均分(即分别对应 1~9 中的偶数)。根据评分结果,构造判断矩阵 A 如下:

$$A = \begin{bmatrix} T_{11} & T_{12} & \cdots & T_{1j} \\ T_{21} & T_{22} & \cdots & T_{2j} \\ \vdots & \vdots & \ddots & \vdots \\ T_{i1} & T_{i2} & \cdots & T_{ij} \end{bmatrix}$$

(2)权重赋值计算。各指标权重的确定运用方根法测算,矩阵 A 中每一行向量为 j 个元素乘积的 n 次方根,如公式(7-10)所示;各指标对应的权重向量 W_i 为归一化处理后的值,如公式(7-11)所示,本章指标权重结果保留两位小数。向量 V_i 和 W_i 分别表示如下:

$$V_i = \sqrt[n]{\prod_{j=1}^{n} T_{ij}} \quad (i,j = 1,2,3\cdots\cdots,n) \tag{7-10}$$

$$W_i = V_i / \sum_{i=1}^{n} V_i \quad (i = 1,2,3\cdots\cdots,n) \tag{7-11}$$

（3）一致性检验。为保证构造的矩阵具有较高可行性和最后指标权重确定的可靠性,常用的方法是采取一致性检验。其检验标准和一致性判断条件如表7-2所示。

表7-2　矩阵一致性判断条件和结果说明

指标含义	指标名称	判断条件	判断结果
矩阵最大特征根	λ_{max}	$\lambda_{max} > n$	不具有一致性
一致性指标	CI	$CI = 0$	具有完全一致性
随机一致性比率	CR	$CR < 0.10$	具有满意一致性

注:表中 n 为矩阵阶数。

表7-2中两个关键判断指标(CI 和 CR),其中 CI 是检验构建矩阵一致性程度的必要条件[1]。若满足表7-2中判断结果对应的条件,则可用对应的特征向量中元素来确定指标权重,其判断条件指标计算公式如下:

$$\lambda_{max} = \sum_{i=1}^{n} \frac{AW_i}{nW_i} \tag{7-12}$$

$$CI = \frac{\lambda_{max} - n}{n - 1} \tag{7-13}$$

$$RI = \frac{k_A - m}{n - 1} \tag{7-14}$$

$$CR = \frac{CI}{RI} \tag{7-15}$$

式(7-14)中,RI 为随机一致性检验指标;为随机正反矩阵的平均

---

① 曾淑婉,郭亮. 基于区域关联视角的主导产业选择研究[J]. 学习与探索,2014(11):118-122.

值①。根据计算结果,经检验组合后 $CR = 0.021\ 7(<0.1)$。从检验结果看,构造的矩阵一致性检验通过,其判断的各指标权重具有一定的代表性和科学性,最终各指标计算权重(W_{ik})结果如表7-3所示。

表7-3　指标及其权重

	指标名称(S_{ik})	指标权重(W_{ik})
农村现代农业主导产业选择指标	需求收入弹性系数($S_{i1} = E_{ji}$)	0.20
	产值增长率($S_{i2} = G_{ji}$)	0.15
	单位产量(或面积)产值增长率($S_{i3} = MR_{ji}$)	0.13
	区域产值增长作用率($S_{i4} = RE_{ji}$)	0.08
	人均产值系数($S_{i5} = AC_{ji}$)	0.10
	产业增长作用水平度($S_{i6} = RAE_{ji}$)	0.07
	区位熵(产值集中度)($S_{i7} = LQ_{ji}$)	0.12
	区域综合比较优势指数($S_{i8} = RCAI_{ji}$)	0.15

7.2.2 综合评价值的计算

按照上述计算步骤,求解农村现代农业主导产业选择指标的综合评价结果,即对所有指标进行加权求和。根据表7-3的权重结果,用 S 表示选择发展农村农业主导产业的最后总分值,则 $S = \sum w_{ik}S_{ik}$,其中 $k = \{1,2,\cdots,8\}$,w_{ik} 表示 i 产业第 k 项指标的权重值,S_{ik} 表示为 i 产业第 k 项指标计算值。最后对综合得分 S 值进行排序,其排序靠前较大的值对应的农村农业产业可作为优先培育和重点发展。本论题研究选取14类农业产业指标进行测算,为选取靠前的产业(不宜过多)作为重点培育和优先发展,按照黄金分割点法则,舍弃排后的8位,取靠前6位农产业作为主导产业进行重点发展培育对象。

---

① 计算步骤:先构建若干个 n 阶随机正反矩阵 A,然后从 $1\sim9$ 及其倒数中随机选取它的元素,再计算该矩阵最大特征根的平均值。

7.3 巩固脱贫的农村主导产业选择实证分析

7.3.1 需求收入弹性系数

不同农产品的消费功能和使用价值有所不同,加之消费者个体需求偏好不同,因而其也体现出具有不同的需求收入弹性。鉴于案例区域农业主导产业选择指标的数据可获得性,特选取了 14 类农业产业对其对应的测评指标进行分析。通过导入近年来万州区有关统计数据并进行计算,表 7-4 给出了不同农产业(或农产品)的需求收入弹性系数。从单个指标来看,茶叶的需求收入弹性最高,且大于 1,说明近年来该产业发展最快。事实上,现实中近年来该区餐饮店、茶馆等兴起也进一步证实了人们对茶叶的需求推动。其次,中药材、林木类、油料、烟叶等,尽管需求收入弹性小于 1(0.75 ~ 0.88 之间),但其市场前景较好,有一定的需求。遗憾的是,猪肉、牛肉、羊肉、家禽蛋类、奶业等农牧业需求收入弹性呈负数。可见市场对茶叶、中药材、林木、油料、烟叶等产业产品需求较好,而对农牧业类产业产品需求不是很高,这或许是因为近年来猪肉、牛肉等农产品价格上扬或价格波动所带来的影响,如:2018 年生猪价格年初均价 30 元/千克以上,下半年反弹到 40 元/千克以上,排骨价格均价在 80 元/千克以上,2019 年猪肉价格甚至涨幅高达 55%。根据市场供需原理可知,价格提升,需求减少,那么消费者会选择其他替代消费品。因此,牧业类农产品弹性为负不足为奇。

表 7-4　需求收入弹性系数指标测算结果

产业	名称	产值(万元)		ΔX_{ji}	$\Delta X_{ji}/X_{ji}$	$\Delta y_j/y_j$	E_{ji}
		2017 年	2018 年				
农业	粮食作物	126 388.00	138 982.00	12 594.00	0.099 6	0.202 6	0.491 8
	油料	10 553.40	12 223.28	1 669.88	0.158 2	0.202 6	0.780 9
	烟叶	13 005.00	14 988.78	1 983.78	0.152 5	0.202 6	0.752 8
	茶叶	7 273.24	11 481.40	4 208.16	0.578 6	0.202 6	2.855 4
	水果	75 045.78	81 262.44	6 216.66	0.082 8	0.202 6	0.408 8

续表

产业	名称	产值（万元）		ΔX_{ji}	$\Delta X_{ji}/X_{ji}$	$\Delta y_j/y_j$	E_{ji}
		2017 年	2018 年				
农业	中药材	10 921.00	12 864.00	1 943.00	0.177 9	0.202 6	0.878 0
	蔬菜	139 262.00	147 561.77	8 299.77	0.059 6	0.202 6	0.294 1
林业	林木类	53 969.00	63 003.00	9 034.00	0.167 4	0.202 6	0.826 1
牧业	猪肉	162 716.18	156 555.67	-6 160.51	-0.037 9	0.202 6	-0.186 8
	牛肉	12 967.00	12 838.00	-129.00	-0.009 9	0.202 6	-0.049 1
	羊肉	15 368.00	13 160.00	-2 208.00	-0.143 7	0.202 6	-0.709 1
	家禽蛋类	47 768.00	46 480.00	-1 288.00	-0.027 0	0.202 6	-0.133 1
	奶业	2 978.00	2 905.00	-73.00	-0.024 5	0.202 6	-0.121 0
渔业	水产养殖业	50 494.00	52 115.00	1 621.00	0.032 1	0.202 6	0.158 4

注：产值数据来自万州区统计年鉴和统计公报（2019 年），系数小数点保留 4 位。

7.3.2 产业产值增长率

产业产值增长率指标值用来考察产业是否具有较好的成长性和增长潜力情况，其值越高，说明该产业发展速度越快，也反映该产业在国民经济体系中的作用和地位越重要。导入数据进行测算，表 7-5 给出了产业产值年均增长率指标计算结果。从单个指标来看，年均增长 12% 以上的主要有羊肉、茶叶、林木、蔬菜、油料、烟叶、水果等，其次为水产养殖类、猪肉、中药材等，其产业生产增长率年均在 4%～9% 之间，而有的则出现了负增长，如奶业、家禽蛋类、粮食作物、牛肉等，其中奶业、家禽蛋类跌幅较大。

表 7-5 产业产值增长率指标测算结果(2016—2018 年)

产业	指标名称	产值(万元)		G_{ji}
		2016 年	2018 年	
农业	粮食作物	223 259.00	138 982.00	− 0.211 0
	油料	9 519.36	12 223.28	0.133 2
	烟叶	11 891.60	14 988.78	0.122 7
	茶叶	4 088.08	11 481.40	0.675 9
	水果	64 740.34	81 262.44	0.120 4
	中药材	11 814.00	12 864.00	0.043 5
	蔬菜	115 072.38	147 561.77	0.132 4
林业	林木类	45 180.00	63 003.00	0.180 9
牧业	猪肉	135 731.62	156 555.67	0.074 0
	牛肉	14 389.00	12 838.00	− 0.055 4
	羊肉	3 956.00	13 160.00	0.823 9
	家禽蛋类	172 988.00	46 480.00	− 0.481 6
	奶业	14 465.00	2 905.00	− 0.551 9
渔业	水产养殖业	44 177.00	52 115.00	0.086 1

注:产值数据来自万州区统计年鉴(2017—2019 年),增长率保留 4 位小数。

7.3.3 单位产量(或面积)产值增长率

某产业单位产量或面积产值增长率越大,说明该产业发展或增长潜力越大,更能准确反映现实中该产业的单位产出贡献程度。事实上,引入该指标可以避免产业规模过度膨胀带来的产值虚高表象,因有的农产业规模大,而市场销售价格不高,故导致总产值不高。同样,引入近年数据进行测算,表 7-6 给出了单位产量产值增长率指标测算结果。从单个指标来看,增长潜力最好的是茶叶和中药材,单位产出贡献增长率在48.1% 以上。以中药材为例,近年来该区中成药消费平均市场价格增长超过 20%,说明市场前景良好、供不应求,同时也受到当地政府高度重视。其次,油料、水产养殖类、粮食作物等发展较好,单位产值增长均高于10%,烟叶、蔬菜、水果等单位产出贡献在1.9%以上。遗憾的是,林业和农牧业单位产出贡献出现了负增长,其中,以林业为例,尽管森林覆盖率在逐步提高,但单位面积产值增长并无相应提高(因为林业前期投入大,回报周期更长)。相反的是,近两年来的肉类产品价格上涨,人们对替代品水产养殖类的产品需求较大,同时也直接推动了该类产品价格上涨,表7-6中的渔业产出数据说明了此观点,即2018年渔业产出产量同期比减少了1 955吨,但单位产量产值却增长了11.9%,这即是市场销售价格增长推动的结果,需求增加,供不应求。

表7-6　单位产量(或面积)产值增长率指标测算结果

产业	名称	产值(万元)		产量(t)或面积(hm²)		单位产量产值增长率
		2017 年	2018 年	2017 年	2018 年	
农业	粮食作物	126 388.00	138 982.00	492 455.00	491 524.00	0.101 7
	油料	10 553.40	12 223.28	19 030.00	19 219.00	0.146 8
	烟叶	13 005.00	14 988.78	1 125.00	1 230.00	0.054 2
	茶叶	7 273.24	11 481.40	1 428.00	1 470.00	0.533 5
	水果	75 045.78	81 262.44	407 005.00	432 247.00	0.019 6
	中药材	10 921.00	12 864.00	13 485.00	10 720.00	0.481 7
	蔬菜	139 262.00	147 561.77	1 073 468.00	1 106 990.00	0.027 5
林业	林木类(hm²)	53 969.00	63 003.00	5 333.00	6 667.00	−0.066 2
牧业	猪肉	162 716.18	156 555.67	56 381.00	57 642.00	−0.058 9
	牛肉	12 967.00	12 838.00	2 147.00	2 150.00	−0.011 3
	羊肉	15 368.00	13 160.00	2 216.00	2 211.00	−0.141 7
	家禽蛋类	47 768.00	46 480.00	9 395.00	9 662.00	−0.053 9
	奶业	2 978.00	2 905.00	8 508.00	8 301.00	−0.000 2
渔业	水产养殖业	50 494.00	52 115.00	25 165.00	23 210.00	0.119 0

注:产值数据来自万州区统计年鉴(2018—2019年),增长率保留4位小数。

7.3.4 人均产值系数、产值增长作用率和水平度

人均产值系数指标测算结果如表 7-7 所示。从单个指标来看，奶业、烟叶、茶叶、猪肉、林木类、羊肉、水产养殖业的人均产值比较大，系数均大于 1，说明这些产业在该区具有较高生产的资源禀赋，其发展规模或专业化水准较高。相对而言，其他产业的资源禀赋则较低，尤其突出的是中药材，人均产值最低，仅有 0.291 1。关于产业产值作用率和作用水平度 2 个指标测算结果，从表 7-7 中 2 个单个指标对比可发现，对整个区域经济增长贡献较大的产业，则对整个农业经济贡献作用的程度也较大，如粮食作物、林木类、蔬菜、水果等产业，其次为茶叶、烟叶和油料。

表 7-7 产业人均产值系数、产值增长作用率和作用水平度指标测算结果

产业	名称	2018 年万州		2018 年重庆		AC_{ji}	RE_{ji}	RAE_{ji}
		产值（万元）	人口（万人）	产值（万元）	人口（万人）			
农业	粮食作物	138 982.00	173.90	3 432 842.89	3 403.64	0.792 4	0.075 1	0.345 8
	油料	12 223.28	173.90	381 471.75	3 403.64	0.627 1	0.010 0	0.045 9
	烟叶	14 988.78	173.90	151 731.53	3 403.64	1.933 5	0.011 8	0.054 5
	茶叶	11 481.40	173.90	167 766.03	3 403.64	1.339 5	0.025 1	0.115 6
	水果	81 262.44	173.90	2 611 833.74	3 403.64	0.609 0	0.037 1	0.170 7
	中药材	12 864.00	173.90	865 000.50	3 403.64	0.291 1	0.011 6	0.053 4
	蔬菜	147 561.77	173.90	5 194 872.60	3 403.64	0.556 0	0.049 5	0.227 9
林业	林木类	63 003.00	173.90	1 011 374.74	3 403.64	1.219 3	0.053 9	0.248 1
牧业	猪肉	156 555.67	173.90	2 443 925.80	3 403.64	1.253 8	−0.036 8	−0.169 2
	牛肉	12 838.00	173.90	386 879.00	3 403.64	0.649 5	−0.000 8	−0.003 5
	羊肉	13 160.00	173.90	217 205.78	3 403.64	1.185 8	−0.013 2	−0.060 6
	家禽蛋类	46 480.00	173.90	1 758 807.66	3 403.64	0.517 2	−0.007 7	−0.035 4
	奶业	2 905.00	173.90	24 450.00	3 403.64	2.325 5	−0.000 4	−0.002 0
渔业	水产养殖业	52 115.00	173.90	1 003 935.37	3 403.64	1.016 0	0.009 7	0.044 5

注:产值和人口数据来自万州区和重庆市统计年鉴(2019 年),系数、作用率、水平度等值保留 4 位小数。

7.3.5 区位熵(产值集中度)

区位熵可说明该产业在区域中的经济作用和经济规模情况,其值越大,表明该产业发展具有明显的区域比较优势,生产规模也越大,市场需求的商品也会越多。该指标计算结果如表 7-8 所示。从单个指标值来看,大于 1 的排名先后为奶业、烟叶、茶叶、猪肉、林木类、羊肉、水产养殖业和粮食作物,其中奶业产值集中度大于 3 位于首位,可见其产业发展具有明显的区域比较优势,且市场需求最大。

表 7-8 产值集中度(或区位商)指标测算结果

产业	名称	2018 年万州		2018 年重庆		LQ_{ji}
		产值(万元)	比重	产值(万元)	比重	
农业	粮食作物	138 982.00	0.181 3	3 432 842.89	0.174 7	1.038 1
	油料	12 223.28	0.015 9	381 471.75	0.019 4	0.821 6
	烟叶	14 988.78	0.019 6	151 731.53	0.007 7	2.533 0
	茶叶	11 481.40	0.015 0	167 766.03	0.008 5	1.754 8
	水果	81 262.44	0.106 0	2 611 833.74	0.132 9	0.797 8
	中药材	12 864.00	0.016 8	865 000.50	0.044 0	0.381 3
	蔬菜	147 561.77	0.192 5	5 194 872.60	0.264 3	0.728 4
林业	林木类	63 003.00	0.082 2	1 011 374.74	0.051 5	1.597 3
牧业	猪肉	156 555.67	0.204 3	2 443 925.80	0.124 4	1.642 6
	牛肉	12 838.00	0.016 8	386 879.00	0.019 7	0.850 9
	羊肉	13 160.00	0.017 2	217 205.78	0.011 1	1.553 6
	家禽蛋类	46 480.00	0.060 6	1 758 807.66	0.089 5	0.677 6
	奶业	2 905.00	0.003 8	24 450.00	0.001 2	3.046 6
渔业	水产养殖业	52 115.00	0.068 0	1 003 935.37	0.051 1	1.331 1

注:产值数据来自万州区和重庆市统计年鉴(2019年),比重和产值集中度保留4位小数。

7.3.6 区域综合比较优势指数

区域综合比较优势指数指标测算结果如表7-9所示,其指标值越高,说明该产业越具有相对优势,发展主导产业可能性也就越大。从综合比较优势单个指标指数来看,相对而言,奶业、烟叶、茶叶、猪肉、林业、羊肉等表现出一定优势。

表7-9　$RCAI_{ji}$ 与总分值

产业	名称	SI_{ji}	$RCAI_{ji}$	S	位次
农业	粮食作物	0.040 5	0.205 0	0.344 7	7
	油料	0.032 0	0.162 3	0.384 9	5
	烟叶	0.098 8	0.500 2	0.753 1	2
	茶叶	0.068 4	0.346 5	1.148 4	1
	水果	0.031 1	0.157 6	0.297 5	11
	中药材	0.014 9	0.075 3	0.335 6	8
	蔬菜	0.028 4	0.143 8	0.266 8	12
林业	林木类	0.062 3	0.315 4	0.566 3	4
牧业	猪肉	0.064 1	0.324 4	0.322 4	9
	牛肉	0.033 2	0.168 0	0.172 3	13
	羊肉	0.060 6	0.306 8	0.309 1	10
	家禽蛋类	0.026 4	0.133 8	0.044 2	14
	奶业	0.118 8	0.601 6	0.581 2	3
渔业	水产养殖业	0.051 9	0.262 9	0.364 7	6

7.3.7 万州区农业产业综合评价得分

根据对产业选择的指标和评价模型测算的结果,对所有指标进行加权求和,最终测算的各类农业产业对应的 S 值如表7-9所示。总体来看,对现代农业14类产业测算的综合得分进行排序,其顺序依次为:茶叶 > 烟叶 > 奶业 > 林业 > 油料 > 水产养殖业 > 粮食作物 > 中药材 > 猪肉 > 羊肉 > 水果 > 蔬菜 > 牛肉 > 家禽蛋类。由此可知,排名靠前的产业应优先培育。根据表7-9的排序结果,万州区农村现代农业主导产业未来发展应优先把茶叶、烟叶、奶业、林业、油料、水产养殖业等确定为促进农村产业兴旺的重要增长产业。如此看来,农户家庭脱贫致富通过发展小规模种养殖产业,如:茶叶、烟叶、奶业、林业、油料、水产养殖业等有利于长期稳定增收。对地方政府而言,鼓励并引导当地村民发展靠前的农产业作为农村主导产业进行优先培育,进行规模化生产经营和管理,并给予相应的产业政策支持,如产业项目补贴、拓展销售渠道、生产技术培训等,是从产业帮扶视角巩固农村拓展脱贫攻坚成果的一种有效途径和策略。

综上,本章借鉴产业经济学有关理论原理,在现有研究基础上科学合理选择测评指标,设计主导产业指标体系和选择模型,引入具体研究区域案例数据对指标进行综合测评。在评价方法和指标权重选择上,力求减少专家们评分掺入过多的人为主观因素,对构建评价矩阵结果进行了一致性检验,从选择案例区域农村经济发展的实际情况看,其综合评价得分及位次排序情况基本与万州区实际一致。事实上,该指标模型和指标体系具有较好的应用性和推广价值,应用于重庆三峡库区渝东北其他区县,通过测算指标结果进行比较,可发现不同区县农村主导产业培育的重点和方向,并在资源有限条件下发挥各区县的农产业优势和特色,以此避免各区县千篇一律发展同一产业导致的恶性竞争。

第 *8* 章
多主体协同推进
农村巩固脱贫联动帮扶机制设计

　　前两章分析了影响农村主体收入增长的关键因素以及从产业帮扶视角明确了农村现代农业主导产业选择方向和培育重点。可见,从收入贫困视角巩固农村脱贫攻坚成果,除了发展农村主导产业带动农户脱贫致富,或从产业帮扶视角引导农户发展规模化种养殖产业脱贫致富之外,仍需要动员全社会各方力量发挥协同联动效应,以至过渡期内农村巩固拓展脱贫攻坚成果取得最大的效果。事实上,从前期研究成果和贫困治理实践效果看,在"大帮扶"格局下,我国贫困地区扶贫脱贫问题受到了党和政府的高度重视及社会广泛关注,全方位、多层面、多举措积极打赢脱贫攻坚战并于 2020 年完成了脱贫攻坚任务,实现了国家级贫困县全部脱贫摘帽,而后续农村巩固拓展脱贫攻坚成果工作就成为脱贫攻坚任务的战略性转移重点和阶段性方向。现有研究在产业帮扶、金融帮扶、教育帮扶、旅游帮扶、医疗帮扶、科技帮扶、社会帮扶等诸多领域形成了丰富的经验,也总结提炼了诸多特色推广模式,如:产业帮扶的股份合作模式、村企共建和"政企银农"模式、"互联网 + 帮扶村"模式、易地搬迁与整体推进模式等,这些模式都有其各自特点,集中反映了不同帮扶主体对帮扶对象农户的帮扶带动作用和效果,体现了政府与农户、企业与农户、企业与村、学校与村/户等双方主体的互动,但未形成一个集中代表政府、学校、企业、村或农户多方主体于一体的巩固脱贫联动帮扶模式。因此,有必要从宏观层面对农村帮扶机制或模式进行创新设计,为巩固脱贫工作和乡村治理提供新的工作思路和借鉴参考。

构建全社会组织和群众参与农村巩固脱贫攻坚成果的多主体联动帮扶机制,是重庆三峡库区整体巩固拓展脱贫攻坚成果同乡村振兴有效衔接工作的重要趋势和有效途径,对全国其他农村地区及"三区三州"①地区实现稳固脱贫具有典型的参考价值。对此,本章借鉴第 2 章分析的机制设计、协同治理、整体性治理及中国特色反贫困理论原理,结合第 4章、第 5 章对重庆三峡库区当前农村巩固脱贫现状和面临挑战与困境的分析情景,试图从宏观层面设计一种新型的多主体协同推进农村巩固脱贫的长效联动帮扶机制——"政校企村"四方主体协同联动帮扶机制,并阐释机制构建的必要性、可行性及原则,明确渝东北地区农村巩固脱贫的四方联动帮扶机制构建的思路和内涵。通过引入典型代表性案例从产业帮扶、金融帮扶、教育帮扶、旅游帮扶、文化帮扶、科技帮扶、消费帮扶 7 个方面分解农村巩固脱贫联动帮扶机制的运行模式和实践方式,并与传统粗放式扶贫进行比较以期发现该联动帮扶机制的优势,从而为重庆三峡库区巩固脱贫成果和乡村振兴工作提供新的实践思路。

8.1 联动帮扶机制构建必要性

第 6 章实证研究结果表明农户发展规模化种养殖产业有利于巩固脱贫和收入增长,可见在乡村社区通过依靠发展规模化特色农产业是农村主体实现长期稳固脱贫的一种有效举措。然而,当前需要解决的难点问题除第 4 章分析三峡库区农村巩固脱贫面临的困境与挑战外,更重要的是,农村主体(或农户)不仅因自身认知和低收入导致发展特色农产业或适度规模化种养殖产业化经营存在资金困难,而且还因自身文化水平普遍较低、传统思想观念根深蒂固,以及小农生产自给自足的长期生活习惯等导致发展产业思路不明确,缺乏农业产业化经营管理能力或缺乏

---

① 本节中三区三州的"三区"是指西藏自治区和青海、四川、甘肃、云南四省藏区及南疆的和田地区、阿克苏地区、喀什地区、克孜勒苏柯尔克孜自治州四地区;"三州"是指四川凉山州、云南怒江州、甘肃临夏州。三区三州是国家层面的深度贫困地区,是国家全面建成小康社会最难啃的"硬骨头"。

依靠技能稳固脱贫具备的自我发展能力和致富思路。

当然,除农村主体自身原因之外,也有帮扶工作体制机制上的原因,以往的贫困治理模式要求政府承担了近乎全部的脱贫任务,但就三峡库区前期脱贫攻坚取得的成绩和当前农村巩固脱贫面临的艰巨挑战来说,诚如诺贝尔和平奖得主、著名经济学家穆罕默德·尤努斯(Muhammad Yunus)所言,贫困治理工作仅依靠政府的力量来实现整体性长期有效稳固脱贫任重道远,最重要的是要鼓励和激发脱贫群众自主发展能力。因此,探索重庆三峡库区渝东北地区多主体协同推进农村巩固脱贫的"政校企村"四方联动帮扶机制,是促进城乡区域协调发展、实施乡村振兴战略、实现三峡库区优质资源共享、提升农村主体自身发展能力的必要要求;是创新"三农"工作思路,增强农村主体内生发展动力实现长期稳固脱贫的根本举措;也是满足三峡库区农民创业就业,推动农村经济社会发展,改善农村脱贫群众家庭经济面貌和乡村生活环境,巩固拓展脱贫攻坚成果,提高农村居民生活质量的必由之路;更是贯彻落实中共中央、国务院《关于实现巩固拓展脱贫攻坚成果同乡村振兴有效衔接的意见》中有关精神和要求的现实需要。

8.2 联动帮扶机制构建可行性

渝东北地区地处渝、鄂、川、陕等四省市交界地带,是重庆的东北"门户",地域特殊——处于三峡库区,有着重要的战略地位。曾经由于三峡工程从繁荣转向没落,又因近年来国家重点扶持而逐渐恢复生气,尽管该地区农村巩固脱贫攻坚成果工作存在各种难以回避的困难问题,但仍可从区位优势、经济基础、政策支持3个方面为构建多主体协同推进农村巩固脱贫的联动帮扶机制找到可行性的现实依据。

8.2.1 资源区位优势

渝东北地区自然资源、人文资源、旅游资源、品牌农业或特产等具有明显区位优势。在自然资源方面,西起重庆市奉节县的白帝城,东至湖北省宜昌市的南津关,全长193千米切穿了巫山,形成了瞿塘峡、巫峡和

西陵峡,蕴藏了极其丰富的水能资源①;人文资源方面,如:云阳文物 145
处列入《全国文物分布图》,其中有古建筑、古遗址、古墓葬、石刻造像等
文物;旅游资源方面,如:城口的神田草原、苏维埃政权纪念公园、巴山湖
湿地公园,巫溪的红池坝国家森林公园、宁厂古镇、大官山,巫山的小三
峡、大昌古镇,奉节的夔门、白帝城、天坑地缝、龙桥河、夔州古象化石、黄
金洞、古悬棺、长龙山,云阳的龙缸景区(国家 5A 级,2015 年获"中国最
具原生态景区"称号,包括龙缸国家地质公园景点)、三国印巷,开州的刘
伯承同志纪念馆(故居)、南雅大佛寺、汉丰湖、"中国休闲小城",万州的
大瀑布群旅游区、潭獐峡、悦君山、铁峰山国家森林公园,丰都的双桂山
国家森林公园、鬼国神宫、龙河国家湿地公园、雪玉洞等;品牌农业或特
产方面,如:城口的"中国绿色生态中药材示范县、大中华区最佳绿色生
态旅游名县、中国天然富硒农产品之乡、中国绿色生态板栗之乡、中华蜜
蜂之乡",巫溪的"全国绿化模范县、绿色中药出口基地、全国魔芋种植重
点基地县、中国绿色生态马铃薯之乡",巫山的水口钮丝面、翡翠凉粉,奉
节的脐橙、夔柚,云阳的桃片糕、五香手撕牦牛肉,开州的水竹凉席、香绸
扇,万州的万县红橘、万州烤鱼、万州格格,丰都的包鸾竹席、鬼城麻辣
鸡,忠县的"柑橘"城等。而且,在战略定位上,该地区定位于长江流域重
要生态屏障和长江上游特色经济走廊及长江三峡国际黄金旅游带和特
色资源加工基地,这些为吸引相关行业企业进驻渝东北地区,推动构建
多主体协同推进农村巩固脱贫的联动帮扶工作机制创造了物质条件和
吸引力。

8.2.2 经济稳步增长

重庆三峡库区经济快速发展为推动农村巩固脱贫帮扶工作机制创
新提供了坚定的信心和动力。渝东北地区前期代表性 8 个贫困区县(万
州、丰都、巫山、开州、云阳、奉节、城口、巫溪)脱贫已于 2017—2020 年先
后退出国家级贫困县,均通过验收。而且,重庆的经济快速发展也为渝

---

① 有关渝东北地区各类资源(自然、人文、旅游、名优特产等)的详细描述和介绍,可参见:
童洪志. 多主体参与的深度贫困区精准脱贫联动机制研究[M]. 武汉:武汉大学出版社,2021.
(第 3 章表 3-1)。

东北农村巩固脱贫帮扶工作奠定了坚实的基础。以渝东北地区经济发展而言,《重庆统计年鉴(2020)》社会经济发展指标显示,第一产业生产总值 513.78 亿元,同 2016 年相比增加 99.53 亿元,年均增长 6.01%;第二产业生产总值 1 577.28 亿元,同 2016 年相比增加 243.56 亿元,年均增长 4.57%;第三产业生产总值 1 986.94 亿元,同 2016 年相比增加 700.22 亿元,年均增长 13.6%。

从整个重庆地区来看,根据 2020 年《重庆市国民经济和社会发展统计公报》显示,重庆经济运行逐季恢复、稳定转好,经济总量迈上了 2.5 万亿元台阶,全市居民人均可支配收入 3.082 4 万元,同比增长 6.6%。2020 年,重庆持续推进供给侧结构性改革,推动产业升级发展,产业现代化水平逐步提升,农业发展基础不断夯实,工业发展稳步向好,如:第一产业增加值 1803.33 亿元,同比增长 4.7%;第二产业增加值 9 992.21 亿元,同比增长 4.9%;第三产业增加值 13 207.25 亿元,同比增长 2.9%;固定资产投资总额同比增长 3.9%,社会消费品零售总额同比增长 1.3%。2020 年重庆经济新动能快速成长,新旧动能有序转换,发展潜力得到不断释放,主要表现在:一是高技术产业快速成长,规上工业战略性新兴制造业增加值同比增长 13.5%,高技术制造业增加值同比增长 13.3%,保持较快增速的智能手表、3D 打印设备等电子产品同比分别增长 64.6% 和 28.3%,集成电路、液晶显示屏、工业机器人等上游高技术产品同比分别增长 34.9%、28.2% 和 24.6%,高技术产业投资同比增长 26.6%,有效弥补了传统行业投资下行影响;二是新模式新业态逆势增长,限额以上批发和零售业通过互联网实现商品零售额同比增长 45.0%,新型信息基础设施能力不断提升,新建开通 5G 基站 3.9 万个,累计达 4.9 万个;三是现代流通体系不断健全,网络货运平台业务量快速增长,运输箱量超过 22 万标箱,同比增长 65%,货值位居全国第一;四是智能产业加快发展,其中数字经济增加值占地区生产总值比重达 25.5%。

值得一提的是,重庆主动服务推动成渝地区双城经济圈建设等国家重大战略,加快区域城乡协同发展步伐,再次把突破城乡发展不平衡的困境提到了战略高点,为乡村振兴提供了前进的动力和方向,如 2021 年 10 月 20 日中共中央、国务院发布《成渝地区双城经济圈建设规划纲要》赋予成渝地区"两中心两地"①战略定位,在此指导和推动下,川渝两地形成四级工作机制、成渝定期联系机制和毗邻地区合作机制,签订合作协议 236 个,开工重大合作项目 27 个,完成投资 454 亿元。可以看出,这些良好的经济基础和稳步增长势头无疑为重庆三峡库区建立多主体协同推进农村巩固脱贫的联动帮扶工作机制提供了经济条件和优势。

8.2.3 政策支持保障

重庆市委、市政府高度重视渝东北农村帮扶工作和帮扶政策的大力支持为农村巩固脱贫联动帮扶机制构建提供了政策依据和导向。2020 年,重庆三大攻坚战②取得成效。按现行国家农村贫困标准测算,全市已实现脱贫攻坚目标,1 919 个贫困村全部脱贫出列,18 个贫困区县全部摘帽,动态识别的 190.6 万农村贫困人口全部脱贫,绝对贫困历史性消除。《重庆统计年鉴(2021)》数据显示,2020 年全市农村常住居民人均可支配收入 16 361 元,比上年增长 8.1%,扣除价格因素,实际增长 5.9%。

党中央、国务院高度重视三峡库区的建设,出台了很多支持三峡库区发展的政策措施,尤其是为深化全国对口支援工作,2007 年、2014 年、2021 年国务院分别批复《全国对口支援三峡库区移民工作五年规划纲要(2008—2012 年)》《全国对口支援三峡库区合作规划(2014—2020 年)》《全国对口支援三峡库区合作规划(2021—2025 年)》,重庆市也相应制定了 3 个实施规划具体承接落实③。三个规划的制定和实施,紧扣国家战略为对口支援工作注入新活力,创立了推动对口支援工作的长效机制、联动机制、保障机制,实现了合作模式向政府引导与市场主导结合的

---

① "两中心两地",其中"两中心"即把成渝地区双城经济圈建设成为具有全国影响力的重要经济中心和具有全国影响力的科技创新中心;"两地"是建成改革开放新高地、高品质生活宜居地。

② 重庆三大攻坚战是全面建成小康社会必须跨越的关口,其中"三大"主要指"打赢防范化解重大风险、精准脱贫和污染防治"。

③ 重庆市水利局科技处(市对口办). 全国对口支援三峡重庆库区 30 周年成果显著[EB/OL]. http://slj. cq. gov. cn/ztzl_250/sxhxjdkzy/zcwj/ 202205/t20220528_10760630_wap. html 2022 - 05 - 28/2023 - 04 - 22.

转化,形成了"交流更加紧密、特色更加突出、合作更加互利"举全国之力支援三峡库区的良好工作格局。在此政策指导和推动下,2020 年重庆三峡库区引进对口支援项目资金 87.28 亿元,其中无偿援助资金 3.94 亿元,经济合作引入资金 83.34 亿元。2014—2020 年规划期内,重庆三峡库区对口支援累计引入资金 624.85 亿元,其中无偿援助 19.97 亿元,经济合作项目资金 604.88 亿元①。可以看出重庆三峡库区对口支援工作已取得突破性进展和成绩,为农村巩固脱贫攻坚成果工作增添了信心和动力。

除此之外,重庆市委、市政府还出台了一系列有利于农村帮扶工作和巩固脱贫攻坚成果工作相关的政策文件,涉及金融、产业、生态、教育、医疗、旅游等多方面帮扶措施,如《重庆市农村扶贫条例(2010)》《乡村旅游扶贫工程行动方案(2016)》《关于深化脱贫攻坚的意见(2017)》《关于深化金融精准扶贫支持深度贫困地区脱贫攻坚的实施意见(2017)》《关于打赢教育脱贫攻坚战的实施意见(2017)》《关于进一步推进扶贫小额信贷工作的实施意见(2017)》《关于深化脱贫攻坚扎实推进产业扶贫的实施意见(2018)》《重庆市实施乡村振兴战略规划(2018—2022)》《重庆市农村贫困人口健康扶贫医疗基金使用管理办法(试行)(2018)》《重庆市规范和完善扶贫小额信贷管理实施细则(2019)》《关于抓好"三农"领域重点工作确保如期实现全面小康的实施意见(2020 市委一号文件)》《重庆市扶贫产品认定管理试行办法(2020)》《重庆市强直性脊柱炎健康扶贫工程工作实施方案(2020)》《重庆市加强扶贫项目资产后续管理实施意见(2021)》《重庆市加快农房和村庄建设现代化实施方案(2021)》《关于支持乡村振兴重点帮扶区县的实施方案(2021)》《关于切实加强就业帮扶巩固拓展脱贫攻坚成果助力乡村振兴的通知(2021)》《关于做好全市脱贫人口、易致贫边缘人口稳岗就业工作的通知(2021)》《重庆市健全防止返贫动态监测和帮扶机制工作方案(2021)》《关于在农业农村基础设施建设领域积极推广以工代赈方式的实施意见(2021)》

---

① 数据来自封面新闻官方报道(https://baijiahao.baidu.com/s? id = 1694197005747931331 &wfr = spider&for = pc)。

《重庆市加强扶贫项目资产后续管理实施意见(2021)》《重庆市巩固拓展脱贫攻坚成果同乡村振兴有效衔接"十四五"规划(2021—2025年)》《关于巩固拓展脱贫攻坚兜底保障成果进一步做好困难群众基本生活保障工作的指导意见(2021)》《关于切实做好易地扶贫搬迁后续扶持工作巩固拓展脱贫攻坚成果的实施意见(2021)》《促进脱贫人口稳岗就业十三条政策措施(2022)》《重庆市坚决防止规模性返贫的具体措施(2022)》《重庆市乡村振兴促进条例(2022)》《关于进一步加强疫情灾情防范应对切实巩固拓展脱贫攻坚成果的通知(2022)》等等,这些为促进农村巩固脱贫攻坚成果工作机制和模式创新提供了政策导向和保障。

8.3 多主体协同联动帮扶机制构建

8.3.1 联动帮扶机制构建原则

多主体协同推进农村巩固脱贫的"政校企村"四方联动帮扶机制要求政府(主要代表政府行为的帮扶主体)、学校(如地方本科院校、高职高专、科研院所、中职等事业单位帮扶主体)、企业(主要代表金融机构、农资企业、旅游企业及各相关行业或组织等具有实体经济的帮扶主体)、村(主要代表以基层组织村为单位的帮扶客体和以农村主体家庭为单位的帮扶客体)之间建立相对稳定且紧密的帮扶合作机制,通过"政企村""政校村""校企村""村村户户"间实现优势互补、资源共享与配置最优化,达到合作效益最大化。因此,根据第2章介绍有关贫困治理理论原理的认识,按照"创新、协调、绿色、开放、共享"的新发展理念,构建多主体协同推进农村巩固脱贫的"政校企村"四方联动帮扶机制应遵循政府主导、村民主动、高校引领、协作开发、因地制宜、分类指导、校企自愿、目标一致、资源共享、优势互补、互惠互利、合作共赢的原则,共谋发展,着力改善帮扶对象村、农村家庭户生产生活条件和生存发展环境,助力推动农村地区实现长期有效稳固脱贫和共同富裕。

8.3.2 联动帮扶机制构建内涵

构建多主体协同推进农村巩固脱贫的"政校企村"四方联动帮扶机制是在重庆三峡库区帮扶资源有限情况下,为凸显各相关帮扶主体对该区域经济社会发展的支撑作用和必要性,打破以往"政校企"多方帮扶主体在帮扶工作中各自为政的格局和模式,把帮扶对象村或农户作为主体一方纳入巩固脱贫攻坚成果工作体系中,动员全社会组织和群众参与,构建"以政带资、以资带人,以校带人、以人带人,以企带农、以农带人,以人带村、以村带村"的农村巩固脱贫的"政校企村"四方联动帮扶机制(如图8-1所示),推动社会各相关帮扶主体与帮扶对象村、农户建立紧密合作机制,加强多方帮扶主体的互动,形成良好的合作氛围,更好地促进农村地区经济社会发展,全面实现农村主体长期稳固脱贫致富。在此机制模型中,四方主体价值取向融为一体,又展示各自特点,其中"人",即要充分体现"三峡人"的全面发展,帮扶工作中重点关注的是脱贫户/帮扶村主体自身能力发展。该机制主要内涵包括4个方面:

第一,"以政带资、以资带人"是根据政府对农村巩固拓展脱贫攻坚任务和帮扶目标,动员全社会帮扶资源向农村地区集聚,体现党和政府带领人民群众奔向小康社会的奋斗方向,政、校、企、村各主体之间建立帮扶资源共享机制,共谋发展,并以政府主体提供帮扶物资(如农资、家禽养殖牲口等)、财力(如低保、搬迁补贴、农业产业生产补贴、种粮补贴、公共基础服务设施建设等)、人力(如干部包干、科技帮扶团队)等实现一批农村帮扶对象主体家庭改善生活状态、生存条件以及农村地区发展环境。

第二,"以校带人、以人带人"是以学校自身的发展(如不同学校制定的"十四五"发展规划),尤其是地方高校为帮扶对象村或村民(实践中主要为定点帮扶对接的乡镇/村、困难家庭户)提供科技服务和人才支撑,更好地服务带动农村地区经济发展,校、村之间建立帮扶资源共享机制,形成良好的紧密合作关系,实现学校和帮扶对象村、农村家庭户间共赢局面。"以校带人"和"以人带人"是通过高校自身培养高级技术技能人才或培育优秀科技咨询与科技服务队伍,以人育人的方式输送技术人才带动农村地区农业技术人才的培养与发展,或高校依托当地农村培训基地、乡村讲习所、网络、"乡村振兴学院"或"田间学院"、政府基层组织等平台直接对需要帮扶的户主进行培训和指导,使其成为具有长期稳定脱贫致富的一种生存技能或具备农业产业化生产经营管理能力,以依靠技能脱贫或发展农业特色产业脱贫致富的方式带动其他农村主体实现长期稳固脱贫致富。这既可充分利用农村和学校教育资源与人才环境优势,也可充分发挥人的主观能动性、积极性和创造性。

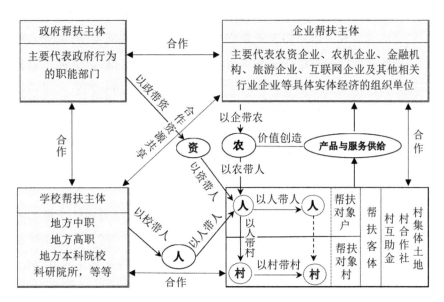

图 8-1　多主体协同推进农村巩固脱贫的"四方联动"帮扶机制模型

第三,"以企带农、以农带人"(其中"农"主要为代表农村一二三产业)是各相关行业企业帮扶主体根据自身发展战略需要,开发农村资源,开辟农村市场,与帮扶对象村、农户建立合作共赢机制,带动建成一村一品,推动农业规模化特色种养殖业、加工业、手工业、乡村旅游业、民宿、农家乐等实现农村一二三产业融合发展,并把帮扶对象主体看成是企业资源和服务的供给者(不仅为消费者,打破以往视农民群体为消费者群体,本论题研究中还包括视农民群体为生产者),以价值链嵌入的方式融入农村主体参与企业价值创造活动过程,为企业提供劳动力(或劳务)、生产资料、农产品等,从而实现农村一二三产业融合发展,带动更多的农村帮扶对象主体获得农业全产业链和价值链增值收益,进而实现农村主体长期稳定脱贫致富和收入增长。

第四,"以人带村、以村带村"是以技术人才(包括农村农业技术人才、工匠、篾匠、木匠、雕刻手艺人,或具有依靠技能脱贫的致富能手等)的支撑与劳动就业服务农村社区、农村经济建设和产业发展,村与村之间建立资源共享和村、农户之间形成合作关系,农村农业技术人才按照因地制宜、分类指导的原则,倡导人才或农村致富能手村村间自由流动,分享脱贫致富经验或创业经验(包括家庭农场大户创业),并以先富农户或村带动其他农户或村的方式最终实现共同富裕、共同发展,以人人稳固脱贫致富推动整村稳固脱贫致富,实现乡村振兴目标,其共同的目标都是为帮扶对象主体(户/村)全面稳固脱贫,实现农村居民收入可持续稳定增长和乡村面貌全面改善。

8.4 多主体联动帮扶机制运作逻辑

8.4.1 运作主体多元

多主体协同推进农村巩固脱贫的四方联动帮扶机制运作主体的最大特征是由单一帮扶主体垄断提供走向全社会参与的多方帮扶主体协同互动。传统输血式扶贫的一个基本特征是帮扶主体一元化或单一化,主要表现为政府作为主要帮扶主体担任脱贫重任,此时政府既是"掌舵者"又是"划桨者",而四方联动帮扶机制则意味着帮扶主体多元化,在重庆三峡库区农村帮扶领域中变"政府唱独角戏"为"社会大合唱(各帮扶主体联动)"。在农村巩固拓展脱贫攻坚成果工作中,各个帮扶主体之间需要彼此依赖与合作,任何一个帮扶主体都难以具备充足的知识、技能和资源来独自面对重庆三峡库区渝东北地区农村巩固脱贫攻坚成果面临的所有问题,这就要求重庆三峡库区参与农村巩固脱贫工作的帮扶主体及其手段需要多样化。其含义在于农村帮扶过程中各参与的帮扶主体应建立起紧密的合作关系,政府帮扶主体与其他帮扶主体建立合作共赢机制,并依赖各种伙伴关系网络来提供公共服务和帮扶资源实现与帮扶对象村或农户的精准对接。根据第 2 章分析的贫困治理有关理论原理,在此过程中,政府、学校、企业及民间社会组织等多个帮扶主体之间并无明显的隶属关系,实践运作中不再是依赖传统自上而下的纵向行政指令来运作,需要打破以往的政府独揽一面的诸多行政指令或强制性手段,更需要辅以彼此间的信任和合作进行协同互动,以实现共同的帮扶目标,推进农村巩固拓展脱贫攻坚成果工作增强实效。

8.4.2 运作方式多样

四方联动帮扶机制运作方式主要表现为由"输血式"扶贫(外源性帮扶方式)走向"造血式"扶贫(内源式帮扶方式)发展,其核心是促进帮扶客体(帮扶对象村/农户)自我能力发展,增强其内生发展动力,通过价值链嵌入方式实现更多的帮扶对象主体获得农业全产业链和价值链增值收益。如:通过产业帮扶途径帮助农村发展特色产业带动农村主体创业就业,进而实现稳固脱贫致富,还能在实现产业化经营过程中通过让其他需要帮扶的对象参与企业价值创造过程,从而带动其他农村主体实现增收。传统的扶贫方式忽视了区域之间的差异性,主要是政府帮扶主体主导下的强制性输入(由政府承担全部脱贫任务带有强制性),而多主体协同推进农村巩固脱贫的四方联动帮扶机制则是一种外部输入与内源式发展相结合的运作方式,强调多方帮扶主体的协同性、联动性、平等性、机会均等性及机制运行灵活性,并且鼓励农村帮扶对象群众充分参与巩固脱贫攻坚成果工作的各个环节,在参与中挖掘农村帮扶对象主体摆脱贫困的潜力,实践中可表现出多种不同的帮扶模式,如:"政府 + 企业 + 村 + 农户""政府 + 学校 + 农户""企业 + 学校 + 农户"等联动帮扶模式。农村巩固脱贫的四方联动帮扶机制尤其强调发挥农村主体的能动性、主动性和创造性,通过构建平等的对话机制和利益共赢机制使得农村帮扶对象主体有更多的机会表达自己的诉求和愿望,在尊重农村帮扶对象的主体性地位的同时,充分调动农村主体参与巩固脱贫攻坚成果工作的主动性和积极性,以实现农村地区各个利益群体的共同进步和发展。尤其是针对前期渝东北农村地区实现脱贫摘帽的乡镇或村、脱贫户、脱贫不稳定户、边缘易致贫户以及困难家庭户,四方联动帮扶机制要求充分考虑农村脱贫人口可能出现返贫的真正原因,并在尊重当地实际情况的基础上按照因地制宜、分类指导的原则开展巩固脱贫攻坚成果工作,以实现与帮扶客体或对象的精准对接、帮扶措施具体、管理过程规范、考核目标去"GDP 至上"的理念,这也是对以往重视整体区域性依靠项目投资拉动式帮扶理念的超越。

8.4.3 运作导向精准

多主体协同推进农村巩固脱贫的四方联动帮扶机制主要表现为由经济扶持走向需求导向。长期以来,整个社会一致性地把经济发展等同于贫困治理绩效,把贫困建构成一个经济性的存在。但是,农村帮扶工作中一直存在大小不一的突出问题,如:关系帮扶、瞄准目标偏离、"精英捕获"、乡村平均主义思想等一系列问题,因此它绝非一个单一的经济性事实,而是一种社会性的存在,是人与人关系、地位的表达。以往过于注重物质财富和货币收入等物质资本对帮扶的重要性,在很大程度上忽略了贫困治理的社会属性,仅仅从经济意义上去定义和阐释现代性贫困,如通过各种帮扶途径或措施在一定程度上确实提高了农户收入,但在新一轮帮扶标准下,如果农村主体缺乏稳定性的收入来源或收入增长速度跟不上物价通货膨胀速度或难以达到地方性人均消费水平,则会再次面临着返贫风险。换言之,按照不同标准划分,农村居民收入达不到社会居民平均可支配收入的 40% ~ 50% ,仍可能会被视为重点帮扶对象群体。相对而言,多主体协同推进农村巩固脱贫的四方联动帮扶机制体现的各个帮扶主体可以凭借自身的专业化能力与资源优势,为农村主体提供差异化的服务,如具有农科特色专业的地方高校(学校帮扶主体)不但可以为农村主体提供科技培训、技术服务,也可为帮扶对象村乡村治理、产业发展、乡村旅游发展等提供项目规划设计服务,同时还可以利用单位教育资源优势和技术优势替代其他一些帮扶主体单位帮扶工作中的不足或缺陷。再如:地方医疗机构或具有三甲医院等帮扶主体通过医疗下乡途径或活动不但可为农村主体提供医疗咨询服务、免费诊断并提供建议,同样可利用自身的医疗条件和设备为乡村医务室、乡村卫生院等提供专业化的服务(实践中也有称之为"支医""医疗下乡"等),这些恰恰是学校帮扶主体不具备的优势。而以往政府自上而下的帮扶模式决定了其不可能满足所有帮扶对象人口的需求,必然使得部分农村主体被边缘化,尤其是农村地区中的偏远偏僻深山山区。如此看来,传统的帮扶模式主要是以经济扶持为导向,注重物质上的帮扶,而多主体协同推进农村巩固脱贫的四方联动帮扶机制更多强调的是力求以农村帮扶对象主体真正的需求为导向,通过"望闻问切"或科学的方法辨识农村需要帮扶的对象人口,精准发力挖穷根,为农村巩固拓展脱贫攻坚成果工作奠定坚实基础,并提供新的巩固脱贫帮扶思路和路径。

8.5 多主体联动帮扶机制实践应用

8.5.1 产业帮扶模式

在产业帮扶方面,以渝东北巫溪县为例①剖析多主体协同推进农村巩固脱贫联动帮扶机制实践运行模式。巫溪县针对贫困人口多、贫困程度深、脱贫难度大等特点,坚持精准扶贫精准脱贫基本方略,以发展特色产业为主攻方向,将构树帮扶产业作为稳固脱贫工作的主要抓手,把构树帮扶与山区畜牧发展相结合,遵循"种养结合、因地制宜"思路,按照"政府＋企业＋村(专业合作社、村集体)＋农户"联动帮扶运作模式,即通过政府产业政策扶持、企业合作引导、村集体资产入股、农户参与的方式,把农村群众固化在产业链上,着力构建促进农户持续、稳定、快速增收的长效机制,探索和发展"山地型"构树产业帮扶模式,实现帮扶由"输血"向"造血"转变,带动农户稳定增收致富。其实践模式分解主要表现"政策＋技术＋典型＋产业融合"引路,发挥构树产业政策的扶持作用,确定不同区域的科学合理种植,形成与农村群体的利益联结机制,扩大构树产业的综合效益。其经验做法主要有7点。

一是由县政府＋发展和改革委员会＋农委＋科技局＋经信委＋社保局＋林业局＋乡村振兴局主要负责人联合成立构树产业工作领导小组,统筹推进产业培育试点工作。二是整合部门资源和政策形成工作合力,共同推进杂交构树帮扶产业发展。三是出台扶持政策形成构树产业发展的良好机制,如:《关于大力推进构树扶贫工程的实施意见(2016)》《构树扶贫工程试点工作方案》等,对种苗栽植、基地管护、构树饲用、加

①　本章中代表性经典帮扶案例主要根据重庆市乡村振兴局(http://fpb.cq.gov.cn)官方2020—2022年公布的相关案例素材(如产业发展、社会帮扶、培训就业等栏目)和数据进行整理而得。

工建设、技术培训等方面给予全面扶持。四是在峰灵镇龙寨村（海拔约400米）华旺农业山羊养殖基地栽种150亩、塘坊镇双柏村（海拔约800米）山羊养殖小区栽种520亩、菱角镇九盘山羊养殖小区（海拔约600米）栽种200亩、大河乡民主村（海拔约600米）栽种300亩（饲养）、胜利乡洪仙村（海拔约1400米）人川农业山羊养殖基地栽种50亩等进行试点。五是引进广东启穗农业发展有限公司等龙头企业，组建组培和种植基地。以武汉大学为技术支撑，高校与公司合作加强杂交构树优质品种组培苗繁育的研发力度和技术管理。六是由启穗公司建设构树饲料加工厂，将全县范围内基地、大户、农户种植的无法自销的构树统一回购，统一加工。七是培育构树畜禽品牌，由启穗公司建设生态食品加工厂，发展构树羊、构树猪、构树鸡等系列畜禽养殖业。巫溪县通过构树产业的帮扶带动机制，以带动农户增收为核心，建立企业与农户利益联结机制，通过农户流转土地获得租金、投资入股获得股金、参与种养获得收益，最大限度地增加农户收入。以上举措，实践中具体帮扶模式表现为"十大"模式：

（1）"基地带动"模式。该县选取种草养羊基础较好的塘坊镇建设构树帮扶示范基地，采用"企业＋专业合作社＋村集体＋农户"的模式，由村集体与本村农户、养殖大户共同组建构树专业合作社，并由合作社将种植的构树交与企业经营管理，企业每年缴纳固定收益给构树专业合作社和村集体，达到增加村集体经济收益和带动农户增收目的。塘坊镇双柏村专业合作社种植构树520亩，引进广东启穗农业发展有限公司首批接管250亩，入股到构树专业合作的103户农户户均分红达2500元，村集体经济创收约3万元。

（2）"大户引领"模式。该县支持养殖企业、大户探索"种养结合、自产自销"的构树发展引领带动模式，通过畜禽养殖、粪便还田、构树种植、饲料加工实现绿色循环发展。菱角镇九盘村养羊大户（汤穆成）试种200亩，饲养构树山羊240只，通过土地流转、吸纳务工带动周边15户农户均增收3000元/年。

（3）"散户自给"模式。该县对居住分散、土地不集中的农户每户选择种植 1～2 亩杂交构树,在满足自家饲用的同时,采取与企业签订构树产品回收协议。已有 200 户农户种植的构树 300 亩与广东启穗农业发展有限公司签订《构树种植回收协议》,公司免费指导种植技术,对鲜构树叶、干构树叶、构树皮保价回收,并在每年年终时按全年交售的构树总量,对农户的构树产品按每吨 100 元分红。

(4)"要素入股"模式。一是大河乡红光村组建金丰泰养殖专业合作社,财政扶持资金 45 万元作为村集体资产入股,45 户农户以现金入股 75 万元,17 户农户将 25 亩土地折价入股,修建标准化鱼塘 32 个,采取"村集体 + 合作社 + 农户"模式,发展鲟鱼养殖项目,养殖鲟鱼 6 万余尾,年产值达 200 万元,62 户入股农户户均分红 3 400 元/年。二是峰灵镇谭家村成立股份经济合作社,建立"人头股""土地股""资金股""固定收益 + 股份分红"分配机制,发展冬桃 1 153 亩。2019 年,冬桃挂果 10 万斤,产值 110 万元,为村集体创收 30 万元,77 户农户通过土地入股、就地务工户均增收 1 万元/年。三是天元乡新田村 19 户农户,将 187 亩土地入股林熠专业合作社,种植樱桃 65 亩、冬桃 10 亩、药材 187 亩,受益农户通过企业务工、土地入股分红,户均增收 5 000 元/年。

(5)"以房联营"模式。一是通城镇长红村探索"以地入股、以房联营"模式,由巴渝民宿公司出资 902 万元,农户通过财政补助、地票①交易收益等方式出资 334 万元,建成休闲民宿 18 栋。客房收益公司提成 20%,餐饮、农副产品收益均归农户所有。自运营以来,累计接待游客 7.8 万人次,实现客房收入 37.8 万元,农户户均增收 1.8 万元/年,并带

---

①　所谓"地票",主要指包括农村宅基地及其附属设施用地、乡镇企业用地、农村公共设施和农村公益事业用地等农村集体建设用地,经过复垦并经土地管理部门严格验收后产生的指标,以票据的形式通过重庆农村土地交易所在全市范围内公开拍卖。"地票"购买者包括土地储备机构、园区建设单位、民营企业、国有企业、自然人。"地票"交易制度是"先造地后用地",农村闲置土地资源依法有序退出,先把农村建设用地转化成耕地之后,才在城市新增建设用地,对耕地的保护力度更大、保护效果更好。同时,"地票"交易制度创新可以有效解决当前城镇化和工业化加速期内城市建设用地紧张的矛盾,而且城乡建设用地总量不增加、耕地总量不减少。关于重庆市地票交易分布特征及土地发展权交易对城乡收入的影响,可参阅:顾汉龙,刚晨,王秋兵,等. 重庆市地票交易的空间分布特征及其影响因素分析[J]. 中国土地科学,2018,32(2):48-54;张占录,李鹏辉. 土地发展权交易对城乡收入差距的影响及作用机制——以重庆地票实践为例[J]. 中国农村经济,2022(3):36-49.

动周边农户销售农特产品 84 万元。二是红池坝镇茶山村整合财政扶持资金 100 万元,租用柑子坪 4 家农户四合院,引进宁之源公司将其打造成民宿接待中心——云中客栈,自 2019 年试营业以来,吸纳农户 6 人就业,务工人均每年增收 7 000 元,公司每年向村集体分红 6 万元,并按住房面积付给农户租金 1.2 万元。三是天元乡新华村引进春旺旅游开发公司,打造红池天谷生态康养度假村,已建成红池天谷接待中心,并带动周边农户按统一标准改造农房,由公司统一运营,公司与农户按 1∶9 的比例进行收益分成,已吸纳农户 15 户参与乡村旅游发展,户均增收 4 500 元/年。

(6)"服务协作"模式。一是通过腾展家禽养殖公司为农户提供大宁河土鸡苗,免费提供药品,开展技术培训,无销路的由公司保底价回收,保证养殖户利益。年均发放鸡苗 350 万羽,带动 1.3 万户农户饲养大宁河鸡,户均增收 2 000 元。二是由宁河刺绣有限公司开办宁河绣娘帮扶车间,吸纳培训学员从事工艺刺绣、家居绣品等产品生产,培训通过后与公司达成劳务协议,在家即可制作刺绣产品。公司已发展刺绣车间 4 个,吸纳工人 210 人,人均年增收 2 万元。

(7)"联合合作"模式。一是该县古路镇观峰村推行"股权量化·保底保利"模式,建立"村集体＋企业＋农户"利益联结机制,发展集体乡村旅游。村集体将公共设施、乡村酒店、山林土地折价成 541 万元,控股51%;80 户农户以财政扶持资金 102 万元入股,占股 9.5%;企业投资420 万元,占股 39.5%。通过此模式,2019 年接待游客 30 万人次,实现利润 300 万元,为村集体创收 20 万元。39 户农户集约土地 2 500 亩,发展农业观光、花果采摘、乡村度假等服务项目,户均增收 1 万元/年。二是该县城厢镇酒泉村组建酒全种植专业合作社,通过"村集体＋合作社＋农户"模式,实行"统一规划、统一标准、统一品牌、统一包装、统一销售",推动青脆李规模化发展,发展脆李 6 000 亩(成龄果树 3 500 亩),合作社年销售脆李 400 万元,为村集体分红 12 万元,带动 62 户农户年均增收 1 万元。同时,成功举办"浪漫李花·唯美酒泉"李花节 5 届,吸引万余名游客游园赏花,培育乡村旅游接待户 10 户,年收入达 100 万元,探索出一条"春赏李花、夏摘李果"的"农旅"融合致富之路。三是该县天元乡象坪村组建专业合作社,采取大户带散户模式抱团发展,将 11 户农户相对分散的山林、土地等资源统一规划、集中整合,集中发展毛猪1 000余头、黄牛 50 余头、山羊 500 余只、中华蜜蜂 300 余群,通过务工、土地入股户均增收 1.5 万元/年。

(8)"反租倒包"模式。一是该县红池坝镇茶山村建立"公司＋集体＋农户"模式,集中打造生态休闲农业示范果园,收益按65∶30∶5的比例分红。在果园未见效期间,企业将果园返租给 4 户大户套种辣椒 308亩,生产资料由企业包干,产品收益按农户与公司 7∶3 的比例分红,年产售辣椒 50 余万斤,亩均收益 3 000 元。示范果园吸纳 140 户农户土地,每亩获得租金 400 元,并带动 66 户参与季节性务工,户均增收 3 400 元/年。二是该县天元乡天元村仁贵专业合作社流转土地 230 亩,平整后返租给19 户农户种植中药材,免费提供生产资料和管理技术,实行订单保底回收,超过预期效益实行二次分红,农户在从事中药材发展中获得租金、薪金、股金"三金"收入,户均增收 1.1 万元/年。

(9)"订单生产"模式。一是该县发展订单烤烟。采用"订单种植＋烟叶保险＋保底收购"模式,鼓励农户订单种植烤烟,发展烤烟 2.61 万亩,参与种植农户 767 户,实现户均增收 8.8 万元/年。二是发展订单中药材。该县天星乡寒峰村依托尚农农业专业合作社,与 31 户农户签订订单种植协议,种植前胡、金荞麦,年产值 58.4 万元,户均增收 4 000 元/年。除此之外,还通过引进太极集团达成订单种植协议试点种植紫菀、前胡、苍术等 179.33 公顷,带动周边农户 121 户实现户均增收 1.2 万元/年。三是发展订单蔬菜。该县长桂乡依托重庆建工集团、重庆能源投资集团、重庆市建筑业协会等帮扶集团职工食堂,订单认购农户土鸡、蜂蜜、腊肉、蔬菜等农副产品 70 余万元。

(10)"流转返聘"模式。一是该县胜利乡胜利村天平农业发展公司和祥胜食用菌专业合作社租用土地 480 亩,发展高山蔬菜,支付租金 19万元/年,返聘当地农户 55 人参与季节性务工,年支出工资 40 余万元,户均增收 7 300 元/年。二是由青山包专业合作社在尖山镇川山村、白云村租用 600 亩土地发展中药材,支付租金 25 万余元,返聘当地农户临时性用工达 110 人,支付工资 80 余万元,户均增收 7 400 元/年。

值得一提的是,万州区马岩村发展特色产业基地,按照"政府引导、村社主动、企业为主、农户参与"的原则进行建设,产业基地采取"政府 + 企业 + 村(基地或合作社)+ 农户"的生产经营模式,由政府财政提供产业扶持资金进行资助,村合作社与企业、合作社与农户合作,并由企业为主带动特色产业发展,全村农户参与,实现了农户收入增长、农村经济发展、企业稳步增效、政府巩固脱贫成果的四方共赢局面。其特色产业发展带动农户致富的现状,如表 8-1 所示。该村利用多年的柑橘栽植历史和适宜的生态环境,按照"发展一大支柱产业、促进一方经济发展、带动一片群众致富"的思路,完成了 16.66 公顷柑橘、16 公顷青脆李、21.67 公顷晚熟柑橘等果园的建设和改造,已经发展成为万州区传统的农业优势产业和现代农业的优势特色产业。

在特色产业帮扶引导下,特色果园产业从 2016 年开始,3 种特色产业发展带动了农户致富,年底获取土地租金分红、劳务、销售提成等收入,增收累计人均 4 000 元/年,实现该村 3 个组的农户收入增长。其次,在林下养殖特色产业方面,该村依托丰富林业资源,扩大林下养禽和养畜的规模。土鸡帮扶项目中在村 7 组修建 500 平方米鸡圈舍,同时租用的村集体山林作为该村组农户集体资产,出租给合作企业获得租金,并吸纳该村所有农户参与企业务工、养殖等。年底,以农户向企业交售的农产品和务工收入为基数,按照比例奖励分红。目前该村 7 组的农户通过资产分红、企业务工、卖青储饲料等方式,年累计增收人均 3 200 元。这种由企业为主充分吸收农户参与企业价值创造过程,为企业提供生产资料、农产品和劳务服务,实现了农户增收,同时也体现了政府、企业、村和农户四方主体的互动过程。

表 8-1　万州区马岩村发展特色产业实现农户增收情况

帮扶项目	建设规模/地点	合作单位主体	产业补贴（万元）	总投资（万元）	利润分配目标/年	产品销售实现社会效益
柑橘	16.66 公顷/村 1 组	万州安昌黄花种植专业合作社	21.00	24.92	106 户 232 人，人均增收 1 000 元	实现 500 人次用工
青脆李	16 公顷/村 7 组	万州安昌黄花种植专业合作社	20.00	20.00	106 户 225 人，人均增收 1 200 元	实现 500 人次用工
晚熟柑橘	21.67 公顷/村 3 组	重庆富泽丰家生态农业有限公司	30.00	52.25	128 户 313 人，人均增收 3 000 元	实现 300 人次用工
土鸡	1 万只/村 7 组	万州发万土鸡养殖专业合作社	29.00	29.00	87 户 210 人，人均增收 1 000 元	实现 200 人次用工

注:数据来源于中共龙沙镇马岩村支部委员会 2017 年脱贫自查验收报告的整理。另,万州区于 2017 年已实现全部脱贫摘帽。

8.5.2 金融帮扶模式

在金融帮扶方面,充分利用小额信贷工具,运行"政府 + 企业(金融机构) + 村(互助金/合作社) + 农户"联动模式助推农户实现增收致富,分别以巫溪县和奉节县为例进行解读。

(1)以巫溪县为例。该县政府实施财政补贴和信贷支持,在系统总结扶贫小额信贷经验基础上,以"政策引导、银行参与、农户贷款、政府贴息"的方式切实解决农户群众担保难、贷款难问题。如:政府设立 1 500 万元风险金、1 500 万元贴息金、500 万元保险金,以"政府 + 银行 + 担保 + 保险"互联融合的发展模式,重点支持农户 5 万元以下、新型农业经营主体 100 万元以下的产业贷款。现已成功放贷 3 710 余万元,诚信贷 1 300 万元、一二三产业融资担保贷款 1 500 万元,有效解决了农户产业发展启动资金难问题。与此同时,建立企业、合作社与农户利益联结机制,鼓励支持龙头企业、村大户、社会能人带动乡村发展产业,按照龙头企业帮带 5～10 户、合作社帮带 2～5 户农户标准落实帮扶责任,已有

459 家企业、合作社通过吸纳就业、托管代养、订单采购、技术服务等订单带动 6 352 户农户从事产业发展,实现户均增收 2 000 元/年。此外,该县以组建规范村资金互助社为抓手,规范完善村资金互助社 39 个,入社农户3 760 户,资金总规模 2 870 万元(其中财政扶持资金 2 000 万元,社员自筹资金 750 万元,水利部帮扶 120 万元),累计发放贷款 6 400 万元,主要用于产业发展、基础设施建设、社会事业等方面,助推了 1 250 户农户实现增收。

(2)以奉节县为例。该县利用小额信贷破局开路,立足产业带动农户致富。该县以扶贫小额信贷为抓手,坚持问题导向、靶向施策,有力打破阻碍群众产业发展"瓶颈",全面推行"一人一亩高效田、一户一个标准园",累计为 14 245 户农户提供资金 6.6 亿元,放款额居重庆市前列,助推该县农户增收致富。其实践模式分解主要表现为"政策体系 + 优化流程 + 产融结合 + 服务保障"四方发力,破解"贷款难""贷款慢""贷款用""贷款收"的难题,主要表现在 7 个方面:

一是该县先后配套出台《奉节县精准金融扶贫产品创新方案》《奉节县金融扶贫支持产业发展工作实施方案》《关于加强扶贫小额信贷贷后管理的通知》等一系列针对性强的专项政策文件 16 个,通过融合"政府 + 金融机构 + 农户"模式,从政府增信、风险防控、政策激励等 10 个方面构建了较为完整的金融帮扶体系,实现了承贷银行和农户"零风险"对接、"政府扶、干部帮、银行贷、群众用"的良好放贷环境。

二是该县根据银行定量指标和社会管理定性指标,通过"金融服务中心 + 发改委 + 财政局 + 农委 + 乡村振兴局 + 银行"六方联动,按 ABC 三级联合确定小额贷用户信用等级,分别给予 3 万元~5 万元授信额度。出台《奉节县扶贫小额信贷信用示范户(村)评选方案》等文件,每年评选 30 个信用示范村,每村可以申报一个 50 万元~100 万元的基础设施、产业发展等资金奖励项目,每年评选 3 000 户信用示范户,实施"梯度增信"(上浮 20% 授信额度),并可优先办理无还本续贷、展期等业务。

三是建立信贷助理员制度,开展贷前农户家庭状况、信用评级、贷款用途等信息审查,贷中实时督导调度、把控信贷资金使用范围,贷后上门查看、跟踪调查、提前预警风险,最大限度保障资金使用安全。同时,按100 元/人/年的标准,设立扶贫小额信贷风险补偿基金 6 217 万元,为所有农户购买精准脱贫保险,形成"政银"联动、保险跟进、基金补偿的风险缓释机制。

四是坚持精准识别、因户施策、宜贷则贷 3 项基本原则,每村组建调查管理服务团队,工作人员随身携带平板电脑,运用小额扶贫信贷 APP,实行"一站式"上门服务,实现贷款申请"到村到户、只跑一次",大大提升了放贷效率。有信贷需求的农户只需单一登记,通过"服务团队—村和乡镇—县金融服务中心—承贷银行"四方会审流程,7 个工作日内放款到户,单户贷款对象最快 3 个工作日可到账,实现农户足不出户就能拿到贷款。

五是坚持合理引导贷款农户围绕当地特色产业选择适宜项目,并同步配套 2 000 元(户/年)产业到户扶持资金。该县共有 4 400 余户发展脐橙、油橄榄、中药材、山羊 4 大农村主导产业;2 600 余户发展优质粮油、生态蔬菜、精品烟叶 3 大优势产业;2 300 余户发展脆李、蚕桑等小特精产业项目;2 700 余户发展农产品加工、乡村旅游等二、三产业;户均年增收达 5 000 元以上,基本形成了"村村有产业、户户有项目、人人有事干"的产业发展氛围。

六是创新带户模式用准贷款,整合资金 1.66 亿元,实现 376 个村集体经济全覆盖,量化集体经营性资产 3.14 亿元,方便农户快速"入股"集体经济,对接帮扶龙头企业、合作社等新型经营主体,实施抱团发展、资产返租等带户模式。如该县龙桥乡阳坝村农户(刘学练)采取抱团发展模式,带动本村另外 2 名农户发展乡村旅游,年均增收 1 万余元;汾河镇曹家村用资产返租模式带动 27 户农户返租 2 亩土地发展猕猴桃,户均年增收 1.2 万元。

七是构建"县、乡、村"三级金融服务网络,打通农村金融服务"最后一公里",利用公益性岗位配备 135 名农村金融助贷员,由县金融服务中心统一管理培训,赋予助贷、宣传、服务、监管等多种职能合一。通过签订承诺书,制定"村规民约",创示范、树榜样、评先进,增强信用意识、责任意识,防范化解经营风险。2018年以来,该县已成功创建9个市级金融帮扶示范点,评选信用示范村41个,信用示范户2 780户,形成了良好的农村金融生态。

8.5.3 教育帮扶模式

在教育帮扶方面,渝东北云阳县委、县政府组建教育帮扶领导小组,成立教育扶贫办,紧盯目标任务,层层压实责任,聚焦特困地区、特困学生和特殊群体"三特"对象,因地因人因材精准施策,建立"政府+学校+村+农户"四方联动帮扶机制,注重扶志和扶智相结合,确保全县因贫因残的每一名学生享受到公平而有质量的教育。如:为海拔800米以上的52所村学校7 000余名学生的所有教室安装了取暖设备、为全县山区80余所寄宿制学校4.7万名寄宿生每人购置一床棕垫、为海拔1 000米以上3 000余名学生每天每生增加1盒牛奶等等。针对办学良莠不齐的问题,实施城乡教育一体化发展战略,补齐乡村教育在管理、师资、质量等方面的短板,如:该县青龙小学、泥溪小学、协合村校等9个"远程互动课堂"已实现城区优质资源与乡村地区学校共享,组织农坝小学等56所学校,建立质量提升、特色发展、家校共育等11个教育联盟,推动了山区乡村学校管理水平、师资素养、教育质量全面提升。同时,健全学前教育到大学阶段贫困学生资助体系,确保全县3.7万名困难家庭学生全覆盖资助,整合部门及社会团体资金近2 670万元,资助大学生6 325人,教育系统6 748名干部教师结对帮扶有困难学生的农户家庭9 206户,对困难户子女开展扶志、扶智教育,采取"广宣传、勤走访、赠物资、帮就业、助销农产品"等措施,帮助农户脱贫致富。

在就业创业培训方面,按照"先富帮后富、实现共同富裕"的基本理念和"政府主导、多方参与、产业引领、精准培养"的工作途径,紧扣"能力培训、孵化创业、带动增收"3大环节,以学校或培训基地为平台,采取集中培训、现场教学、经验分享相结合的方式,开展乡村农村电子商务、乡村旅游经营及林下种养殖等专题创业致富带头人示范培训班帮助农户实现增收致富。以渝东北开州区为例,该区共培育致富带头人442人,与农户签订带动合同1 520户,全区135个行政村致富带头人实现了全覆盖。其中,该区谭家镇花仙村党员致富带头人返乡创业,创办泰旭农业综合开发有限公司(总资产达到2.3亿元),冷水鱼流水养殖基地占地350亩,已建成标准化流水养殖池10万平方米,成为中国内陆单体面积最大的冷水鱼流水养殖基地。现养殖各类商品鱼550万尾、多年生鱼子酱专用鲟鱼150万斤,产品远销上海、郑州、长沙等地,鱼子酱出口法国、丹麦、俄罗斯,年产值4 000万元。2018年以来,基地为全区农户免费提供养殖技术、销售信息和销售渠道,年均培训800人次以上,为全国各地培训致富带头人500人次,带动45名农户稳定就业。在泰旭示范农业带动下,花仙村于2016年脱贫出列,贫困发生率降为0.03%,农民人均可支配收入增加到9 000元/年。再如:城口县巴山镇新岭村农户户主(陈国友)通过培训、学习掌握了养殖关键技术,发展了一定规模的林下种养殖特色产业,实现净利润10万余元/年,同时解决了30余户农村家庭户到基地务工,带动了其他农户增收。

8.5.4 旅游帮扶模式

在旅游帮扶方面,通过"政府 + 企业 + 村(集体资产/合作社) + 农户"四方联动运作模式发展乡村旅游带动农户增收致富,分别以巫溪县和巫山县为例进行解读。

(1)以巫溪县为例。该县通过价值链嵌入方式实现农户获得全产业链和价值链增值收益。如:观峰村(该村180户)将自家土地、山林等进行折价入股,企业以现金方式入股,村集体将公共设施、乡村酒店及政府财政扶持资金102万元作为股金入股,村集体占股51%,农户和企业占股49%,年底按股金7%进行保底分红,按照"集体控股、公司经营、成果共享"的方式来发展集体乡村旅游,2017年实现收入240万元,有22户农户创办起农家乐,在公司带动下增收达3万元,没有能力创办农家乐的46户农户,通过入股和种植公司统一规划的蔬菜、水果,年均增收达1万元。与此同时,在龙池村投入财政扶持资金50万元,作为该村农户股金入股百味佳食品公司,由公司在该村建设集种植、养殖、加工、观光于一体的生态循环农业园区,46 户农户通过土地流转、种植蔬菜、养殖生猪、保底分红等方式增收达 3 000 元/年。利用乡村旅游产业帮扶资金,采取"利益兜底"方式,分别在木龙村园隆国际农庄、和平村和美农庄入股 65 万元,作为该村农户股本金,用于农庄乡村旅游建设,170 户农户通过订单蔬菜、公司务工、保底分红等方式,户均增收 3 500 元/年;在三坪村投入财政扶持资金 100 万元,作为村集体及 37 户农户股金入股腾展家禽有限公司,农户通过参与该公司务工、流转土地、养殖土鸡、保底分红等方式实现增收,已带动 67 户农户户均增收 4 200 元/年;在广安村、安里村、石门村投资 150 万元财政扶持资金,组建村农业专业合作社,带动农户通过资产入股、种草养羊等方式发展山羊养殖,120 户农户通过资产分红、出售商品羊,户均增收 3 000 元/年。

(2)以巫山县(中国旅游强县)为例。该县依托得天独厚的自然和人文资源,紧紧抓住全市唯一的全域旅游创建试点县机遇,坚持将全域旅游作为拉动县域经济发展和助推农户致富的新战略、新引擎,走出了发展旅游助推农户致富的新路子,为该县巩固脱贫成果、乡村振兴奠定了坚实的基础。该县按照"一城两轴三片十一廊道"和"一心三线"旅游空间布局打造大景区,依托乡村旅游带动 2 085 户农户家庭实现收入增长致富。

一是依托景区辐射带动农户直接就业实现收入增长。该县景区项目建设过程中,与施工企业协商提供劳务用工指标,优先安排曾纳入建卡贫困户人员,带动 17 个涉旅乡/镇 918 户农户 3 561 名群众直接就业。景区、酒店营运管理直接提供就业岗位 5 208 个,带动 563 户建卡贫困户 1 572 余人直接就业。依托旅游公路提供长期性公益岗位 2 051 个,直接帮助 751 户建卡贫困户 3 383 人实现稳定就业,人均每年增加收入 2~3 万元。

二是依托景区消费带动农户创业增收致富。该县依托景区辐射的 17 个乡/镇 45 个村进行旅游开发并建成一批乡村旅游景点,鼓励当地村民参与旅游开发,已培育出 313 家农家乐、305 个农村电商网点、58 家茶馆酒馆、49 家乡村旅馆等旅游新业态,带动农户 1 127 户 5 366 人实现增收致富。与此同时,组织景区、宾馆、酒店、商店定点购买村民农副产品,帮助农户 1 355 户 6 097 人实现稳定增收。除此之外,还成立旅游合作社、产业合作社等乡村集体经济组织,搭建电商平台,为游客、景区经营企业提供农副产品,帮助农户销售农副产品。

三是依托景区项目建设带动农户直接增加财产性收入。该县依托景区旅游业态、旅游民宿等项目建设,积极利用"三变"改革模式(资源变股权、资金变股金、农民变股民),利用村民的闲置房屋、设备、土地等资源,通过租用或入股的形式参与旅游项目建设,获得该项目租金或分红收入,帮助农民实现财产性收入增加,带动农户实现致富。如该县万亩茶园项目以"企业+村(合作社/村集体)+农户"的模式签订四方协议,村民利用土地以村集体组织的名义统一打包成立专业合作社,由公司对专业合作社实施兼并收购,并负责项目建设和营运,其中公司占股 32%、合作社占股 32%、村集体和村民合计占股 36%。项目建成后的前 3 年,企业以租用土地每亩 300～350 元补助给村民;第 4 年开始,企业按照人头分红(占 50%)的模式分配给村民。再如:该县三峡院子项目,旅发集团与神女景区内柳坪村十社原有 7 户农户签订房屋租赁合同,以固定的价格租赁房屋 20 年,并一次性付清租金,直接增加农户财产性收入。同时,旅发集团将村民房屋改造为特色民宿酒店后,优先安排 7 户农户在内的 50 余名农户就业,帮助农户实现增收。

四是依托开发乡村旅游项目带动农户实现收入增长。该县先后出台《加快乡村旅游发展的实施意见》《巫山县国家和市级乡村旅游重点村名录及县级乡村旅游示范村创建计划方案》等,通过整合资源、创新模式、融合发展将乡村旅游业培育成全县旅游产业的重要增长点。按照乡村旅游发展总体规划,结合乡村振兴总体要求,坚持以交通为先导、以产业为基础、以文化为灵魂,积极创建 30 个乡村旅游国家和市重点村名录及县示范村,通过大力发展乡村旅游,增加农民收入,最终实现农户致富。2019 年全县从事乡村旅游行政村 110 个,乡村旅游从业户数 4 150 户,旅游业经营场所 775 个,总收入 3 938.25 万元,累计带动 2 085 户农户实现增收,其中柑园村、权发村、哨路村乡村旅游各具特色。如:1)柑园村通过招商引入新村民,由新村民与集体经济组织共同成立以民营资本为主导的多种所有制企业,共同参与乡村旅游建设和运营。由村集体组织收储老村民的部分房屋和土地,按收储价格转让给新村民,建立利益联结机制,实现老村民、集体经济组织共同享受利益。由新村民独立投资建设示范性项目,项目建设完成后按 5% 的经营股份分配给村集体经济组织共同运营,通过增加村集体经济组织收益反哺村民收益。同时,新村民直接提供公益性岗位,吸纳老村民就业,增加收入。2)权发村由国有公司、民营企业和村集体经济组织共同组成混合制企业,建设和运营乡村旅游项目。由村集体组织收储老村民的部分房屋和土地,按收储价格转让给国有公司,民营企业与国有公司分别占 51% 和 49% 的股权共同投资建设项目,建立利益联结机制。项目建设完成后,国有公司释放 5% 的股份给村集体经济组织,由民营企业、国有公司和村集体组织共同运营,实现老村民、集体经济组织共同享受利益,推进建设业态丰富的乡村产业链,带动乡村旅游多元化发展。3)哨路村引入生态康养民营企业和新村民,由生态康养民营企业、新村民、集体经济组织组成股份制企业,民营企业投入重资产,新村民投入轻资产,建立利益联结机制。依托康养项目建设,村集体经济组织征收规划范围内村民的土地和房屋,直接增加村民财产性收入。生态康养民营企业对乡村旅游项目给予技术和资金支持,依托生态康养项目引领乡村旅游发展,同时吸纳村民务工,帮助村民增收。生态康养区内的宾馆、酒店、商店定点购买村民农副产品,帮助村民销售农副产品,实现村民增加收入。其中,该村村民徐承梅为致富代表深值一提,该户以房屋入股的形式,与投资人一起合作开办农家乐,现如今已经成为了集纳凉度假、娱乐、餐饮为一体的农家乐园,旺季每天能接待 100 余名游客,平均收入能达 6 000 余元/天,家庭年收入超过 10 万元左右,还带动了周围 3 户农户在农家乐就业。

从 3 个村乡村旅游发展模式可以看出,其模式均体现了"政府 + 村(合作社/村集体资产)+ 企业 + 农户"多方帮扶主体的互动,为农户实现增收致富提供了典型示范和标杆。

8.5.5 文化帮扶模式

在文化帮扶方面,近年来,渝东北地区地方高校通过"高校 + 政府 +

社会组织＋企业＋村"联动模式,开展了系列文化帮扶和教育活动,助力乡村振兴,丰富乡村文化生活。

重庆安全职业技术学院①组织志愿者深入巫溪县通城镇云台村进行安全知识进乡村活动,挨家挨户宣传和普及食品、交通、防火防盗安全常识,通过安全知识情景剧、现场安全演练等形式指导村民进行消防灭火、结绳逃生、急救包扎、心肺复苏,提高村民自救能力,丰富乡村文化和生活。

其次,在万州区郭村镇三根村,重庆幼儿师范高等专科学校"向日葵的微笑"文化艺术服务团,结合该校艺术专业特点和学校优势,组织当地留守儿童,指导他们进行手工、绘画、演讲朗诵等素质拓展课程,开展小品、音乐、舞蹈等文艺演出活动,还给孩子们快乐的童年,弥补乡村教育的短板和不足。

再次,重庆三峡学院通过暑期"三下乡"活动,组织文化艺术团给村民带去文艺汇演,并将精准帮扶与中国传统孝善文化有机结合,通过唱响红色歌曲与老人们缅怀年轻时光,给留守儿童们带去关怀与快乐的同时也丰富了老人们的生活,既弘扬了革命精神又发扬了尊老爱幼的传统美德。如:该校以"十校结百村·艺术美乡村"为主题活动,深入万州区甘宁镇对乡村文化振兴工作情况进行深入调研,为艺术助力乡村文化振兴共谋良策,在该镇着力打造集三国文化、农耕文化、田园文化、鼓乐文化于一体的甘宁文化名片,并整合甘宁故里、何其芳故居、万州大瀑布群、国家农业公园、"奇芳花谷"、玫瑰香橙种植等优势资源,加强"农、文、旅"深度融合。同时,该校安排艺术设计团队根据甘宁镇的产业特色和民情民风,因地制宜地对楠桥村、毛家屯等地的房屋、村道等景观建筑进行设计,打造为集生态、休闲、民宿、养生于一体的多功能特色美丽乡村。值得一提的是,在文化帮扶方面,除服务万州区乡村之外,该校还组织了

---

①　渝东北地区地方高校一共 7 所,主要是一所本科院校(重庆三峡学院)和 6 所高职高专院校(重庆三峡职业学院、重庆三峡医药高等专科学校、重庆安全技术职业学院、重庆幼儿师范高等专科学校、重庆科技职业学院、重庆信息技术职业学院),这些院校具有服务地方经济和乡村振兴的独特区域优势。

"青春飞扬、乐和巫溪"的主题活动,与巫溪县上磺镇羊桥村当地村民朋友同吃、同住、同劳动,宣讲政策,普及科技文化,并通过展板向村民讲解农技知识和倡导低碳生活,掀起了当地群众学知识、学文化、学技术、懂法律的热潮。同时,该校还会同重庆市内其他高校(如西南大学、重庆大学、重庆师范大学、四川美术学院等)在巫溪县城北门城楼和红池坝国家森林公园联合举办了多场"青春飞扬,乐和巫溪"大型文艺汇演,为巫溪人民送上了精彩的视听盛宴。

事实上,处于三峡库区中心腹地城市——万州区一直发挥着"领头羊"作用。该区以"文化进基层活动"为载体,联合万州区各高校、企业、民间艺术团体、区文化馆和区民乐团等,通过小品、戏曲、歌舞等文艺演出,积极宣传了有关国家和地方帮扶政策和成效,有效丰富了村民文娱生活。

8.5.6 科技帮扶模式

在科技帮扶方面,重庆三峡职业学院(涉农为主的地方院校)推行"高校+政府+企业+村+农户"的联动模式,充分利用科技优势开展精准帮扶工作。该校驻村工作队充分利用当地自然条件,联合地方高校专家,培育优质稻大米,为拓宽收入来源,大力培育优质鲤鱼,建立稻鱼种养循环系统,探索出"稻鱼共生"生态发展之路。同时,该校坚持"生态产业化,产业生态化"原则,发动村民,在万州区白土镇大林村发展"稻鱼共生"产业5 800余亩、青脆李2 000亩、仙草花1 000亩,形成"林地药""林中菌""田中鱼"等特色产业(如图8-2所示),让村民找到了可持续发展的致富之路,有效帮助农户实现增收。

除此之外,重庆三峡职业学院还充分发挥自身专业优势,联合中国现代农业职教集团等单位,积极组建了新型职业农民培训中心、重庆市现代农业技术应用推广中心、智慧农民信息化工程中心3大平台。2019年,该校进一步搭建"政、校、行、企"合作平台,建成了重庆市首个田间学院——重庆三峡职业学院乡村振兴学院。以此为契机,该校先后成立了重庆三峡职业学院白土分院、大周分院、天元乡分院、双土分院、同鑫园分院和龙驹分院。可以看出,该校的系列科技帮扶措施,为推进渝东北

图8-2　万州区白土镇大林村稻田养鱼项目

地区乡村振兴、巩固拓展脱贫攻坚成果工作提供了有力的技术保障和人才保障,有力推进了特色农产品和生态乡村游的发展,有效促进了地方乡镇的产业发展以及村民的经济增收①。

8.5.7 消费帮扶模式

在消费帮扶方面,按照"政府+企业+非政府组织+学校+村(专业合作社/村集体)+农户"联动运作模式,实现乡村产业振兴和农户收入增长。以巫溪县为例,该县坚持"政府引导、社会参与、市场运作、互利共赢"原则,紧紧围绕以市场消费拓展农户收入来源这一主题,探索开展政府采购承销、帮扶单位助销、扶贫专柜展销等多种帮扶模式,实现年销售农副产品1.2亿元,辐射带动1万余户农户增收致富,成功走出了一条消费帮扶新路子。实践中具体帮扶工作表现为"八销模式":

(1)"政府采购承销"模式。该县制发分解落实年度消费帮扶政府采购承销任务,对219个机关、企事业单位划定消费帮扶任务,通过预留采购份额方式采购帮扶农产品1 350万元,其中通过扶贫"832"平台采购350万元。组织召开政府采购推进会,搭建对接平台,41家预算单位与19家专业合作社现场达成采购协议,涉及金额110万元。同时,用好学校食堂,引导重庆绿盛源食品有限公司与49家农村经济组织达成订

---

① 文秀月,许册,刘进. 重庆三峡职业学院以精准扶贫助力乡村振兴[N]. 重庆日报,2020-04-17(034).

单采购协议,定期采购农户蔬菜直供县内 107 所中小学食堂,已完成采购 303 万元。

(2)"电子商务营销"模式。该县在淘宝、天猫、京东等平台开设"巫溪特色馆",与本地平台邮乐购、"57 生活馆"形成混搭平台,把该县"土货"卖向全国,销售洋芋、人川甲鱼、牛肉干、老腊肉等农特产品 2 300 万元,其中该县麻辣卤牛肉被评为重庆市"爆款农产品"。引入淘实惠、猪八戒、渝教科贸、香满园、香堇电子商务等企业,培育出"巫溪老实人""馨曦食品""丁马农业""秦巴食客"等一大批网红商店,完成线上销售 1 900 万元,成功推出具有本地特色店的"红池·中岗原""天谷·元乡"等电商品牌,"逍遥巫溪淘宝店"被《重庆日报》专题报道。开展直播带货活动 400 余场,销售额达 731 万元,"巫溪秀芽"、秋梨膏登上央视财经直播,成效显著。

(3)"展会宣传推销"模式。该县筹资建设占地 2 000 平方米的消费帮扶馆,设指挥、体验、服务、直播、活动等 5 大功能区,专销《全国扶贫产品目录》产品或农户生产的产品。举办青脆李、老鹰茶等专场产销对接活动 10 余场次,现场销售和预售产品达 150 万元。组织涉农企业先后到西南政法大学、重庆文理学院、重庆医药高等专科学校、万州万达广场、龙湖时代天街等地开展展销活动 18 场次,销售金额达 300 万元。举办"美食美客·爱尚巫溪"惠民消费活动、美食厨艺大赛,筹办"年货节""10.17"扶贫日①等系列活动,专门开设农副产品展销区,大力推销农产品。

---

① "10.17"扶贫日即从 2014 年开始每年 10 月 17 日是国家扶贫日,也是国家消除贫困日。其中,国家扶贫日的由来:自 2014 年 8 月 29 日,国务院扶贫办召开会议,决定自 2014 年起,将每年 10 月 17 日设立为"扶贫日"。设立"扶贫日"充分体现了党中央、国务院对于扶贫开发构成的高度重视,也充分体现了对于贫困地区贫困群众的格外关心,所以设立"扶贫日"是继续向贫困宣战的一个重要的举措,也是广泛动员社会各方面力量参与扶贫开发的一项重要的制度安排。2022 年 10 月 17 日,是我国第九个国家扶贫日。同时,也是全球第三十个国际消除贫困日。关于国际消除贫困日的由来:国际消除贫困日,又称国际灭贫日,是联合国组织在 1992 年 12 月 22 日会议上通过 47/196 决议,自 1993 年起,把每年 10 月 17 日定为国际灭贫日。它的设立旨在唤起世界各国对因制裁、各种歧视与财富集中化引致的全球贫富悬殊族群、国家与社会阶层的注意、检讨与援助。

(4)"商场超市直销"模式。该县开展"扶贫产品进商超"消费帮扶活动,组织县内巫宁农业、祥发农业、天贵农业等新型经营主体,将农户农产品统一标准、统一包装,集中送往重庆主城、成都两地的发联、王府井、重百、新世纪、永辉等大型商超,直供直销店达 20 家、销售额超 300 万元。在县内新世纪、大京都、"我的家"等 13 家商超开设本地农特产品销售专区,完成销售 470 万元。

(5)"旅游带动促销"模式。巫溪县举办 2020 年渝中·巫溪文旅扶贫暨夏季旅游消费季活动,渝中区组织 50 家旅行商深入巫溪,现场带货销售 40 万元。该县将茶山村农旅融合示范片、长红村巴渝民宿、兰英村天路民宿区等 3 地打造成为泰安市工会职工疗养基地暨"泰山情"特约服务单位,组织接待泰安市劳动模范、优秀职工及山东游客,带动巫溪农特产品销售。在红池坝景区、红池云乡、观峰村等 20 处景区景点,统一设立农特产品销售区,销售帮扶农产品 50 万元。牵引肥城鸿熹桃木文化用品有限公司与巫溪龙凤工艺品有限公司开展深入合作,订单生产工艺木梳、木雕工艺等旅游产品 500 余万元。

(6)"帮扶专柜展销"模式。该县积极争取山东泰安帮扶支持,在泰安市相关学校、超市设立消费帮扶专柜 18 个,定点销售蜂蜜、牛肉干、中药材、高山蔬菜等农特产品 60 万元,同时与泰安云农集团签订协议,试点在"线上"开设"巫溪专区",完成销售 45 万元。借力重庆市教委帮扶集团,在重庆大学城开设"巫溪小店"体验店,在重庆三峡学院等 20 余所高校,设立农产品消费帮扶专柜,销售农特产品 50 余万元。与重庆中科锐星公司通力合作,稳步推进消费帮扶智能柜投放试点工作,在县内机关、学校、医院、企业、社区等公共场所布设消费帮扶专柜 100 台,专销本地帮扶农特产品。

(7)"帮扶单位助销"模式。该县深入开展"渝货进山东"鲁渝协作消费帮扶行动,县内天贵农业、滕展家禽、同利中药材等企业与山东商贸公司、批发市场签订 1 500 余万元农产品采购合同,完成供销 600 万元。同时,积极向山东泰安党政机关、企事业单位、社会组织、城市社区推介帮扶农特产品,完成采购 120 万元。获得水利部、市农业农村委、市教委、渝中区等帮扶单位大力支持,采购农产品 1 190 万元。激活县内各帮扶单位力量,引导驻乡驻村干部、帮扶责任人当好消费帮扶"店小二",帮助结对帮扶村和农户销售农产品 500 万元。

(8)"社会力量帮销"模式。该县出台巫溪县工会系统消费帮扶专项行动实施方案,明确各级工会在使用工会组织经费或职工福利费采购物资时,优先采购帮扶农特产品,完成采购 203 万元。依托"万企帮万村",组织民营企业、社会组织等社会力量 81 家,结对帮扶 91 个行政村,采取"以购代捐""以买代帮"等方式购买农户农副产品 180 万元。与此同时,充分发挥餐饮协会、商会、慈善机构对农户的辐射带动作用,引导县内发顺大酒楼、渝溪集团、大山义工等社会力量,与专业合作社精准对接,购买农户农特产品 140 万元,助力消费帮扶。

综上分析,通过构建多主体协同推进农村巩固脱贫的"政、校、企、村/户"四方联动帮扶机制,并引入渝东北地区不同区/县代表性经典帮扶案例解读该机制运行实践模式和内涵。可以看出,该机制运行模式打破了政府、企业、学校等多方主体参与农村帮扶工作各自为政的局面,将社会组织和村(户)纳入巩固脱贫攻坚成果工作过程的主体之中,有效发挥了多方主体优势、充分实现资源共享,促进了各帮扶主体与帮扶对象村(户)的精准对接与帮扶,形成了多种共赢格局。同样,通过解读该机制运行模式,可得到两点启示。一方面,在地方多主体帮扶工作体系中,通过产业帮扶、教育帮扶、科技帮扶、文化帮扶、金融帮扶、旅游帮扶、消费帮扶等方式,有效实现了各帮扶单位组织优势资源的转化,打破了以往村民传统生产劳作方式,促进了乡村产业发展、缩小城乡发展差距,扩宽了销售渠道、提升了劳动效益,提高了村民生活质量。另一方面,通过就业创业培训、文化教育以及对村民的技能培养,保障了农村主体的权益和自我能力的可持续发展,有利于实现长期稳定脱贫,同时还能丰富农村文化生活。

8.6 多主体联动帮扶机制考评体系构建

通过上一节分析多主体协同联动帮扶机制实践应用的灵活运作方式,实践中农村帮扶工作宏观层面上有可喜的成绩,然而,涉及帮扶主体的具体考核方面,即如何检视各主体帮扶效果,需配有一套行之有效的监督与评估体系才能从整体上对帮扶主体的工作绩效进行量化考核,以反映帮扶主体的工作成绩。重庆三峡库区巩固脱贫攻坚成果不仅仅涉及产业帮扶、教育帮扶、金融帮扶、旅游帮扶、文化帮扶、科技帮扶、消费帮扶等领域,还包括帮扶机制建设、农村经济发展、农村主体贫困程度、农村人文发展、农村公共服务、农村基础设施、农村生态环境等多个方面。如何贯彻习近平总书记关于精准扶贫的指导思想,使农村主体真正脱贫不返贫、奔小康、科学评估、全面评价并监督多主体协同推进农村巩固脱贫的四方联动帮扶机制考评体系构建显得尤为重要。它既能够有效提升帮扶工作的针对性及有效性,又能够结合实践中所出现的问题进行解决,进一步明确下一步工作的方向与重点。结合前面章节所分析的四方联动帮扶机制构建思路、内涵和实践运作方式,本节主要考虑了 11个维度和 63 个考察帮扶效果的指标,包含代表各方不同帮扶主体构建的联动帮扶机制考评体系,帮扶目标在体现对帮扶对象村或农户的量化指标上,以期为政府从宏观层面考察各帮扶主体的实际帮扶绩效。

8.6.1 考评体系构建原则

考评体系构建原则除考虑常用性和具体实情相结合、全面性和可操作性相结合之外,还应体现以下 2 点:

(1)主观与客观相结合。多主体协同推进农村巩固脱贫的四方联动帮扶机制考评体系构建考虑既有主观人为因素也有客观因素方面,实践操作过程中坚持主观与客观相结合的方式。在主观方面,一是关注农村脱贫户实际感受与需求,以及农户家庭对帮扶工作的满意度及认可度等主观考评指标;二是结合关注帮扶工作领域的专家、学者及政府一线工作人员访谈情况,了解帮扶主体的工作感受,希望进一步找准帮扶工作的关键核心要素,甚至会涉及第三方评估机构;三是通过收集当地帮扶典型经验与有效做法,通过帮扶在真抓实干中取得显著成效,以及从群众、农户与社会认可的做法中提取关键和核心指标,结合以上 3 个方面进行综合设计。在客观方面,通过国家及地区相关农村巩固脱贫攻坚成果工作流程中产生的客观数据考核帮扶实效。

(2)理论与实际相结合。科学有效的机制考评体系构建离不开顶层的制度设计,也需要政策在基层的有效推行。既要从现有理论成果中找到指标依据,也要适应实际工作中进行量化考核,同时还要考虑到考评体系设计未来的应用性。关于贫困治理在制度安排上已经基本实现了考核体系、考核内容、考核程序的综合布局,在政策实践上构建了以第三方评估为特点的上下联动考核体系。多主体协同推进农村巩固脱贫的四方联动帮扶机制考评体系构建是在现有的帮扶工作考核基础之上,结合帮扶实际情况与渝东北地区特有区情,以"扶真贫、真扶贫、真脱贫、不返贫"为基本目标,从多个方面考察帮扶实际效果,从切实改善农村帮扶对象人口生活水平、村容村貌及人的全面发展为出发点,构建全面体现农村社会经济环境的多维度影响因素指标,构建符合巩固拓展脱贫攻坚成果的持续性和长远性指标考评体系。

8.6.2 帮扶机制考评体系

多主体协同推进农村巩固脱贫的四方联动帮扶机制考评体系设计的最终目的是为全面加快推进实现共同富裕阶段性目标,其本质就是要到 2035 年确保稳定实现全体人民共同富裕取得更为明显的实质性进展,人民生活更加美好,人民生活更为宽裕,中等收入群体比例明显提高,城乡区域发展差距和居民生活水平差距显著缩小,基本公共服务均等化基本实现,全体人民共同富裕迈出坚实步伐。因此,农村巩固拓展脱贫攻坚成果过程中考察帮扶对象获得效果和状态进展,反映的是帮扶对象生活状况及农村治理结果与帮扶目标的距离。遵循上述构建原则,在农村巩固脱贫和乡村振兴过程中构建重庆三峡库区多主体协同推进农村巩固脱贫的四方联动帮扶机制考评体系,其科学可行性主要有理论依据和现实依据 2 个方面。

一是理论依据方面,主要有多维贫困理论[①](多维贫困指数主要考察涵盖健康、教育和生活 3 个方面)和联合国开发计划署(UNDP)提出的人类发展指数(Human Development Index,HDI)[②](主要从健康水平、教育程度、生活水平 3 大部分进行评价)。除此之外,第 2 章的理论分析部分也为此提供了基础依据和支撑。

二是现实依据方面,参考依据来自于全面建成小康社会指标和国家统计局制定的《全面建成小康社会统计监测指标体系》从经济发展、文化教育、生活质量和资源环境等方面设置的评价指标。此外,根据第 4 章和第 5 章分析的重庆三峡库区农村巩固脱贫现状和面临的困境与挑战,农村主体不仅在教育、健康和生活水平等多个方面有待改善,在农村生态环境建设、基础设施建设等方面也亟待加强。在客观条件上还存在"边际"地理区位、自然环境恶劣、人力资本水平低、经济发展水平低、基础设施建设滞后等制约因素,而且在交通、安全饮水、安全住房、生态环境等方面也需要改善。

由上依据,结合地方农村帮扶工作实践,设计多主体协同推进农村巩固脱贫的四方联动帮扶机制考评指标体系(2021—2025 年),包含帮扶机制建设、农村经济发展、农村主体贫困程度、农村人文发展、农村公共服务、农村基础设施、农村生态环境以及针对农村帮扶领域的金融帮扶、产业与科技帮扶、教育与文化帮扶、旅游与消费帮扶等 11 个维度 63 个考察指标,如表 8-2 所示。每个指标维度对应的考察帮扶主体对象,最终由帮扶效果指标体现其结果,其中各维度指标参考值可根据地方政府制定的不同时段的阶段性农村帮扶目标(或乡村振兴目标)进行动态调整和优化,针对不同阶段性任务时间设置,如 2026—2030 年、2031—2035 年等,以此推进完成阶段性帮扶任务目标。

① 参见:Alkire S,Foster J. Counting and multidimensional poverty measurement [J]. *Journal of public economics*,2011,95(7):476 - 487.

② 关于指数选取和解释参见:刘燕. 健康期望寿命作为评价人类发展水平指标的探索性研究——基于人类发展指数(HDI)的分析[D]. 广州:广州医学院,2012.

表 8-2　多主体协同推进农村巩固脱贫的

四方联动帮扶机制考评指标体系(2021—2025 年)

指标维度	考察对象	考察指标(帮扶效果)	单位	参考标准值
帮扶机制建设	帮扶主体组织单位	Mc.1 帮扶机制建设与落实情况	—	第三方评估
		Mc.2 农村主体家庭户帮扶满意度	—	第三方评估
		Mc.3 帮扶政策宣讲到户率	%	≥100%
		Mc.4 党建帮扶对口支持任务完成率	%	≥100%
		Mc.5 帮扶干部/负责人对接帮扶对象人口覆盖率	%	≥100%
		Mc.6 农村帮扶资金对口覆盖率(帮扶对象家庭)	%	≥100%
农村经济发展	基层政府帮扶主体	Ed.7 农村家庭年人均可支配收入	元	≥18 000
		Ed.8 农户家庭年均收入与城镇居民年均收入比值	%	≥70%
		Ed.9 农村城镇化率	%	≥65%
		Ed.10 农村居民消费支出占 GDP 比重	%	≥36%
		Ed.11 农村帮扶对象人口居民恩格尔系数	%	≤40%
		Ed.12 帮扶对象村农民专业合作组织建设比	%	≥98%
		Ed.13 农村帮扶对象户参与增收项目比	%	≥100%
农村主体贫困程度	基层政府帮扶主体	Pl.14 农村主体家庭人口贫困发生率	%	≤0.1%
		Pl.15 农村脱贫人口返贫率	%	≤0.5%
农村人文发展	基层政府帮扶主体	Hd.16 农村人口平均寿命	岁	≥78.5
		Hd.17 农村帮扶对象人口文盲率	%	≤20%

续表

指标维度	考察对象	考察指标（帮扶效果）	单位	参考标准值
农村人文发展	基层政府帮扶主体	Hd.18 农村六十岁以下帮扶对象家庭人口就业率	%	≥97%
		Hd.19 农村九年义务教育阶段平均巩固率	%	≥98%
		Hd.20 农村帮扶对象家庭计算机普及率	%	≥60%
		Hd.21 农村帮扶对象家庭户获得技能	门	≥1
		Hd.22 帮扶对象村通宽带率	%	≥98%
		Hd.23 帮扶对象户年参与乡镇民生问题议事权利	次	≥1
		Hd.24 农村人均文化消费支出占总支出比重	%	≥15%
农村公共服务	基层政府帮扶主体	Ps.25 农村帮扶对象户基本养老保险参保率	%	≥100%
		Ps.26 农村广播电视入户覆盖率	%	≥100%
		Ps.27 自然村卫生室覆盖率	%	≥95%
		Ps.28 新型农村合作医疗参与率	%	≥98%
农村基础设施	基层政府帮扶主体	Ic.29 行政村通硬化路率	%	≥100%
		Ic.30 行政村客运班线通达率	%	≥100%
		Ic.31 已通电自然村占比	%	≥100%
		Ic.32 农村饮水安全人口普及率	%	≥100%
		Ic.33 农村自来水普及率	%	≥90%
		Ic.34 农村卫生厕所普及率	%	≥75%
		Ic.35 农村安全住房率（危房改造率）	%	≥100%

续表

指标维度	考察对象	考察指标（帮扶效果）	单位	参考标准值
农村基础设施	基层政府帮扶主体	Ic.36 统一搬迁户人均住房面积达标率	%	≥70%
		Ic.37 帮扶对象村5G等通信站点建设覆盖率	%	≥70%
		Ic.38 能用手机/电脑上网操作的农户占比	%	≥70%
农村生态环境	基层政府帮扶主体	Ee.39 森林覆盖率或提高比率	%	≥50%或≥3.5%
		Ee.40 农村拥有沼气池率	%	≥20%
		Ee.41 农村公厕覆盖率	%	≥100%
		Ee.42 农村生活垃圾无害化处理率	%	≥95%
金融帮扶支持	企业帮扶主体	Fs.43 农村帮扶对象户参与信贷覆盖率	%	≥60%
		Fs.44 金融机构支持有需求的小额信贷覆盖率	%	≥100%
		Fs.45 优质特色农产品保险覆盖率	%	≥100%
产业与科技帮扶	基层政府与企业帮扶主体	As.46 产业帮扶资金配套参与率	%	≥100%
		As.47 农村产业培育目标任务完成率	%	≥100%
		As.48 新型农业经营主体培育完成率	%	≥100%
		As.49 农村"一村一产"规模化产业发展覆盖率	%	≥100%
		As.50 农村帮扶对象户获得农业实用技术覆盖率	%	≥100%
		As.51 适度规模化特色农产业增长率	%	≥3.5%
		As.52 农业产业帮扶项目带动帮扶对象户就业率	%	≥100%
		As.53 农业特色产业带动农村帮扶对象户比例	%	≥100%

续表

指标维度	考察对象	考察指标(帮扶效果)	单位	参考标准值
教育与文化帮扶	学校帮扶主体	Ec.54 农村帮扶对象家庭子女接受高等教育比例	%	≥100%
		Ec.55 农村帮扶对象家庭子女受教育资助覆盖率	%	≥100%
		Ec.56 支援帮扶对象乡村教育覆盖率	%	≥100%
		Ec.57 农村帮扶对象户参与各类培训覆盖率	%	≥100%
		Ec.58 科技服务当地帮扶对象村/户覆盖率	%	≥100%
		Ec.59 农村帮扶对象人口参与文艺下乡活动率	%	≥100%
		Ec.60 教育资源支持农村留守儿童覆盖率	%	≥100%
旅游与消费帮扶	企业与社会组织帮扶主体	Tc.61 乡村旅游开发支持农村帮扶对象户覆盖率	%	≥100%
		Tc.62 乡村旅游带动帮扶对象人口收入增长率	%	≥20%
		Tc.63 社会帮扶主体采购帮扶农特产品增长率	%	≥20%

8.7 传统粗放式扶贫与多主体联动帮扶机制的比较

通过对农村巩固脱贫四方联动帮扶机制构建思路、内涵、运作逻辑、实践应用及考评体系的分析,不难发现,多主体协同推进农村巩固脱贫的联动帮扶机制与传统粗放式扶贫模式进行比较,在瞄准对象、帮扶对象识别、帮扶方式、帮扶效果、帮扶主体、机制建设、考评体系、生态治理等方面对农村巩固脱贫攻坚成果工作提出了较高要求,也是解决传统粗放式扶贫存在问题的有效途径。具体而言,表8-3给出了两者的比较结果。

表8-3　传统粗放式扶贫与多主体协同推进农村巩固脱贫联动帮扶机制的比较

模式选择 对比项目	传统粗放式扶贫	多主体协同推进农村巩固脱贫的四方联动帮扶机制
瞄准对象	贫困地区	帮扶对象人口、帮扶对象家庭/村
帮扶对象识别	抽样调查后逐级往下分解	政府组织指导,自行申报评议,自下而上参与式,体现农村主体的平等地位和权利
贫困成因及分类	未做详细调查分析	分析农村主体致贫根因及返贫风险因素,因地制宜,分类指导和精准管理
帮扶方式	单一"输血式"扶贫或政府主导下强制性输入	多个方面"造血式"差异化按需帮扶,注重农村帮扶对象人口自我能力发展,增强脱贫内生动力
帮扶效果	解决短期生存问题,容易引发制度依赖、惰性,面临返贫风险高	挖掘农村主体内生动力,提高其创收能力、致富技能和就业机会,主动摆脱贫困状态,强调长期稳固脱贫致富,面临返贫风险低
帮扶主体	以政府帮扶主体、慈善团队为主,或政府承担帮扶重任和主要脱贫任务	在政府主导下,调动基层(乡村)、地方高校(包括高职高专)帮扶主体、行业企业帮扶主体、非政府组织(NGO)、科研机构等全社会组织单位帮扶主体及社会群众参与,强调帮扶主体协同联动作用效果
监督与管理机制	上级政府主导,帮扶工作不透明,民众参与度低	适度监管提高透明度,把帮扶对象作为监督的重要力量,提高帮扶对象人口参与度,引入第三方评估机构
长效机制	对帮扶效果关注度低、模糊不清	强调帮扶效果可持续性或长期稳固脱贫,建立多主体协同推进农村巩固脱贫的长效联动帮扶机制

续表

模式选择 对比项目	传统粗放式扶贫	多主体协同推进农村巩固脱贫的四方联动帮扶机制
考评体系	以考核 GDP 为重,缺乏有效的激励机制,考核指标少,缺乏对单个帮扶主体考察帮扶效果	建立多维考核指标体系,涉及村、户等多个维度的发展因素,同时在联动帮扶机制中考察不同帮扶主体的帮扶效果,并可根据阶段性帮扶目标任务对帮扶效果指标值进行动态调整
生态治理	不注重环境资源可持续性开发和合理利用	因地制宜,以环境友好型、资源节约型的方式帮扶,强调环境资源开发的可持续性利用

　　综上分析,动员并引导全社会组织(或群众)帮扶资源和帮扶主体向农村地区集聚,探索全社会帮扶主体参与农村巩固脱贫的联动帮扶机制是实现农村地区巩固拓展脱贫攻坚成果的有效途径。总体来说,"政校企村"四方联动帮扶机制发挥了代表政府、学校、企业、村(农户)四方主体的各自优势,实现了优势互补资源共享,打开了"政、校、企"3 方代表性帮扶主体各自为政的局面,可有效促进政府、学校、企业等社会帮扶主体与帮扶客体(帮扶对象村/户)的精准对接,推进"政企村""政校村""校企村""村村户户"间形成多种共赢的格局。

　　本章通过构建多主体协同推进农村巩固脱贫的四方联动帮扶机制在渝东北不同代表性脱贫摘帽区县的探索应用,最终实现农村家庭收入增长,从而巩固脱贫成果,推进乡村振兴。在四方联动帮扶机制运作下,也可得到一些启示:一是通过不同帮扶模式发展农业特色产业和乡村旅游帮助农户增收致富,这种模式打破了农民传统的农业生产经营观念,改变了以往春耕、夏锄、秋收、冬藏的传统农业生产观念,实现了农户获得农业全产业链和价值链增值收益,促进了农业科技的进步,加快了村社经济、庭院经济的快速发展和农村经济结构的调整;二是农村巩固脱贫四方联动帮扶机制中,通过对农民进行就业指导和生产经营能力培训,培育了一批掌握新型农业技术的现代农民,提高了农民的综合素质和经营管理能力,实现科学种养殖产业规模化发展,有效地带动了农户家庭增收致富。

第 *9* 章
结论与启示

9.1 基本结论

本论题研究以重庆三峡库区(重点渝东北地区)为主要研究畛域,按照遵循"扶持谁(帮扶客体或农村主体:帮扶对象村/户)——谁来扶(帮扶主体:政府、地方高校、企业等帮扶主体)——怎么扶(载体:构建多主体协同推进农村巩固脱贫的联动帮扶机制)——如何扶(策略:提升巩固脱贫效果的机制创新建议)"的逻辑,借鉴机制设计理论、协同治理理论、整体性治理理论及中国特色反贫困理论等理论原理,采用定性与定量相结合、实证分析与规范分析相结合等方法,从理论上总结归纳出农村巩固脱贫过程中农村地区市场网络特征,结合渝东北地区农村帮扶工作实情和调查统计数据,在分析农村巩固脱贫现状和面临的现实困境与挑战基础上,从个体特征、家庭特征、社会环境特征 3 个方面实证分析了农村主体收入增长的影响因素,以此为依据,进一步探讨了如何选择巩固脱贫的农村主导产业培育方向和重点,最后设计了多主体协同推进农村巩固脱贫的四方联动帮扶机制及其考评体系,并从产业帮扶、金融帮扶、教育帮扶、旅游帮扶、文化帮扶、科技帮扶、消费帮扶等 7 个方面引入代表性帮扶经验案例,对多主体协同推进农村巩固脱贫的联动帮扶机制运作实践模式进行分解,进一步验证该联动帮扶机制运行的有效性、灵活性和适用性,体现了其构建的可行性和推广价值。

事实上,通过前面的分析,在第 3 章中从宏观层面深入了解和认识农村市场网络结构特征,有利于开展农村帮扶工作,同时结合重庆三峡库区乡村振兴工作实践,在第 4 章中总结了渝东北地区农村巩固脱贫经验,可以看出农村帮扶工作取得了突破性进展和巨大成绩(2020 年完成脱贫攻坚任务)。通过对调查数据进行统计分析,深入认识脱贫攻坚任务完成后农村居民及家庭生活环境、农村公共基础设施以及农户对帮扶资源的需求现状等概况,并与 2018 年脱贫攻坚效果进行了比较。尽管重庆三峡库区农村巩固脱贫具有一些良好的基础、优势和政策利好机遇,但农村巩固脱贫攻坚成果仍面临着一些挑战和困境(包括已脱贫户面临返贫风险的不确定性)。进一步地,通过第 5 章、第 6 章的分析,这些挑战和困境不仅表现有主观上的认识因素,还有客观上的现实障碍;不仅有农村主体自身方面的因素(个体特征或家庭特征因素导致),也有帮扶工作机制方面的问题。因此,针对过渡期内农村巩固拓展脱贫攻坚成果,帮扶任务转向和工作重点仍需要动员全社会帮扶主体参与和帮扶资源向渝东北地区集聚。于是,通过详细深入研究和实证分析,可以得到一些主要观点。

第一,本论题通过拓展金字塔底层低收入群体研究的有关文献的观点来揭示农村市场与发达市场网络之间系统性的特征差异。具体而言,在农村地区,其市场网络以更少的集中度、直线性和更多的结构洞为特征,在农村社区群族内具有较高的本地化族群密集性,但在群族之间密集性较低,且含有更多的结构洞;农村网络关系通常表现为更直接和非正式化,互动频率也更频繁,且涉及网络成员间互动领域的多样性,并非限于商业或专业领域,在网络边界规模上也显得更小;农村市场网络中成员具有更大的多样性,但开拓农村市场的商业企业普遍较少,而且农村市场中正式化网络关系具有更多不稳定性和不可预见性,但非正式化网络关系则具有更多的稳定性和弹性。这些差异特征对我国大型企业及跨国企业进入农村市场开展价值创造活动具有重要的启示和意义。

第二,渝东北地区作为重庆东北门户,在三峡库区有着重要的战略地位。当前农村巩固脱贫攻坚成果过程中不仅面临农村主体个体特征方面(思想观念落后、防止返贫理念认知意识不强、受教育程度低、产业化经营能力缺乏、收入创造能力不足)、家庭特征方面(子女求学、家庭用地、高山住房、身体状况)的因素障碍,还有客观环境因素(基础设施建设滞后、农村特色产业总体发展水平低、地区产业经济发展带动能力不足)和制度方面因素(关系帮扶、监管不力、拥有的权利体系和机会体系弱势)的制约影响,其农村主体主要表现为贫困维度多、帮扶线更高、人口数量更多、续存期漫长等特点。农村巩固拓展脱贫攻坚成果应动员全社会帮扶主体参与乡村振兴工作和帮扶资源向渝东北农村地区集聚。

第三,从家庭人均收入视角测算农村帮扶对象群体的结果来看,基于重庆三峡库区的调查数据,分别以2020年重庆市和我国城乡居民人均可支配收入为基准,按照我国学界惯例算法(人均可支配收入的1/3或40%)确定防止返贫帮扶线,大致为848~1 028元/月和885~1 073元/月,则可大致推测重庆三峡库区农村低收入群体需要帮扶的对象规模分别占24.1%和28.4%;若按照国际惯例算法(人均可支配收入的50%或60%)确定防止返贫帮扶线,大致为1 284~1 541元/月和1 341~1 610元/月,则农村低收入群体需要帮扶的对象规模分别高达45.4%和48.5%。换言之,这部分帮扶对象群体是农村巩固拓展脱贫攻坚成果工作的重点帮扶对象,以确保脱贫不返贫。

第四,从影响农村主体家庭收入增长的因素来看,主要表现有个体特征因素、家庭特征因素和社会环境特征因素。个体特征因素方面,户主年龄、户主教育程度、户籍身份属性等变量是影响农村主体收入增长的关键因素;家庭特征因素方面,家庭人口数量、家庭劳动力数量、土地集中连片程度、是否具有稳定收入来源、是否有辍学子女、家庭健康人口状况、是否接入互联网、是否加入专业合作社、是否有小规模种养殖产业、生活性债务程度等变量是影响农村主体收入增长的关键因素;社会环境特征因素方面,主要表现为家庭子女学习学费减免政策支持程度对提高农户家庭收入水平具有显著性影响,而且不同变量或政策支持的影响程度不同,影响方向也不同。具体而言,户主年龄越大不利于家庭收入增长,家庭户主接受文化教育程度越高有助于提高收入水平,而且从农村迁移城市转入城市居民身份也有助于提高家庭收入水平。单从个体特征因素出发,其中农户对帮扶政策的理解越深入越透彻也有利于提高农村主体家庭收入。从家庭特征因素看,家庭人口越多不利于人均收入水平提高,而家庭中劳动力人口越多则有利于提高人均收入水平;家庭承包的土地集中连片化程度越高有利于实现家庭收入增长;具有稳定收入来源的家庭也相应会提高收入,而且农户家庭发展小规模种养殖产业,加入了专业合作社或通过互联网手段拓展销售渠道有利于实现家庭人均收入增长,但家庭中生活性债务程度越大不利于家庭收入增长,或者家庭中存在辍学子女、有残疾人口或亚健康人口等会阻碍家庭实现收入增长。从社会环境特征因素看,最具有显著性影响的因素是农户家庭看重子女求学获得的相关学费减免政策的支持程度,但有关乡村公共交通、信贷支持、精准识别、农业生产技术和补贴、发展乡村旅游、教育培训等对农户家庭收入增长的影响并不显著。

以往仅依靠政府帮扶主体全力推进脱贫攻坚工作,贫困治理成本巨大,闲散的社会资本未能得到充分利用,这种阶段性的"输血式"帮扶工作难以持续。党的十九大报告提出实施乡村振兴战略,明确强调坚持农业农村优先发展,加快推进农业农村现代化建设。在该战略中,产业兴旺是实现乡村全面振兴的基石和经济基础,其最重要的内容就是发展现代农业,归根结底即是说要如何选择和优先培育好农村农业主导产业。重庆三峡库区作为国家长江经济带发展战略的重要纽带,农村农业主导产业的选择和培育直接关系到区域经济增长的速度和发展水平,对区域经济发展和农民长期稳固脱贫致富具有重要战略意义和积极作用。在三峡库区乡村振兴过程中,科学合理地选择并确定其农村农业主导产业,关系到整个区域的经济发展和农业产业结构的合理性。三峡库区现代农业主导产业的正确选择既能体现产业增长力强,市场覆盖面广,经济效益显著,辐射作用大,并带动其他相关产业的发展,还能较快实现农民稳定就业和增收,巩固拓展脱贫攻坚成果,对重庆加速推进乡村全面振兴,破解城乡统筹发展不平衡问题及在三峡库区率先实现农村产业兴旺、可持续稳固脱贫不返贫等具有深远的现实意义。那么,如何选择和培育农村现代农业主导产业发展重点和方向,根据第7章的分析,借鉴产业经济学有关理论原理,构建农村现代农业主导产业选择指标体系和指标模型,通过指标测算分析,确定了可以巩固脱贫成果的农村农业主导产业选择重点和培育方向。于是,通过研究,又有下面的观点。

第五,农村地区农业主导产业不同于城市工业主导产业,既要考虑乡村地区农业发展特性,又要充分考虑指标适用性和数据可获得性。从产业发展增长潜力、区域比较优势、产业关联度、经济社会效益方面确定农村现代农业主导产业选择指标,构建科学合理的农村农业主导产业选择与培育指标体系,科学合理规划农村主导产业选择重点和培育方向,有利于推动乡村产业振兴,从而巩固农村脱贫攻坚成果。构建的三峡库区农村现代农业主导产业选择评价指标体系,具有较好的应用性和推广价值,应用于重庆三峡库区渝东北其他区县,通过测算指标结果进行比较,可发现不同区县农村主导产业培育的重点和方向,并在资源有限条件下发挥各区县的农产业优势和特色。从三峡库区腹地中心城市万州区农村现代农业主导产业选择和培育来看,巩固农户脱贫致富通过发展小规模种养殖产业,优先培育诸如茶叶、烟叶、奶业、林业、油料、水产养殖业等有利于农户家庭长期稳定增收。对地方政府而言,鼓励并引导当地村民发展靠前的农产业作为农村农业主导产业进行优先培育,进行产业规模化生产经营和管理,并给予相应的产业政策支持,如产业项目补贴、拓展销售渠道、生产技术培训等,是从产业帮扶视角巩固农村主体脱贫不返贫的一种有效途径和策略。

通过产业帮扶视角研究推动农村巩固脱贫成果仍显不足,在农村巩固拓展脱贫攻坚成果过程中,为实现乡村全面振兴,农村公共基础服务设施、农村生活环境、农村基础教育、农村产业发展(包括乡村旅游)等均应同步改善和全面提高,这需要一套可行的、稳定的农村巩固脱贫长效帮扶运行机制。因此,如何设计该运行机制就成为本论题关注的重点。通过第 8 章的深入研究和分析,多主体协同推进农村巩固脱贫的联动帮扶机制是动员全社会组织主体和群众参与,包括代表政府、地方高校、企业(各行业)、社会组织或非政府组织(Non – Governmental Organizations,NGO)、村、农户等主体协同互动,构建不同帮扶主体参与农村巩固脱贫攻坚成果的四方联动帮扶机制,并从产业帮扶、金融帮扶、文化帮扶、科技帮扶、教育帮扶、旅游帮扶、消费帮扶 7 个方面全面解析了多主体协同联动帮扶机制运行实践模式。实践证明,多主体协同推进农村巩固脱贫的联动帮扶机制模型具有广泛的应用性、适用性和推广价值。于是,通过深入研究和分析,又有如下 2 个方面的观点。

第六,多主体协同推进农村巩固脱贫的四方联动帮扶机制,打破了以往"政、校、企"多方帮扶主体在帮扶工作体系中各自为政的格局和模式,把帮扶对象村或户作为主体一方融入农村巩固脱贫攻坚成果工作体系中,动员全社会组织和群众参与,构建"以政带资、以资带人,以校带人、以人带人,以企带农、以农带人,以人带村、以村带村"的多主体参与农村巩固脱贫的联动帮扶机制,实现了帮扶主体与帮扶客体的精准对接,是创新帮扶工作机制助力农村巩固拓展脱贫攻坚成果的新思路,也是创新"三农"工作思路、推进乡村实现全面振兴的一种有效方式。

第七,多主体协同推进农村巩固脱贫的联动帮扶机制在重庆三峡库区渝东北地区产业帮扶、金融帮扶、教育帮扶、旅游帮扶、文化帮扶、科技帮扶、消费帮扶等领域实践应用,体现了多方帮扶主体在农村巩固脱贫攻坚成果工作机制中的互动逻辑，形成了多种各具特色的联动帮扶模式。如：在产业帮扶方面，有"政府＋企业＋村＋农户""政府＋高校＋企业＋村（合作社或基地）＋农户"等联动模式；金融帮扶方面有"政府＋企业（金融机构）＋村（互助金）＋农户"联动模式；教育帮扶方面有"政府＋高校＋村＋农户"联动模式；旅游帮扶方面有"政府＋企业＋村（集体资产）＋农户"联动模式；文化帮扶方面有"政府＋高校＋社会组织＋企业＋村"联动模式；科技帮扶方面有"政府＋高校＋企业＋村＋农户"联动模式；消费帮扶方面有"政府＋高校＋企业＋村（合作社）"联动模式。总体来看，多主体协同推进农村巩固脱贫的联动帮扶机制运行模式打破了以往帮扶村、农户被动接受帮扶的格局，发挥了代表政府、地方高校、企业、村（农户）不同主体的各自优势，实现了优势互补资源共享，可有效促进"政企村""政校村""校企村""村村户户"间形成多种共赢的格局。

从理论上构建多主体协同推进农村巩固脱贫的联动帮扶机制并在帮扶工作实践中得到了灵活应用，而且，帮扶工作成绩显著。可以看出，不同帮扶主体结合自身优势，采取了一些积极措施，全面帮扶农户脱贫致富取得了良好成效，如政府提供的农业产业项目补贴措施，金融机构帮扶主体发放的信用贷款，地方高校结合自身的科技和资源优势给农户提供不同类型的创业就业培训和农业生产技术指导服务等等。于是，根据以上研究结果，本论题将于下一节提出一些促进农村巩固脱贫帮扶效果提升的机制创新建议。

9.2 研究启示

9.2.1 建立动态调整机制，科学设定防止返贫帮扶线

科学合理设定防止返贫帮扶线标准，统筹城乡发展建立阶段性调整机制。进入新发展阶段以后，发展型贫困在一定时间内将长期存在，返贫风险不可忽视且情况更为复杂，乡村振兴任务依然繁重。

（1）建议以城乡居民人均收入中位数的40%作为参考基准。帮扶对象更多是针对那些收入水平相对较低，需要通过普惠性政策和市场化手段实现增收的群体。从目标导向来看，帮扶线设定应与帮扶政策措施相挂钩，建议以城乡居民收入中位数的40%作为防止返贫线来识别农村需要帮扶的群体。如此设定主要是用于对农村主体人口规模和发展状况进行监测统计，为制定宏观性、区域性帮扶政策以及指引市场化帮扶资金投向提供依据，但不与特惠性福利措施挂钩，以避免出现"福利陷阱"[①]和"悬崖效应"[②]。

（2）推荐收入比例法划定防止返贫标准线。各区/县需深入开展防止返贫动态监测帮扶排查，及时将出现返贫致贫风险的农户识别为防止返贫监测对象，做到应纳尽纳。可以考虑用不同收入水平作为防止返贫线的衡量标准，并允许一定的区域、城乡差异，以更加准确地识别农村地区出现的返贫状况。为了更加贴合实际情况，在设定防止返贫线时，还需要考虑农村家庭人口规模、结构以及住房和医疗等刚性支出，设定不同档次的防止返贫帮扶线，而不是简单设定一个适合所有家庭的单一标准。按照"一户一策"的原则，及时采取针对性帮扶措施，确保帮扶到位、

---

① "福利陷阱"是一个经济术语，是指二战后的福利国家通过创办资助社会公共事业，实行包括养老、医疗、生育、工伤等方面的高福利政策，以调节缓和矛盾，保证经济生活平等和社会秩序正常运行的制度。详细了解可参阅：黄少安，陈言，李睿. 福利刚性、公共支出结构与福利陷阱[J]. 中国社会科学，2018（1）：90-113，206.

② 悬崖效应（Cliff Effect）或砖墙效应（Brick Wall Effect），应用在电信领域是指数字信号接收的突然损失现象。与模拟信号不同，在信号强度降低、电磁干扰增加或多径增加时，模拟信号的接收质量逐渐降低；相反，数字信号或是完全可接收、或是完全不可接收的。在数字信号的接收质量—信号质量图像中，曲线像是"跌下了悬崖"，突然衰减，而不是一个逐渐衰减的过程。该术语在经济学领域也指一个与其相关的现象。具体而言，在经济学中，悬崖效应是一种正向反馈循环，主要用于描述对银行投资组合进行信用风险评估时，降低单个证券的信用评级而可能导致的一系列不成比例（放大）的连锁效应。例如，信用评级机构预期银行某项投资的信用风险上升，就会下调对其信用评级，结果导致银行为达到国家规定的资本要求，将面临额外的资本筹集费用。尤其在次贷危机期间，由于多数投资的评级大幅下降，银行不得不补充大量资本，银行在最需要用资本来应对高额损失的时期，还要承担更高的筹资费用，将导致银行财务状况的进一步恶化，信用评级因此会继续下降，从而进入一种恶性循环。于是，将这种由外部评级引发的亲周期性现象称之为悬崖效应。更多解释可参阅：韩振，鲍晓菁. 消除民政救助"悬崖效应"[J]. 瞭望，2014（47）：25-26；林万龙，刘竹君. 变"悬崖效应"为"缓坡效应"？——2020年后医疗保障扶贫政策的调整探讨[J]. 中国农村经济，2021（4）：53-68.

消除风险。

（3）建立区域差异不同档次的基准动态调整机制。考虑到城乡、区域之间存在巨大收入差距，建议以省/直辖市为单元，按各区域城乡居民人均可支配收入中位数的高低划分为高中低3个档次，每一档使用排序位于中间区域的居民人均可支配收入作为基准，然后乘以40%设定对应的防止返贫线。在周期性调整方面，可以把防止返贫线纳入各区/县国民经济和社会发展五年规划，或巩固拓展脱贫攻坚成果专项规划，以5年为周期，根据收入增速和收入分配结构进行动态调整，以确保其准确性、连续性。特别是对收入水平相对较低和收入骤减的脱贫户，需加强动态监测，采取针对性措施促进增收，及时将符合条件的脱贫人口、监测对象纳入农村低保、特困救助和临时救助范围。

9.2.2 建立投入增长机制，实现农村公共服务均等化

公共服务设施是指由政府或其他社会组织提供的、给社会公众使用或享用的公共建筑或设备，是由政府兴办的公共服务事业以及对社会成员的直接社会服务工作[1]，包括教育培训、医疗卫生、文化体育、商业服务、金融邮电、社区服务（有社区服务中心、治安联防站、居委会等）、市政公用（有供热站或热交换站、变电室、开闭所、路灯配电室、燃气调压站、高压水泵房、公共厕所、垃圾转运站、垃圾收集点、居民停车场库、消防站、燃料供应站等）、行政管理及其他设施，有街道办事处、市政管理机构（所）、派出所、防空地下室等[2]。其他服务设施还包括公交、水务、电力、通信、广电、燃气、消防、环卫等八大设施。此外，农村公共服务设施还应包括农业生产性公共服务设施、生态保护设施等。

建好农村公共服务设施既是农村全面协调发展的自身需要，也是城乡平衡发展、缩小城乡差别的需要，更是吸引城市资源、城市市场等服务农村经济发展的需要。当前，我国城乡二元结构依旧鲜明，城乡经济社会发展现状很不平衡，农村公共服务设施远远落后于城市是其主要表现

---

① 袁世全，冯涛. 中国百科大辞典[M]. 北京：华夏出版社，1990：276.

② 有关公共服务设施建设方面内容，可参见：叶天泉，刘莹，郭勇，等. 房地产经济辞典[M]. 沈阳：辽宁科学技术出版社，2005：83-84.

之一。距离党的十八大、十九大提出的城乡一体化平衡发展,以及党的二十大提出的城乡融合和区域协调发展、健全覆盖全民和统筹城乡多层次社会保障体系、推进城乡人居环境整治的要求甚远,主要表现为在我国农村,尤其是渝东北这类地貌条件较差、经济欠发达的农村,其公共服务设施的类型不全、数量不足、质量较差、水平较低、结构失调、功效不高、运行困难、维护乏力、发展缓慢等。对此,从农村公共服务方面开展农村巩固脱贫攻坚成果和乡村振兴工作可从 6 个方面着手:

(1)由地方政府积极引导多方帮扶主体参与农村公共服务设施建设。政府政策研究室、科研院所、高等院校需超前对重庆三峡库区农村公共服务设施的供求现状、面临问题、建设目标、建设内容、建设标准、设施功效、建设投入等主要内容进行科学调查、研究。地方区县政府宜平衡各方面因素,协同相关帮扶单位主体制定积极可行的农村公共服务设施建设规划和持续投入增长机制。

(2)对一定时期(如五年以上)农村公共服务设施需整体一次性设计,按公共设施规划建设顺序分步实施,逐步实现城乡一体化均衡发展。

(3)将农村公共服务设施建设与运营、维护、发展作为主要项目纳入乡村振兴战略力行实施。

(4)地方政府需加大对农村公共服务设施建设、运营、服务的转移支付力度、速度、角度(分清轻重缓急能优化一定时期内的农村公共服务设施的供给结构)。

(5)农村公共服务设施的建设、运营等均需尽可能地为其他关联产业的发展留足接口。服务农村生活和生产的有关公共服务设施建设、运营,均需兼顾融入城市需求,如兼顾融入城市对乡村旅游、康养、民宿、教育、科研等方面的需要,增加农村公共服务设施满足城市需求的新功能。

(6)建立发展农村公共服务设施建设按份共有制。长期以来,我国农村公共服务设施属于国家所有,并由国家或国有企业分别提供公益性、经营性的公共服务。这既不利于聚合广泛的社会资源促进农村公共服务设施的快速发展,也不利于就近解决农村剩余劳动力转移。为此,在经营性农村公共服务设施的建设、运营、维护、发展过程中,国家(地方政府)可以协同农村集体组织、城乡二三产业中的民营企业、个人,以各种资源、多种方式共同出资,合力建设,共享利益,共担风险,同时又能增加农村居民或帮扶对象人口的就业机会。

9.2.3 创新利益分配机制,促进主体发展机会平等化

(1)凸显农村巩固脱贫攻坚成果的多元主体利益联结点。在农村巩固拓展脱贫攻坚成果的各工程项目中必然涉及多元帮扶主体各自所必需的物质利益和精神利益,这些利益必须得到应有的尊重、实现和平衡,如此才有可能形成持续、稳定的强大帮扶动力。在产业帮扶、教育帮扶、文化帮扶、科技帮扶、医疗帮扶、消费帮扶等各项帮扶工程中,不同帮扶主体奉献了不同的帮扶资源,如土地(含天空、基础设施等)、劳动力、资金、资本、企业家才能、科技智力、文艺智力、知识产权(专利、商标、著作权)、政治智慧或其组合;政府、科研院所、高等院校宜从这些方面协同强化多元帮扶主体主动参与帮扶利益联结点的研究与凸显,并予以切实保护,使多元帮扶主体奉献的资源、资产的经济利益、精神利益得以充分实现和保障。

值得重点强调的是,农村集体资产、资源在产业帮扶、公益帮扶中应明确利益的完全实现途径——公有制经济强大的相对帮扶功能需要高度重视并付诸实施。集体成员享有集体经济中集体资产收益的平均分配权,有必要深入探索集体资源、资产产权收益的永久化的利益分配模式。

(2)多角度优化物质利益的分配机制。首先,改善生产经营领域中农民工物质利益的初次分配。在市场经济主导下,事实已证明,随着经济发展,居民收入分配的绝对差距在持续扩大,特别是私营企业中表现更为明显,这不利于农村巩固脱贫攻坚成果的高效帮扶。为此,在纯粹的私营企业和国有企业中,需要雇佣主体和政府依法为农民工提供同城市居民等同的社会保险、职业福利等社会保障,同时重视农民工的劳动价值,随着经济形势的不断变化及时提高农民工的法定最低工资水平,进一步提高农民工劳动要素在国民收入分配中的份额以增加农村家庭人均可支配收入。

其次,支持保护农村集体土地被征用后"产权"的集体属性。目前,我国农村土地一旦被国家征用,被征用土地的一切产权便归国家所有,农村集体就永久失去了被征用土地上的一切产权,这同样不利于农村巩固脱贫攻坚成果的高效帮扶。为此,需要研究、制定或出台相关政策,对被征用土地的产权充分挖掘、分割和重新配置,如可以采取确保国家征用意志的前提下,农村集体经济组织可用其农村集体土地等资源、资产入股国有企业,实现两种公有制经济的合营和国有经济对集体经济发展的带动;农村集体经济组织(在承担相应经营风险的同时)始终参与国有集体合营企业的利润分配,建立集体所有的公益金,发展本经济组织成员的集体福利;同时,赋予被征用土地的农村集体经济组织成员享有在用地企业中的就业权,尤其是同等条件下在匹配岗位上的优先就业权,并赋予集体经济组织适度的经营管理权。此外,支持大力开发渝东北地区农村生态环保等公益性公共服务岗位,由政府购买相应公共服务,为当地农村帮扶对象户提供兼业增收的机会。

(3)强化选择性社会福利实现收入再分配。因自身创业就业能力、面临的市场、身处的区位、拥有的资源和享受的社保等劣于城市居民,农村居民返贫的可能性、规模都会大于城市居民,而且农村居民改善生计的能力、途径、机会等远不如城市。目前,同全国类似,渝东北地区农村居民人均可支配收入远低于城市。因此,兼顾平衡公平与效率的关系,重庆三峡库区未来一定时期内社会福利工作重点应是选择性社会福利,社会福利的倾斜对象应是渝东北农村居民、农村脱贫人口,特别是其中的(贵)病、残、孤、老、幼、妇及易致贫户等群体。选择性社会福利发展的重点项目依次应为农村居民的医疗、教育、住房、自来水、通村公交,福利额度尽可能等同于城市居民。此外,重庆三峡库区还需通过大力发展经济效益远高于农业的二、三产业,增加农民务工收入,增强政府财力,更多争取上级政府的财政转移支付,调整政府支出预算结构,加大转移支付力度,为渝东北农村居民提供等同于城市居民的社会保险。逐步减少农村帮扶对象群体在社会保障交费中的自付金额,同时各级地方政府还需要加强对农村社会保障基金的安全管理和增值管理。

9.2.4 出台贫困治理法规,保障主体发展权利公平化

农村居民在有关层面的经济、政治、科教、文体、卫生、生育、社保等关系中,理应享有同城市居民同样的公民权利。但是,就目前总体现状而言,渝东北地区农村居民存在着自身的发展权益未获得充分保障,主要表现为渝东北农村居民自身发展权益意识不到位,不太关注自身的发展权益,不十分信任自己享有的权利,读不懂法律法规政策等文本中为自己设定的相关权益,不熟悉自身究竟在哪些领域应该享有哪些权益、还缺乏或少哪些权益,对自己已知权利的理解存在障碍,权益之法定条文艰深难懂,权益宣传不到位,权益主张存在自身或环境上的困难,权益主张或不全或不透,合"法"权益被侵害,甚至在有关法律、法规、政策等文件中没有赋予农村居民和城市居民同样的公民权益。总之,渝东北地区农村居民的发展权益和相应利益或多或少存在着或缺乏、或不足、或"迟到"或"打折"或"被夺"等现象,这既受农村居民自身的影响,也受国家对农村居民发展权益的设计、沟通、实施以及国家财政对农村居民发展权益的支撑力度等因素的影响。对此,充分保障重庆三峡库区农村居民发展权益,增强农村巩固脱贫攻坚成果实效的主要办法,可从地方政府和农村主体2个层面加以改善,具体包括如下8个方面。

从政府主体层面而言:一是修订法规。进一步修订乡村振兴促进法,将防止返贫监测对象精准帮扶的要求责任事宜纳入法规条目,保障农民主体发展权益平等化。建议制定市级地方性法规(如重庆市乡村振兴促进条例),将防止返贫监测帮扶事宜纳入法规条目,对于缺项的农村居民发展权益,地方政府宜尽快制定相应法律、法规、政策予以补足。涉及农村居民发展权益的各服务行业及其主管部门需做好相应领域中农村居民应有权益的宣传工作。相关行业及其主管部门应不折不扣地为农村居民提供相应的权益服务。二是公正执法。针对农村主体,立法者、执法者、司法者、执政者必须强化公平意识,恪尽职守、科学立法、知法、知政,严格公正地执法、执政。三是强化监督。加强对(行政、法律)执法主体执法行为、执法效果、执法质量的监督检查与指导,确保农村居民应有发展权益得到全面、彻底的及时实现。四是出台法规。对于缺项

的农村居民发展权益,宜尽快出台相应法律、法规、政策,补足、确立农村居民应有的权益。五是强化服务。法律、条例、法规、规章、政策等文本需简明易懂,便于农村居民阅读理解和运用,相关职能部门应为农村居民提供优惠、便捷的权益信息,搭建多样化的信息获取平台,拓宽信息获取渠道,建议编制《农村居民发展权益保护指南》读本,农村家庭每户一本。

从农村主体层面而言:六是议事听政。鼓励农村居民积极参与村民会议、村民代表会议、村民议事会,支持农村组两级干部和村民代表参与涉农的行政听证会。七是提高认识。支持农村居民参加政府提供的各种教育培训,促使其树立明确的权益意识,熟悉自身应有的权益,提高主张自身发展权益的能力。八是权益主张。支持农村居民依据法律法规、相关政策主动主张自身的应有权益,支持农村居民通过合法、合理的方式更好地主张自身的各种权益和诉求表达,增强农村主体内生动力和自我发展能力。

9.2.5 建立文化对接机制,提升渝东北文化帮扶效果

本论题研究引用的文化是包括人类有史以来所创造的物质和精神财富的宏大而复杂的范畴,鉴于同贫困治理研究与实践的其他方面所涉及的文化相区别,这里的文化只宜界定在精神层面的文化,包括思想观念、语文艺术、制度管理、科学技术(不含物化技术)、生产经济和生活习俗6个部分。对此,从文化帮扶角度巩固农村脱贫攻坚成果,主要有3个方面。

(1)凸显对农村巩固脱贫的文化帮扶进行文化研究和定位。当地政府应先行组织、鼓励相关政策研究室、党校、科研院所、高等院校等,就基于农村巩固脱贫攻坚成果所必需的文化进行认真的协同研究和再研究,促进学术研究与政策研究同行交融。根据合理确定的农村帮扶目标,从"六大"精神文化构成中选择定位农村巩固拓展脱贫攻坚成果所需的精神文化。在此基础上,基于后续文化帮扶的需要,对所定位的文化进行必要的划分。如根据来源可将其分为本土型文化和输入型文化,本土型文化的重点是可产业化的本土文化,输入型文化的主要功用在于服务促

进当地农村巩固脱贫攻坚成果,输入型文化是文化帮扶的重点;又如,根据其功能可将其分为生活性文化和生产性文化。

(2)加强区县政府主导当地(帮扶)文化调查和成果应用。渝东北各区县政府基于当地农村文化研究成果的帮扶应用,可通过合适的项目招标方式,购买对当地农村文化的调查服务。农村文化调查项目的招标可以面向但不限于前期主持当地(帮扶)文化研究并已结题的党校、科研院所、高等学校等单位。在文化调查的招标(公告)文件和投标文件中需明确当地农村(帮扶)文化调查的目的、目标、内容、对象、任务、方法、手段、规程、时间、进度、成果、经费、信度、效度、要求等内容。通过当地农村(帮扶)文化调查,可以为后续的区县农村巩固拓展脱贫攻坚成果的文化帮扶规划和文化帮扶工作奠定不可或缺的理论基础和实践依据。

(3)统一领导、专业分工协同高效推进农村文化帮扶效果。推进渝东北农村巩固脱贫的文化帮扶,必须是在各区县党委政府统一领导下的文化帮扶。紧扣农村文化帮扶的目标,文化帮扶的重点项目可以定位在旧思想观念的改造、新思想观念的培育,生产和生活所必需的科学知识,生产经营所必需的各种技术技能和经营管理技能,尽可能避免重蹈过去轻视经营管理知识与技能培训的覆辙,在市场经济条件下,脱离经营管理的技术、技能难以发挥作用效果。农村文化帮扶所需要的人才应是来自于党政队伍、科研院所、高等院校、地方党校、文艺团队、知名企业等行业中的有专业背景、丰富阅历、专业能力的高级人才或优秀人才。这些人才宜将自己的专业和本职同农村文化帮扶的内容进行高度匹配、合理分工,承担自身擅长的文化帮扶工作。同时,还应强调重视农村文化帮扶工作分工中的高度协同,以期取得高效的农村文化帮扶效果。

9.2.6 优化产业帮扶机制,实现主体收入可持续增长

(1)优化农村产业帮扶政策。第一,引导全面建立起农民专业合作社绑定农户、龙头企业绑定农民专业合作社的利益联结机制。实现对有产业发展条件及意愿的脱贫户和农村低收入家庭的产业帮扶全覆盖,以产业发展促进农民就业增收,推动农业产业高质量发展。第二,进一步鼓励实现集体资源资产产权的经济价值。对集体经营性建设用地的出

租,集体建设用地使用权的出让、转让、互换、出资、赠与、抵押等权利的流转激活、经济价值的完全实现应加强政策研究并及时出台相应政策,以促进这类资源资产同城市资源整合,全面协调发展当地农村一、二、三次产业。第三,鼓励农村集体经济组织和城市经营主体有条件优惠使用闲置的农村国有资源。在确保国家对国有资源的处分权、生态环境不被破坏、国民经济命脉不受损害、社会秩序持续稳定等条件下,农村集体经济和城市经营主体可使用地处农村的国有资源发展集体经济或民营经济;所涉产业不宜一刀切地限于农业,以更全面、更高效地增强农村经济实力,广开就业门路,增加农村居民收入。第四,加大产业帮扶财政支持力度,用好各区县涉农资金统筹整合政策,进一步提高涉农整合资金用于产业发展的比重,重点支持推广良种良法、建设产地冷藏保鲜等产业配套设施和全产业链开发,重点支持联农带农富农产业发展,优先保障到人到户项目资金需求,促进脱贫人口、监测对象持续增收。第五,进一步优化农村产业发展的其他配套政策措施,吸引城市资源拉动农村产业发展。渝东北地区宜进一步建立健全促进农村产业发展的各项政策,如人才、财政、税收、信贷、保险、科技、环保、行政审批等方面的政策,形成能高效地促进农村产业发展的政策体系,以更好地促进城乡融合发展、缩小城乡差别、高效帮扶农村帮扶对象群众。此外,还需要进一步适度放宽农村集体组织、城乡民营经营主体兴办、发展工商企业的申办条件,减少申报程序,提高审批效率。

(2)协同发展农村三次产业。无农不稳,农业具有广泛、深远的基础意义,农业为农村和城市的工业和商贸物流、旅游等服务业奠定物质基础,同时也为城乡二、三产业提供市场。然而,由于传统农产品在消费上的数量有限性,外部支撑不力的传统农业的经济效益极为低下,难以发挥其本有的功效。渝东北各区县应因地制宜,综合平衡区县内外的生产力、经济基础、上层建筑等因素,制定富有特色的现代农业发展战略性规划,着力持续推进当地农业的特色化、规模化、专业化、商品化、社会化、智能化发展。

无工不富,仅是中国的大邱庄、华西村、昔日的乡镇企业、城市的发展繁荣等无不证实了工业等二产业在脱贫致富中不可替代的重大作用。渝东北各区县应根据当地、全市乃至全国区域经济的分工格局、本地经济的历史与现状、资源禀赋等，主动积极高效发展工业等二产业经济，其重点行业主要包括农产品加工、采掘、自来水、电力、建筑、建材、轻工制造等行业。目前，在人们的日常生活中，几乎很难见到驰名的渝东北农产品精深加工品，因此，渝东北农产品的精深加工具有巨大潜力，是渝东北未来工业发展的重要方向之一。

无"商"不活，需协同发展服务业。渝东北地区需应城市居民对自然山水、富有现代生活元素的农业公园、农业文化、乡村民俗等方面的浓烈情结，充分依托当地自然资源、经济资源、人文资源、旅游资源，将这些资源转化为资产，因地制宜地大力开发，支持发展乡村旅游、民宿、康养、文体、观光等产业及高质量庭院经济，如发展庭院特色种植、庭院特色养殖、庭院特色手工、庭院特色休闲旅游和庭院生产生活服务等。值得重点一提的是，需要将传统农业的生产过程同时化为消费过程，将传统农业的生产地同时化为消费地，将传统农业对象（生产生活状态）同时化为消费对象，将传统农业的农事同时化为消费活动。同时，为适应当地农村一、二产业发展的需要，还需适时配套发展当地必需的商贸物流业，特别是其中的乡村电子商务，为农村经营主体提供免费的公共电子商务交易平台服务。

（3）进一步优化产业帮扶土地支持政策。明确地方政府每年安排新增建设用地计划指标，专项用于巩固拓展脱贫攻坚成果和乡村振兴用地需要，不得挪用。农村集体经济组织兴办企业或者与其他单位、个人以土地使用权入股、联营等形式共同举办企业的，建议依据《土地管理法》第六十条规定使用规划确定的建设用地。单位或者个人可按照国家统一部署，通过集体经营性建设用地入市的渠道，以出让、出租等方式使用集体建设用地。在充分保障农民宅基地用益物权的前提下，农村集体经济组织可通过出租、入股、联营、合作等方式，依法盘活利用空闲农房及宅基地，按照规划要求和用地标准，改造建设民宿民俗、创意办公、休闲农业、乡村旅游等农业农村体验活动场所和住宿、餐饮、停车场等旅游接待服务企业。

（4）加大消费帮扶力度，加大地方企事业单位采购农副产品力度。鼓励并引导地方企事业各级预算单位（重点国有企业、教育教学机构）按不低于年度食堂食材采购份额 10% 的预留比例，通过对接帮扶乡镇企业、合作社和农村地区农副产品网络销售平台（832 平台）采购农副产品。鼓励各基层工会每年至少留出一个节日采购工会会员法定节日慰问品，并将有关采购金额计入本单位年度采购总额。探索农村巩固拓展脱贫攻坚成果新路径，实现农业产业提档升级带动增收一批、发展乡村旅游增收一批、提升劳动力技能增收一批、促进分工分业增收一批、盘活资产增收一批、加大政策性转移支付力度增收一批，实现区县脱贫人口收入超过全国脱贫人口收入水平。

（5）破解农村产业发展的资源匹配瓶颈。农村产业的良性发展必须类型完备、数量充足、结构协调、功效明显的优质资源。一方面，相对于城市，农村拥有充裕优质的自然资源，如地貌、矿产、水文、气候、生物、天文等资源，同时还拥有农村特色鲜明的人文资源，如农村人文景物（含现代建设成就）、民情风俗、体育娱乐等资源。由于这些资源缺少开展经营活动所必需的配套经济资源，极难转化为经营资产。另一方面，渝东北地区农村产业发展缺乏必需的经济资源，如缺乏真正的企业家、管理、技术技能、营销等方面的人才，缺乏资金、基础设施以及缺乏专利权、商标权、品牌等无形资源。为此，需要各区县级及以上人民政府高效鼓励引进外来企业家和培育并留住本地企业家。渝东北地区各乡、镇以至村，吸引更多的企业家，就能聚合、带来、留住各产业发展所必需的经济资源，并同当地自然资源、人文资源匹配，协同发展当地乡村产业。

9.2.7 深入开拓农村市场，扩大分享产业链增值收益

（1）广泛动员并引导企业帮扶主体拓展农村市场，积极融入农村非市场参与者嵌入企业价值创造活动。企业在农村市场成功创造价值，应必须准备与其他参与者共同分享企业的价值创造活动，尤其是与各种各样的农村非市场参与者，因为这些参与者有助于解决农村制度上的缺陷，或能承担企业在发达市场网络中实施的部分角色，而这些或许是企

业帮扶主体在农村市场忽略的。这些条件将强调大型企业或跨国企业跨组织边界与跨部门合作的能力,并通过劝解而不是控制来协调不同部门。同时,在价值创造过程中,企业帮扶主体缺乏能力提供,开拓农村市场时不仅要嵌入农村非市场参与者,而且也要培育当地乡镇企业家、致富能手和新型职业农民,或内化一些业务活动,包括提供互补产品和创建分配渠道。因此,企业主体应接受比在发达市场更大的纵向一体化和横向多元化整合战略和布局。

(2)打破企业帮扶主体开拓农村市场的体制机制障碍,弥补农村市场产业价值链缺口。带有地理、种族、社区裙带关系或宗教特征的农村市场网络的差异和分散性给开拓农村市场的企业帮扶主体提出了更多的挑战。在农村市场运作凸显出需要理解这些差异的敏感性以及适应它们的灵活性。就企业帮扶主体而言,通过强烈的非正式联系来赢得农村社区关系中信任和政治名誉将需要一个很大程度上的当地嵌入,同时还应强调中介机构的需要,因为它们能在企业帮扶主体和农村社区之间架起桥梁。此外,农村市场缺乏专业化的企业主体,企业需要寻找非传统的合作伙伴,如:当地非政府组织、农村社区组织或社区代理人等。

(3)搭建企业与当地政府/乡镇合作平台,建立企业帮扶主体拓展农村市场的风险补偿机制。农村市场活动充满着风险,就像企业重大创新一样,尤其是跨国企业主体不得不依靠稀缺的非传统同行,并增加因合作失败和机会主义造成的风险。政治风险在农村市场也将会较高,因为涉及多样性的互动合作领域以及政治制度发展的有限性。此外,当地农村非正式力量与企业之间联系将会增加政治风险的水平,因为成功的农村市场活动或许是依靠消除现有的中介机构/组织。对待当地政府的组织以及跨多样性领域与其他参与者互动合作也可能增加欺诈和腐败的风险。更大的投资回收期可能与金融市场的需求发生冲突(因不同地域金融政策会不同,尤其是国际金融市场,企业帮扶主体异地投资回收期考虑的风险更大)。然而,农村市场更大的不稳定性和不可预见性可能会创造更多的不稳定和不可预见的利润,因此需要一个更高的风险溢价。针对这些缘由,企业帮扶主体开拓农村市场将需要培养能力处理应对不同的和更重要的与发达市场相关的风险,甚至要比发达市场活动赢得更高的平均利润来弥补所涉及到的风险。

9.3 研究局限及展望

本论题研究实证分析了农村主体收入增长的影响因素和巩固脱贫的农村现代农业主导产业选择问题,设计了重庆三峡库区农村现代农业主导产业选择指标体系、多主体协同推进农村巩固脱贫的联动帮扶机制模型及其考核指标体系,通过不同代表性帮扶经验案例验证了多方帮扶主体参与农村巩固脱贫的联动帮扶机制运行效果,并分解了其实践运行模式。实践中多主体协同推进农村巩固脱贫的联动帮扶机制运作模式,可从产业帮扶、金融帮扶、教育帮扶、旅游帮扶、文化帮扶、科技帮扶、消费帮扶等经验案例中得以体现和检验,各帮扶主体单位在帮扶工作实战中发挥了积极的作用,巩固脱贫成绩显著。通过对本论题的深入研究和分析,也得到了一些比较新颖的发现。当然,本论题研究也存在如下几点不足:

(1)缺乏大面积的访谈和调研数据材料。在研究过程中,尽管本论题研究来自国家社科基金及前期相关项目研究积累的研究成果数据,根据项目研究计划,我们前期工作收集了重庆三峡库区(渝东北地区)一些代表性乡/镇村脱贫攻坚或乡村振兴工作验收报告,但由于课题组成员时间和精力有限,除了正常的授课计划之外,仅能通过节假日和寒暑假期对渝东北地区代表性乡/镇村进行实地考察和问卷收集。而且,对于诸多农村脱贫户或脱贫不稳定户、边缘易致贫户填写问卷需要工作人员进行现场指导和解说,这需要花费大量的时间,有时是课题研究成员挨家挨户地走访进行调查和深入了解;再次,前期调查一些地区农村交通道路硬化率不高,我们难以深入似乎被边缘化的深山农户,这些农户往往居住在深山或半山腰,工作人员难以直接进行走访和了解。另外,需要突出说明一点,本论题研究期间处于三年疫情期(2020 年的新冠疫情暴发开始),在此期间收集补充调研数据有限。2020 年是我国脱贫攻坚战收官之年,当年的部分数据缺失给本论题研究造成了不少遗憾。疫情常态化管控下各地区鉴于疫情监控和管制要求,未能大面积采集数据亦给本论题研究带来了缺憾。

(2)本论题对农村主体可持续稳固脱贫机制问题的研究尚显不够。尽管通过设计多主体协同推进农村巩固脱贫的联动帮扶机制在帮扶工作实践中得到了应用,也例举了不同帮扶模式,可以检视在此机制运行下从农户收入角度看诸多农村主体摆脱了贫困状态,但本论题研究强调的是一个怎么扶的问题,即如何创新农村帮扶机制,找到帮扶具体措施、方法、途径加以论证其可行性和有效性,并说明其具有一定的推广价值和应用价值。尽管强调的侧重点不同,但农村巩固脱贫联动帮扶机制和可持续稳固脱贫机制所指向的目标是一致的,即均是为了农村帮扶对象人口脱贫不再返贫。前者强调的是帮扶过程和方式,后者强调的是一个巩固拓展脱贫攻坚成果的结果管理和脱贫可持续性问题。但是,从收入角度看,考察农村脱贫户是否实现了可持续稳固脱贫(如:脱贫户家庭人均收入在国家或地方居民人均可支配收入线40%以上)从统计意义上验证各帮扶主体对脱贫户帮扶的影响作用机制和帮扶效果尚需进一步扩大调研数据进行理论假设检验和深入探讨,需要厘清哪些帮扶措施或因素对农村脱贫人口可持续稳固脱贫具有决定性的作用,这涉及脱贫的可持续性、收集数据的时间连续性和动态性问题。因此,今后将进一步补充调研数据,并引入新的变量,研究农村脱贫人口可持续稳固脱贫机制问题,以设法弥补这一不足。

(3)本论题对脱贫群体后期返贫风险预防机制问题的研究尚显不够。2020年渝东北地区已完成脱贫攻坚任务,过渡期内脱贫农户群体(包括脱贫不稳定户、边缘易致贫户及其他特殊困难户等),因具有各种不同的因素(包括不可抗拒的、不确定的因素)可能会导致再次面临返贫的风险,有的是自身方面的因素,有的来自客观方面的因素,也有的是地方帮扶工作机制和管理方面的问题。事实上,渝东北地区因受自然、历史、地质地貌条件等因素长期影响,产业基础薄弱,"产业空心化"问题依然凸显,全面实现巩固拓展脱贫攻坚成果是一个复杂庞大的系统工程,任务繁重,前期农村脱贫户群体在新一轮帮扶标准下(防止返贫线界定)

依然有面临返贫风险。因为帮扶线标准设定不同（城乡居民可支配收入或中位数的 30%、40%、50% 还是 60%），农村帮扶对象人口规模也不同，帮扶难度也各不相同。从脱贫户自身因素看，实现脱贫不返贫，关键还是要激发并增强农村帮扶对象人口内生发展动力，形成主动性人格。在乡村振兴背景下，来自社会帮扶的支持可能会使脱贫户获得脱贫自我效能感，并可能进一步推动脱贫户自我能力发展，这对巩固拓展脱贫攻坚成果、推进乡村实现全面振兴具有积极的支撑作用。因此，研究农村主体返贫风险预防机制及脱贫内生动力生成机制具有重要现实意义。今后，我们也将作进一步深入探究，以弥补这一方面的不足。

（4）本论题对巩固脱贫的农村现代农业主导产业选择指标体系比较研究尚显不足。从巩固脱贫成果角度考虑，本论题研究构建了三峡库区农村现代农业主导产业选择指标体系，并以三峡库区腹地城市万州区为例对其指标进行了测算和分析。但鉴于数据的可获得性和指标选取的应用性，缺乏渝东北其他区县数据的比较和分析，这也是本论题研究的遗憾之处。然而，理论上要使指标选取和模型具有更广泛的应用性，以及研究结论更具可靠性，故针对农村农业主导产业选择，现实中还应综合考虑区域资源、公共服务基础设施、营商环境、电商环境、政府政策、气候环境等多方面因素，这些对确定农村农业主导产业选择和发展带来的影响不可忽视。鉴于有关指标涉及的农业数据缺失，未来研究将设法补充采集第一手数据，从生态环境、社会效益、技术进步等维度扩充测评指标综合考察，进一步完善和优化模型及方法，使确定的农村农业主导产业选择结果更具科学性和可靠性，更有利于从产业帮扶视角促进提升农村帮扶效果。

除上述不足之外，肯定还有其他种种不足的地方，本论题研究希望能抛砖引玉，敬请各位专家、学者、读者指正。

附　录

A. 本论题研究相关的支撑成果目录

专著

[1] 童洪志. 多主体参与的深度贫困区精准脱贫联动机制研究[M]. 武汉：武汉大学出版社，2021.

论文

[2] 童洪志. BOP 市场网络特征分析与启示[J]. 重庆三峡学院学报，2019，35(2)：90 – 99.

[3] 童洪志，冉建宇，管陈雷. 乡村振兴背景下三峡库区现代农业主导产业选择研究——以重庆万州区为例[J]. 农业现代化研究，2021，42(4)：619 – 628.

[4] 童洪志. 渝东北贫困地区深度扶贫"四方联动"模式研究[J]. 中国农业资源与区划，2019，40(8)：133 – 140.

[5] 童洪志. "政企村户"四方联动扶贫模式探究——以渝东北万州地区为例[J]. 岳阳职业技术学院学报，2019，34(3)：103 – 108.

[6] 童洪志，丁卡尼，冉建宇. 面向 BOP 的渝东北可持续产业扶贫商业模式创新——基于三螺旋理论视角[J]. 重庆三峡学院学报，2020，36(1)：11 – 18.

[7] 唐卫，童洪志，王清. 多主体参与的地方高校扶贫"五方联动"模式创新——渝东北贫困地区扶贫经验分析[J]. 重庆文理学院学报

（社会科学版），2021，40（2）：1－11.

　　［8］犹雁丹，童洪志，唐诗钦，等. 高校巩固帮扶脱贫成果推进乡村振兴的路径探索［J］. 绿色科技，2021，23（5）：278－280.

　　［9］童洪志，黄小茜，王忝成. 重庆三峡库区多主体协同推进乡村振兴的路径探索［J］. 山西农经，2023（9）：102－104.

　　［10］童洪志，符倩文，简靖逸，等. 多主体协同推进三峡库区乡村旅游可持续发展模式探究［J］. 岳阳职业技术学院学报，2022，37（6）：68－73.

获奖论文

　　［11］童洪志.《渝东北贫困地区深度扶贫"四方联动"模式研究》获（重庆市乡村振兴局）重庆市脱贫攻坚优秀理论成果一等奖，2021－6－3.

报告采纳

　　［12］童洪志. 多主体参与的四方联动扶贫模式创新——渝东北贫困地区扶贫经验分析［A］. //张伟. 三峡库区可持续发展年度研究专题报告（2018）［C］. 北京：九州出版社，2019.

　　［13］童洪志，周长春，张恩广，等. 生态产业化内涵的四维重构——基于中国学者研究的分析［A］. //张伟. 三峡库区可持续发展年度研究专题报告（2021）［C］. 北京：九州出版社，2021.

　　［14］资政报告《建议优化完善重庆"两群"17区县农村相对贫困治理机制促进乡村全面振兴》（作者：童洪志、祁俊生、冉建宇、周浓）获时任重庆市万州区委常委、统战部部长张凤政肯定性批示。

B. 农村巩固脱贫成果专项调查问卷

一、家庭基本情况

1. 您（家长）的年龄

□36～40岁　　□41～45岁　　□46～50岁　　□51～55岁

□56～60岁　　□61岁及以上

2. 您（家长）的性别　　　　□男　　　　□女

3. 家长接受文化教育程度

□小学　　　　　□初中　　　　　□高中（或中专）

□大专　　　　　□本科及以上

4. 生活在一起的家庭人口数量

□3 个及以下　　□4 个　　　　□5 个　　　　　□6 个

□7 个及以上

5. 家长户籍身份　　　□乡村居民户口　　　　　□城市居民户口

6. 家庭中主要劳动或工作维持生计的人口数量

□1 个　　　□2 个　　　□3 个　　　□4 个　　　□5 个及以上

7. 您家庭经营的土地面积

□3 亩及以下　　□3.1~5.9 亩　　□6~7.9 亩　　□8~9.9 亩

□10 亩及以上

8. 您家庭承包经营土地集中连片规模化程度（或适合机械化作业程度）

□非常低　　　　□较低　　　　□一般　　　　□较高　　　　□非常高

9. 家庭人均收入（包括生产经营收入、工资收入、财产性收入、政府补贴收入等）

□≤1000 元/月及以下　　　　□1001~1500 元/月

□1501~2000 元/月　　　　□2001~2500 元/月

□2500 元以上/月

10. 您家庭生活环境状况

①有稳定收入来源	□是　□否	②家中有辍学子女（没钱上学）	□是　□否
③参与医疗保险	□是　□否	④家中有孤儿（父母双亡）	□是　□否
⑤住居危房（裂缝变形严重）	□是　□否	⑥家中有残疾，没有劳动能力者	□是　□否
⑦家中接通电信网络	□是　□否	⑧家中有重大疾病丧失劳动力者	□是　□否
⑨公路硬化到家门口	□是　□否	⑩家中有其他亚健康者	□是　□否

⑪乡村通公路硬化	□是　□否	⑫享受政府最低生活保障补助	□是　□否
⑬村中通互联网络	□是　□否	⑭有 2 个及以上子女在高中或大学读书	□是　□否
⑮家庭用电稳定	□是　□否	⑯有食用安全用水（自来水）	□是　□否
⑰厨房主用煤气燃料	□是　□否	⑱曾是政府建档立卡贫困户	□是　□否
⑲易地或高山搬迁户	□是　□否	⑳有进入福利院或农村敬老院的	□是　□否
㉑加入专业合作社	□是　□否	㉒家有小规模种养殖业	□是　□否
㉓现住农村或乡镇上	□是　□否	㉔已退出建档立卡贫困户	□是　□否

11. 家庭生活性债务情况（主要指子女求学、购房建房、生活物品购置等引起的债务）

□非常低　　　　□较低　　　　□一般　　　　□较高　　　　□非常高

12. 家庭生产经营性债务情况（主要为农业生产经营活动所负的债务）

□非常低　　　　□较低　　　　□一般　　　　□较高　　　　□非常高

13. 您家庭主要维持生计方式

□务农　　　　□务农＋零工　　□外出务工

□流转土地＋外出务工　　　　□务农＋外出务工

14. 家庭有无债务 ____□无____ ____□有____，若有欠债最主要是因为（可多选）

□子女上学　　□生产经营　　□生活开支　　□治病

□建房购房

二、农村帮扶情况

1.您对以下观点的看法,请在每题对应栏目内打"√"。

内容	观　　点	非常不同意	不同意	一般	同意	非常同意
政府帮扶工作	我很了解政府各种帮扶政策内容(包括健康、教育帮扶、旅游帮扶等政策)					
	政府经常对帮扶政策在当地乡村进行宣传或宣讲来让大家了解					
	驻村干部在当地帮扶方面做了很多实事					
	家庭需要帮扶很容易获取银行信贷支持					
	家长曾参与村委会组织的有关议事会议					
	当地政府识别帮扶对象做到了公正公平					
	当地农村信息网络、交通、水利、电力能源、文体活动设施、广播等得到很大改善					
	当地乡村旅游业发展对我(或周边邻居)工作、家庭收入、生活条件等带来很大改观					
	当地经常有组织文艺活动丰富了乡村生活					
	当地乡村卫生环境得到了很大改善					
	当地各项退耕还林、天然林资源保护、易地搬迁等项目活动给我(或周边邻居)工作、家庭收入、生活条件等带来很大改观和帮助					

续表

内容	观　点	非常不同意	不同意	一般	同意	非常同意
产业发展	家庭在农业生产经营过程中获得了有关农业技术栽培、疾病预防、治疗等帮扶指导					
	家庭获得了帮扶专项资金补贴来经营种植、养殖、农产品加工、手工艺品制作等产业					
教育帮扶	家长曾参与了政府、学校或企业等组织的各类教育培训项目来学习农业生产技术知识					
	家庭子女在校学习教育阶段获得了各种补助、减免、奖助金或助学贷款等帮扶					
医疗保障	乡村卫生院为家庭成员就医提供了便利					
	家长参与过医疗下乡咨询服务和义诊活动					
	家庭成员享受过医疗"十免四补助"的一些减免或退补看病费用					

（"十免"：一般诊疗费、院内会诊费、白内障复明手术项目、艾滋病抗病毒药物和抗结核一线药物治疗、基本公共卫生服务、妇幼健康服务和计划生育技术服务、巡回医疗服务、治疗包虫病患者、基本医保（新农合）个人缴费、孕产妇住院分娩服务；"四补助"：0～6岁残疾儿童进行手术、康复训练和辅具适配补助；晚期血吸虫病人；手术治疗包虫病患者；大骨节病患者）

2.当地乡村有规模化农产业、果园、大棚基地或示范农业生产基地
□是　　□否

3.当地乡村有乡村旅游、观光农业或其他人文、名胜古迹旅游景区

□是　　□否

4.长远看,您认为最重要的帮扶资源有助于巩固脱贫的有:(可选最重要的5个选项)

□低保金　　　　　□农村医疗保险　　　□发展特色农产业

□发展合作社　　　□帮扶子女就业　　　□易地搬迁

□学费减免　　　　□开发乡村旅游　　　□捐款捐物

□农村信息网络　　□养老金　　　　　　□修路造桥

□技术服务培训　　□土地流转租赁　　　□帮扶政策宣讲

□发展互助金　　　□银行信贷　　　　　□农业创业培训

□招商引资　　　　□文艺下乡

□农业保险

5.当地农村公共基础服务设施建设情况:(可多选:请正确打"√")

农业生产性基础设施	□瓜果蔬菜或畜牧生产基地　　□乡村农贸市场　　□农田灌溉水利设施　　□水库大坝加固　　□河道防洪堤　　□人畜饮水蓄水池　　□地头水柜
农业生活性基础设施	□安全用水　　□农村沼气池　　□村屯内道路硬化　　□电力电网改造　　□村敬老院
农业生态环境建设	□水流域治理　　□垃圾处理设施　　□污水处理建设
农村社会发展基础设施	□文化阅览室　　□体育运动场所　　□村卫生院(室)　　□村广播室　　□村文化基础设施　　□村小教学楼或宿舍楼　　□村办公楼或服务中心

三、当前农村帮扶存在的问题与建议

1. 当前农村帮扶工作存在的问题?

①_____

②_____

③_____

2. 您对当前农村帮扶工作有哪些改进建议？

① _____

② _____

③ _____

参考文献

[1] 阿玛蒂亚·森(Amartya Sen). 贫困与饥荒：论权利与剥夺[M]. 王宇, 等, 译. 北京：商务印书馆, 2001.

[2] 蔡仕茂, 唐小平, 耿芳艳. 相对贫困背景下脱贫户增收影响因素及对策研究——基于贵州省 A 县 242 户脱贫户家庭微观数据的实证分析[J]. 生产力研究, 2021(9)：49 - 54.

[3] 曹小曙, 任慧子, 黄晓燕. 经济发达地区乡村贫困的地方特征及其影响因素分析——以广东省连州市为例[J]. 地域研究与开发, 2014(1)：34 - 40.

[4] 陈丽娜, 张华. 低碳经济背景下地区主导产业选择——以四川省为例[J]. 经济体制改革, 2012(5)：174 - 177.

[5] 陈宗胜, 沈扬扬, 周云波. 中国农村贫困状况的绝对与相对变动——兼论相对贫困线的设定[J]. 管理世界, 2013(1)：67 - 77.

[6] 崔会敏. 整体性治理：超越新公共管理的治理理论[J]. 辽宁行政学院学报, 2011, 13(7)：20 - 22.

[7] 丁建彪. 整体性治理视角下中国农村扶贫脱贫实践过程研究[J]. 政治学研究, 2020(3)：113 - 128.

[8] 丁桥周, 罗龙, 巩雅峰, 等. 林区农户收入影响因素分析——以小王涧国有生态林场为例[J]. 中国林业经济, 2019(3)：140 - 142.

[9] 付晓涵, 文彩云, 吴柏海, 等. 林改背景下辽宁省农户林业收

入增长的影响因素分析[J]. 林业经济, 2018(8): 36 - 41.

[10] 付金存, 李豫新, 梅晓庆. 农业产业化主导产业选择研究——以新疆生产建设兵团为例[J]. 中国科技论坛, 2011(3): 133 - 137.

[11] 高辉清. 新发展阶段: 从小康社会走向共同富裕[J]. 中国经贸导刊, 2021(6): 16 - 20.

[12] 高强, 孔祥智. 论相对贫困的内涵、特点难点及应对之策[J]. 新疆师范大学学报(哲学社会科学版), 2020, 41(3): 120 - 128.

[13] 关爱萍, 王瑜. 区域主导产业的选择基准研究[J]. 统计研究, 2002(12):37 - 40.

[14] 韩瑞波. 整体性治理在国家治理中的适用性分析: 一个文献综述[J]. 吉首大学学报(社会科学版), 2016, 37(6): 67 - 73.

[15] 韩兆柱, 杨洋. 整体性治理理论研究及应用[J]. 教学与研究, 2013(6): 80 - 86.

[16] 何薇, 朱朝枝. 农民创业园主导产业选择与实证研究[J]. 福建论坛(人文社会科学版), 2017(7): 75 - 79.

[17] 黄继忠, 朱岩. 基于基准分析法的东北地区第三产业主导产业选择实证研究[J]. 辽宁大学学报(哲学社会科学版), 2012, 40(2): 71 - 79.

[18] 黄巨臣. 农村教育"技术治理"精细化: 表现、局限及其应对——基于协同治理理论的视角[J]. 湖南师范大学教育科学学报, 2018, 17(4): 93 - 99.

[19] 黄蕾, 谢奉军, 杨程丽, 等. 基于 Weaver - Thomas 模型的区域低碳主导产业评价与选择——以低碳试点城市南昌的工业产业为例[J]. 生态经济, 2014, 30(10): 50 - 56.

[20] 黄新建, 万科. 基于区位商法的江西省现代农业比较优势与产业布局研究[J]. 农业现代化研究, 2014, 35(3): 286 - 289.

[21] 黄毅敏. 河南省区域主导产业选择研究——基于因子分析和偏离份额分析法[J]. 科技管理研究, 2013(15): 60 - 63.

[22] 黄征学, 潘彪, 滕飞. 建立低收入群体长效增收机制的着力

点、路径与建议[J]. 经济纵横, 2021(2): 38 - 45.

[23] 黄征学, 高国力, 滕飞, 等. 中国长期减贫, 路在何方? ——2020 年脱贫攻坚完成后的减贫战略前瞻[J]. 中国农村经济, 2019(9): 2 - 14.

[24] 黄征学, 潘彪, 滕飞. 把握好减贫治理的"变"与"不变"[N]. 经济日报, 2020 - 11 - 03(11).

[25] 菅青, 吴骏, 解晨晨. 对皖江示范区主导产业选择的分析方法探讨——以芜湖市为例[J]. 华东经济管理, 2013, 27(5): 65 - 67.

[26] 姜胜楠, 史清华. 转型经济中都市农户经济增长因素分析——以上海市为例[J]. 上海农业学报, 2005, 21(2): 81 - 85.

[27] 姜法竹, 张涛. 现代农业主导产业选择的指标体系构建研究[J]. 中国农业资源与区划, 2008, 29(3): 54 - 58.

[28] 李汉卿. 协同治理理论探析[J]. 理论月刊, 2014(1): 138 - 142.

[29] 李敏, 王桂荣. 影响农户经济收入增长的制约因素与对策[J]. 河北农业科学, 2008, 12(2): 146 - 149.

[30] 李小建, 周雄飞, 乔家君, 等. 不同环境下农户自主发展能力对收入增长的影响[J]. 地理学报, 2009, 64(6): 643 - 653.

[31] 李小云. 全面建成小康社会后贫困治理进入新阶段[J]. 中国党政干部论坛, 2020(2): 20 - 23.

[32] 李正图. 中国特色社会主义反贫困制度和道路述论[J]. 四川大学学报(哲学社会科学版), 2020(1): 55 - 64.

[33] 李正图. 中国特色反贫困理论的形成逻辑[J]. 人民论坛, 2021(18): 54 - 56.

[34] 刘燕. 健康期望寿命作为评价人类发展水平指标的探索性研究——基于人类发展指数(HDI)的分析[D]. 广州: 广州医学院硕士学位论文, 2012.

[35] 刘慧颖. 我国农村扶贫开发中的问题及对策研究[D]. 大连: 大连交通大学硕士学位论文, 2012.

［36］刘红梅,庞凤梅,杨殿林. 区域生态经济适宜性农业主导产业选择探讨［J］. 农业资源与环境学报,2007,24(4):39 - 42.

［37］刘宇鹏,李彤,赵慧峰. 农业产业化促进农民收入增长的影响因素分析——基于河北省坝上地区的实地调查［J］. 江苏农业科学,2012,40(3):375 - 378.

［38］缪小明,罗丽. 精准扶贫政策执行偏差研究——以政策执行过程为框架［J］. 山西大学学报(哲学社会科学版),2020,43(1):93 - 100.

［39］卢启程,李怡佳,邹平. 中国西部地区农户收入增长影响因素及其关系——以云南省为例［J］. 技术经济,2008,27(1):85 - 88.

［40］陆汉文,杨永伟. 从脱贫攻坚到相对贫困治理:变化与创新［J］. 新疆师范大学学报(哲学社会科学版),2020(5):1 - 9.

［41］罗发友,刘友金. 市场化改革以来农户收入增长的影响因素分析［J］. 中国农村观察,2002(4):13 - 19.

［42］吕方. 迈向 2020 后减贫治理:建立解决相对贫困问题长效机制［J］. 新视野,2020(2):33 - 40.

［43］马尔萨斯(T. R. Malthus). 人口原理［M］. 郭大力,译. 北京:商务印书馆,1961.

［44］缪尔达尔(Karl Gunnar Myrdal). 亚洲的戏剧——南亚国家贫困问题研究［M］. 方福前译. 北京:商务印书馆,2015.

［45］秦开大,赵帅,秦翠平. "互联网 + 现代农业"趋势下主导产业选择模型及路径分析［J］. 科技进步与对策,2016,33(12):67 - 72.

［46］沈扬扬,李实. 如何确定相对贫困标准? ——兼论"城乡统筹"相对贫困的可行方案［J］. 华南师范大学学报(社会科学版),2020(2):91 - 101.

［47］施杨. 经济体制转型中工人从贫困到相对贫困的生活变迁［J］. 求实,2012(7):36 - 39.

［48］谭灵芝,孙奎立,王国友. 农户收入增长空间关联及影响因素研究——以重庆市为例［J］. 农业经济与管理,2020,63(5):64 - 77.

[49] 汤建军,姚选明,刘解龙. 中国特色反贫困理论的主要依据、科学体系和重大意义[J]. 人民论坛·学术前沿, 2021(13): 123 – 127.

[50] 童洪志. 渝东北贫困地区深度扶贫"四方联动"模式研究[J]. 中国农业资源与区划, 2019, 40(8): 133 – 140.

[51] 童洪志. 扶贫政策工具组合对农户扩大生产规模经营的影响机制研究[J]. 中国农业资源与区划, 2020, 41(5): 176 – 184.

[52] 万建武. 走新时代共同富裕道路的成功实践与创新发展——习近平扶贫论述的重大意义[J]. 马克思主义与现实, 2020(3): 1 – 7, 195.

[53] 王光耀,苏武峥,罗万云. 基于分位数回归方法分析南疆三地州小农户收入的影响因素[J]. 新疆农业科学, 2019, 56(11): 2148 – 2156.

[54] 王梁,陈守越,朱利群,等. 河南农业主导产业的定量选择与评价[J]. 浙江农业学报, 2012, 24(5): 936 – 942.

[55] 王田月,梁盛凯,陆宇明,等. 广西农业区位优势空间分异及形成机制[J]. 南方农业学报, 2017, 48(5): 933 – 938.

[56] 王素霞,王小林. 中国多维贫困测量[J]. 中国农业大学学报(社会科学版), 2013, 30(2): 129 – 136.

[57] 王小林. 贫困测量:理论与方法[M]. 北京:社会科学文献出版社, 2016.

[58] 王小林,冯贺霞. 2020年后中国多维相对贫困标准:国际经验与政策取向[J]. 中国农村经济, 2020(3): 2 – 21.

[59] 王志章,韩佳丽. 贫困地区多元化精准扶贫政策能够有效减贫吗?[J]. 中国软科学, 2017(12): 11 – 20.

[60] 王国升,陈源泉,高旺盛. 区域农村发展差距成因评价指标体系研究[J]. 中国农业资源与区划, 2007, 28(5): 7 – 11.

[61] 文秀月,许珊,刘进. 重庆三峡职业学院以精准扶贫助力乡村振兴[N]. 重庆日报, 2020 – 04 – 17(34).

[62] 吴德进,张旭华. "十三五"福建战略性新兴主导产业选择研

究[J]. 福建论坛(人文社会科学版),2015(10):194-198.

[63] 习近平. 在全国脱贫攻坚总结表彰大会上的讲话[M]. 北京:人民出版社,2021.

[64] 席雪红. 基于感应度系数和影响力系数的主导产业选择研究——以河南省为例[J]. 探索,2012(3):120-123.

[65] 夏海军,范明英. 精准扶贫战略思想是中国特色反贫困理论最新成果[J]. 江淮论坛,2018(5):49-56.

[66] 相丽玲,朱丽慧. 基于阿马蒂亚·森权利方法的信息贫困成因分析[J]. 情报科学,2016(8):47-51.

[67] 向其凤. 西部民族地区农户收入增长的影响因素分析:分位数回归方法[J]. 金融经济,2013(8):30-33.

[68] 谢微,张锐昕. 整体性治理的理论基础及其实现策略[J]. 上海行政学院学报,2017,18(6):31-37.

[69] 邢成举,李小云. 相对贫困与新时代贫困治理机制的构建[J]. 改革,2019(12):16-25.

[70] 徐晓红,焦杰. 农村居民贫困代际传递变动趋势研究[J]. 河北大学学报(哲学社会科学版),2019,44(5):124-132.

[71] 徐嫣,宋世明. 协同治理理论在中国的具体适用研究[J]. 天津社会科学,2016(2):74-78.

[72] 薛领. 城区主导产业选择研究——以北京市海淀区为例[J]. 学习与实践,2010(3):39-43.

[73] 薛纪宾. 基于偏离—份额分析的青岛市市北区主导产业选择探析[J]. 产业经济评论,2017(1):31-44.

[74] 颜帮全,李迥光. 重庆三峡库区主导产业的选择[J]. 渝州大学学报(社会科学版),2001(12):16-19.

[75] 燕连福,谢克. 中国特色反贫困理论的创新性贡献及对推进乡村振兴战略的指导意义[J]. 思想理论教育导刊,2021(7):39-44.

[76] 杨菊华. 后小康社会的贫困:领域、属性与未来展望[J]. 中共中央党校(国家行政学院)学报,2020(1):111-119.

[77] 杨荫凯，刘利，杨俊涛. 我国区域发展不平衡的基本现状与缓解对策[J]. 中国经贸导刊，2010(13)：36-37.

[78] 杨园争，方向明，陈志钢. 中国农村收入分配的动态考察：结构性收入的流动性测度与分解[J]. 清华大学学报(哲学社会科学版)，2017(3)：161-170.

[79] 叶兴庆，殷浩栋. 从消除绝对贫困到缓解相对贫困：中国减贫历程与2020年后的减贫战略[J]. 改革，2019(12)：5-15.

[80] 虞崇胜，唐斌，余扬. 能力、权利、制度：精准脱贫战略的三维实现机制[J]. 理论探讨，2016(2)：5-9.

[81] 曾春水，王灵恩，林明水，等. 城市服务业主导产业选择及发展对策——以合肥市为例[J]. 地域研究与开发，2019，38(5)：75-79.

[82] 曾淑婉，郭亮. 基于区域关联视角的主导产业选择研究[J]. 学习与探索，2014(11)：118-122.

[83] 张凤龙，童洪志，谢必武. 现代农业主导产业选择实证分析——以重庆万州区为例[J]. 浙江农业学报，2013，25(5)：1153-1158.

[84] 张立荣，陈勇. 整体性治理视角下区域地方政府合作困境分析与出路探索[J]. 宁夏社会科学，2021(1)：137-145.

[85] 张琦. 扶贫机制创新的理论与实践[M]. 长沙：湖南人民出版社，2018.

[86] 张琦，沈扬扬. 不同相对贫困标准的国际比较及对中国的启示[J]. 南京农业大学学报(社会科学版)，2020(4)：91-99.

[87] 张贤明，田玉麒. 论协同治理的内涵、价值及发展趋向[J]. 湖北社会科学，2016(1)：30-37.

[88] 赵伦. 相对贫困从个体归因到社会剥夺[J]. 商业时代，2014(6)：36-37.

[89] 朱登兴，安树伟. 中国农村贫困问题与城镇贫困问题比较研究[J]. 当代财经，2001(9)：20-23.

[90] 周仲高，柏萍. 社会贫困趋势与反贫困战略走向[J]. 湘潭大

学学报(哲学社会科学版),2014(1):81-84.

[91] 郑继承. 中国特色反贫困理论释析与新时代减贫战略展望[J]. 经济问题探索, 2021(1): 40-51.

[92] 郑珍远,郑姗姗,陈晓玲. 基于IOT的福建省主导产业选择研究[J]. 科研管理, 2016, 37(3): 154-160.

[93] 左停,贺莉,刘文婧. 相对贫困治理理论与中国地方实践经验[J]. 河海大学学报(哲学社会科学版), 2019(6): 1-9.

[94] Alkire S. , Foster J. Counting and multidimensional poverty measurement [J]. *Journal of Public Economics*, 2011, 95(7): 476-487.

[95] Alkire S. , Foster J. Understandings and misunderstandings of multidimensional poverty measurement [J]. *The Journal of Economic Inequality*, 2011, 9(2): 289-314.

[96] Alkire S. The missing dimensions of poverty data: Introduction to the special issue [J]. *Oxford Development Studies*, 2007, 35(4): 347-359.

[97] Alkire S. , Santos M. E. Measuring acute poverty in the developing world: Robustness and scope of the multidimensional poverty index [J]. *World Development*, 2014, 59(1): 251-274.

[98] Ange K. , Shukla A. J. , Mbabazize P. M. , et al. Microfinance services as a key driver of financial inclusion in Rwanda: A case study of Umurenge Saccos in Rulindo district in Rwanda from 2009-2013 [J]. *International Journal of Advanced Research*, 2014, 2(11): 730-739.

[99] Asian Development Bank. Reducing poverty: Major findings and implications [R]. Asian Developmet Bank Report, 1999.

[100] Atkinson A. B. Multidimensional deprivation: Contrasting social welfare and counting approaches [J]. *The Journal of Economic Inequality*, 2003, 1(1): 51-65.

[101] Currie C. , Watson L. , Rice P. Adolescent health in the 21st century[J]. Journal of the Royal College of Physicians of Edinburgh, 2015,

45(4): 258 - 260.

[102] Byrne D. S. *Social Exclusion* (2*nd ed.*) [M]. Maidenhead: Open University Press, 2009.

[103] Cali M., Menon C. Does urbanization affect rural poverty: Evidence from Indian districts [J]. *Social Science Electronic Publishing*, 2013, 27(14): 171 - 201.

[104] Chakravarty S. R., Silber J. *Measuring Multidimensional Poverty: The Axiomatic Approach* [M]. New York: Palgrave Macmillan, 2008.

[105] Deutsh J., Sliber J. Measuring multidimensional poverty: An empirical comparison of various approaches [J]. *Review of Income and Wealth*, 2005, 51(1): 145 - 174.

[106] Emerson K., Nabatchi T., Balogh S. An integrative framework for collaborative governance [J]. *Journal of Public Administration Research & Theory*, 2012, 22(1): 1 - 29.

[107] Fan S., Zhang X. Infrastructure and regional economic development in rural China [J]. *China Economic Review*, 2004, 15(2): 201 - 214.

[108] Fiszbein A., Kanbur R., Yemtsov R. Social protection and poverty reduction: Global patterns and some targets [J]. *World Development*, 2014, 61(61): 167 - 177.

[109] Fuchs V. R. Redefining poverty and redistributing income [J]. *The Public Interest*, 1967, 14(8): 86 - 94.

[110] Gorman B., Miller S. M., Roby P. A. The Future of Inequality [J]. *American Journal of Sociology*, 1971, 24(4): 752.

[111] Günther I., Maier J. K. Poverty, vulnerability, and reference - dependent utility [J]. *Review of Income and Wealth*, 2014, 60(1): 155 - 181.

[112] Hagenaars A. A class of poverty indices [J]. *International Economic Review*, 1987, 28(3): 583 - 607.

[113] Halleröd B. , Larsson D. Poverty, welfare problems and social exclusion[J]. *International Journal of Social Welfare*, 2008, 17(1): 15 -25.

[114] Holman R. *Poverty explanation of social deprivation*[M]. London: Martin Robertson, 1978.

[115] Imai K. S. , Gaiha R. , Thapa G. , et al. Microfinance and poverty: A macro perspective [J]. *World Development*, 2012, 40(8): 1675 -1689.

[116] Lindqvist C. , Albert V. A. Origin of the Hawaiian endemic mints within North American Stachys (Lamiaceae) [J]. *American Journal of Botany*, 2002, 89(10): 1709 -1724.

[117] Oppenheim C. *Poverty: The facts*[M]. London: Child Poverty Action Group, 1993.

[118] Orshansky M. The roster of poverty [J]. *Monthly Labor Review*, 1965, 88(8): 951 -956.

[119] Perri S. , Leat D. , Seltzer K. , et al. *Towards holistic governance: The new reform agenda*[M]. Basingstoke, UK: Palgrave Macmillan Press, 2002.

[120] Perry T. Special Issue: Collaborative Public Management ‖ Collaboration Processes: Inside the Black Box[J]. *Public Administration Review*, 2006, 66(1): 20 -32.

[121] Pollitt C. Joined - up government: A survey[J]. *Political Studies Review*, 2003, 1(1): 34 -49.

[122] Prahalad C. K. *The fortune at the bottom of the pyramid: Eradicating poverty through profits*[M]. Upper Saddle River, NJ: Wharton School Publishing. 2005.

[123] Ravallion M. Huppi M. Measuring changes in poverty: A methodological case study of Indonesia during an adjustment period [J]. *The World Bank Economic Review*, 1991, 5(1): 57 -82.

[124] Rosemary O. , Gerard C. , Bingham L B. Introduction to the symposium on collaborative public management [J]. *Public Administration Review*, 2006, 66(1):6 –9.

[125] Rowntree B. S. *Poverty*: *A study of town life*[M]. London: Macmillan, 1902.

[126] Runciman W. G. *Relative Deprivation and Social Justice*[M]. London: Routldge & Paul, 1966.

[127] Sen A. *Poverty and Famines*: *An Essay on Entitlement and Deprivation*[M]. Oxford: Clarendon Press, 1981.

[128] Sen A. Malnutrition of rural children and the sex bias [J]. *Economic & Political Weekly*, 1983, 18(19/21): 855 –864.

[129] Tom L. Delivering joined – up government in the UK: Dimensions, issues and problems[J]. *Public Administration*, 2002, 80(4): 615 –642.

[130] Townsend P. *The Concept of Poverty*[M]. London: Heinemann, 1970.

[131] Townsend P. *The international analysis of poverty* [M]. New York: Harvester Press, 1993.

[132] Tsui K. Y. Multidimensional poverty indices [J]. *Social Choice and Welfare*, 2002(9): 69 –93.

[133] UNDP. Human development report [J]. *Womens International Network News*, 2000, 28(3): 205 –206.

[134] UNDP. Human Development Report 2010[R]. New York: New York Oxford University Press, 2010, 45(100): 155 –191.

[135] UNDP. *Human Development Report* 2010—*20th Anniversary Edition*[M]. New York: Palgrave Macmillan, 2010.

后　记

　　本书作为我主持国家社会科学基金西部项目"民族地区农村相对贫困的发生机制与治理策略研究"（22XJL001）的阶段性成果，是基于本项目对重庆三峡库区乡村振兴和农村巩固脱贫成果的专项调查，以及前期有关精准扶贫脱贫、贫困治理机制的研究基础上扩展而来。对此，本书结合实地考察和调研，根据该项目研究内容和计划，专门针对农村巩固脱贫攻坚成果增加了有关农村市场网络特征、脱贫攻坚任务前后的农村帮扶效果之比较（以2018年和2021年为节点）、农村主体收入增长影响因素、农村农业主导产业选择的论述和多主体协同推进农村巩固脱贫的联动帮扶机制设计等章节内容。如此，可能使本书的结构安排更趋合理，逻辑更趋严谨，而且，得出的研究结论和观点也能与过渡期内国家实现巩固拓展脱贫攻坚成果同乡村振兴形成对接，并为其提供一些参考。当然，由于本人的知识和能力十分有限，本书肯定还存在许多不足和缺陷，在此，敬请各位读者同仁、专家学者批评指正，非常感谢！

　　应该说，自习近平总书记提出精准扶贫理念及十九届四中全会正式提出"解决相对贫困"议题以来，到《中共中央　国务院关于实现巩固拓展脱贫攻坚成果同乡村振兴有效衔接的意见》（2020年12月16日）、自然资源部办公厅《关于过渡期内支持巩固拓展脱贫攻坚成果同乡村振兴有效衔接的通知》（自然资办发〔2022〕45号）及2023年中央一号文件《中共中央、国务院关于做好2023年全面推进乡村振兴重点工作的意见》,在其领域探索研究的这几年中,虽然工作生活紧张忙碌,但内心却极为踏实,完全可以用"收获颇丰"这几个字来形容。我不仅懂得了许多政治学、社会学、公共政策学知识和教学技巧,还收获了许多友情,得到了多方面的支持和帮助。在本书即将出版之际,心中油然生出一股感恩之情。着实,我需要在此感谢的人太多太多。

首先要感谢的是本书相关课题项目组研究团队人员,分别是重庆三峡学院常务副校长祁俊生教授和在重庆三峡学院任教的颜帮全教授、冉建宇教授、李素文教授、喻永红教授、雷丽霞老师、管陈雷老师、唐卫老师,以及在重庆三峡职业学院任教的周长春教授、张恩广副教授、陈现军副教授、卢文凤副教授。他们的睿智、博学以及严谨的治学态度,给本书写作提供了良好的思路,尤其是周长春教授对本书从选题、收集材料、章节构思到最后成文等全过程,都付出了大量的心血,特别需要指出的是在本书的第5章及本书"研究启示"部分中提出的一些独到的机制优化建议。正因有团队的群策群力和奉献,给本书增色不少。

其次要感谢全国哲学社会科学工作办公室提供的项目经费支持本论题研究,以及重庆市高等学校"十四五"市级旅游管理重点学科建设项目、重庆市研究生导师团队建设项目"乡村旅游与乡村振兴"(渝教研发〔2023〕1号)提供的出版资助支持。本书最终能出版,在此也要特别感谢江西人民出版社李月华老师的大力支持和精心指导,她的严谨和认真负责的态度,给我留下深刻印象。

再次要感谢重庆三峡学院工商管理学院的众多老师和我的研究生,在此不一一列举。他们在我工作和写作期间给予极大的支持、帮助和鼓励,跟他们交谈,常常会给我许多意想不到的启发,有时还能对本论题的研究提出一些颇有建设性的意见,我尤为感激。

最后,要感谢的是我的妻子骆明敏女士和儿子童飞达,有了他们在背后的支持和鼓励,才有了我今天的些许成绩。

感谢本书所有参考文献的研究专家和学者,正是借鉴和参考了同行对相关问题的前期研究成果,才使得本书得以顺利完成和出版。对此,笔者一并向你们表示学习和感谢！当然，需要感谢的老师、朋友还有许许多多，在此虽未被提及，但有你们的默默支持和对我的帮助，我将永留心底。

童洪志
2023 年 5 月 5 日于南浦苑